KB043665

알아야 보인다

알아야
보인다

초판 1쇄 발행   2022년 12월 12일
초판 2쇄 발행   2023년 1월 2일

지은이   하두진

펴낸곳   마인더브
주소   서울시 광진구 아차산로 375(B1, 105호)
전화   02-2285-3999
팩스   02-6442-0645
인쇄   두경M&P
이메일   kyoungwonbooks@gmail.com

ISBN 979-11-975823-5-6 (03300)
정가 19,800원

지금, 미래를 선점하라!

알아야
보인다

하두진 지음

마인더브

들어가며

　대학에서 상담을 거듭할수록 많은 학생들이 하고 싶은 일과 전공 선택을 별개로 간주한다고 느낍니다. 경제적 여건이나 앞으로의 전망 같은 현실적인 부분도 생각해야 하니 정말 쉽지 않은 문제입니다. 심지어 제게 찾아온 학생들은 자기가 무엇을 좋아하는지, 무엇을 잘하는지 전혀 모르겠다는 이들도 많았습니다. 그러다 졸업이 가까워지면 갈피를 잡지 못하고 혼란스러워 하죠. 그런 친구들이 저를 찾아와 상담을 요청하곤 했습니다.

　제 본래 전공은 이과였습니다. 남들처럼 수능을 치러 진학한 학교에 제대로 적응하지 못해 F도 여럿 받았습니다. 그러다 군 복무를 마친 후 스물 다섯이라는 늦은 나이에 중국에서 문과 1학년으로 다시 시작했습니다. 이런 경험이 있기에 학생들의 고민에 조금이나마 더 공감할 수 있었던 게 아닐까 싶습니다.

　일반화할 수는 없겠지만, 사회의 중축인 사오십 대 어른들 중 자기 본래 전공과 다른 분야에서 일하는 분들이 꽤 많으리라 생각합니다. 스스로 새로운 분야에 뛰어든 분들도 있겠지만, 어찌어찌 살면서 현실에 순응했을 뿐인 분들도 적지 않을 것입니다. 군대식 표현을 쓰자면 몸에 옷을 맞추는 것이 아니라, 옷에 몸을 맞춘 꼴입니다. 하지만 시대가 변했습니다. 알고 보니 저희에게 주어진 옷은 한 벌만 있는 것이 아니었죠. 심지어 여러 옷 중에 정히 맘에 드는 옷이 없다면 본인이 새로운 옷을 제작하면 그만입니다. 이제는 정말 본인이 하고 싶은 일을 할 수 있고, 더 나아가 일을 창조할 수도 있는 시대가 도래했습니다.

이 사실을 깨달으려면, 최근 동향을 제대로 알아야만 합니다. 《알아야 보인다》는 국내외 주요 이슈를 알기 쉽게 정리하여, 여러분에게 넓은 시야를 제공하려는 목적으로 집필되었습니다. 복잡하고 어려운 이론이 나오지 않을까 염려할 필요는 없습니다. 이 책은 배경 지식이 전혀 없는 이도 손쉽게 접할 수 있습니다.

모든 일에는 원인과 결과가 있습니다. 최근 일어난 사건은 분명 이전의 무언가에 의해 촉발된 것이겠죠. 과거를 알면, 현재를 이해할 수 있고 미래를 예측할 수 있습니다. 원활한 이해를 돕기 위해 각 주제마다 해당 분야의 변천사를 소개하는 형태로 저술했습니다.

마지막으로 현업의 시각으로 애그테크 관련 자료를 보내주신 퍼밀 김재훈 대표님, 최근 사회 동향을 알려주신 변연배 딜리버리N 대표님, 중국 북경대 박사이자 일본 와세다대 방문학자의 경험을 통해 국제정세 동향에 대해 조언해주신 (주)코랜 최민욱 전무님, 중국 이해에 도움을 주신 홍성초 문화 전문가님께 깊은 감사의 말씀을 드립니다.

2022년 11월
하두진

목차

알아야
보인다

알 아 야
보 인 다

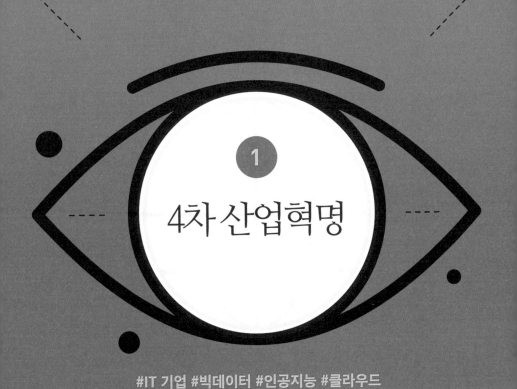

1

4차 산업혁명

#IT 기업 #빅데이터 #인공지능 #클라우드
#사이버_범죄 #디지털_전환 #창조적_인재

4차 산업혁명이란

　요즘 4차 산업혁명이라는 말을 많이 들어보셨을 겁니다. 산업혁명이란 무엇일까요? 산업혁명 Industrial Revolution 은 18세기 후반 영국에서 시작된 기술상의 혁신과 이에 수반하여 일어난 사회·경제구조상의 변혁을 의미합니다. 당시 대부분의 물품은 사람이 직접 손으로 제작했습니다. 품질이 들쭉날쭉하고 생산 속도도 느렸죠. 이때 증기기관이란 게 발명됐습니다. 기계 제작이 본격화되자 품질이 일정해지고 속도도 빨라져 경쟁력이 증가했습니다. 당시 엄청난 성장을 이룬 영국을 다른 나라들도 곧 따랐죠. 이것을 1차 산업혁명이라고 합니다.

　2차 산업혁명은 19세기 중후반에서 20세기 중반에 걸쳐 일어난 변혁기로, 기계의 동력원이 증기에서 전기와 석유로 바뀌면서 더 높은 효율을 선보였죠. 이 시기에 인쇄기도 등장해 책의 대량생산이 가능해지고 교육도 발달하게 됩니다. 귀족과 같은 고위층과 지식인의 전유물이었던 학문이 일반 서민에게까지 확대되어 민중의식이 깨어나는 시기입니다.

20세기 중반 촉발된 3차 산업혁명은, 디지털화로 인한 정보화 시대를 열었습니다. 컴퓨터가 보급되기 시작했고, 인터넷의 발명으로 지구촌이라는 단어가 출현했습니다. 집에서 전 세계 사람들과 소통하고, 인터넷에 접속해 함께 채팅과 게임을 즐길 수 있게 되었죠.

4차 산업혁명은 2016년 1월 20일 스위스 다보스에서 열린 세계경제포럼[WEF]에서 처음 거론됐습니다. 사물인터넷[IOT], 인공지능[AI], 플랫폼[Platform], 메타버스[Metaverse] 등이 관련하여 언급되고 있습니다.

새로운 산업혁명이 시작될 때마다 발전 속도는 급격하게 빨라집니다. 특히 지금 진행 중인 4차 산업혁명은 앞선 세 차례의 산업혁명과는 비교하기 힘들 정도로 변화가 빠르고 그 폭도 큽니다.

전 세계가 그 흐름을 맞이하고 있고, 우리나라 역시 그에 발맞춰 최근 디지털 전환을 본격적으로 시작했습니다. 4차 산업혁명으로 어떤 변화가 일어났는지 자세히 살펴볼까요.

디지털 전환

4차 산업혁명은 연결의 진화라고도 할 수 있습니다. 처음 전화가 등장했을 때는 단지 일대일의 연결이었습니다. 1990년대 인터넷이 등장하면서 다수와 다수의 연결이 가능해졌죠. 그리고 지금은 세상 모든 것이 디지털 세계에서 연결된다고들 합니다.

요즘 많은 사람들이 주식을 합니다. 예전에는 주식을 할 때, 각 회사의 금융정보를 신문에서 보고 전화해서 일일이 알아보아야만 했습니다. 이때 등장한 것이 블룸버그 통신^{Bloomberg} 회사입니다. 창립자 마이클 블룸버그는 원래 살로몬 브라더스의 주식 트레이너였는데, 39세에 해직당하고 맙니다. 막막했던 그는 궁리 끝에 금융정보를 실시간으로 제공하는 단말기를 제작해서 판매하는 아이디어를 내놓았습니다. 당시 사람들은 이런 시도를 그다지 좋게 보지 않았습니다. 그도 그럴 것이, 정보라면 신문에 다 있고 전화만 하면 알려주는데 뭐 하러 돈을 들여 단말기란 것을 만드느냐는 거였죠.

그러나 단말기에는 엄청난 가능성이 내재되어 있었습니다. 전 세계에는 기업이 대단히 많습니다. 이 모든 기업의 정보를 신문에서 직접 찾거나 전화로 알아보는 데는 여간 수고가 필요한 게 아닙니다. 하지만 대형 단말기에 각 기업의 정보와 관련 주가 차트가 실시간으로 반영되어 나오니 곧바로 필요한 수치를 확인할 수 있고 정보를 비교하기도 쉬워졌죠. 덕분에 사람들이 빠르게 주가의 상승과 하락에 반응할 수 있게 되었습니다. 약 120억으로 시작한 소규모 사업은 오늘날 64조가 되는 기적에 가까운 결과를 일궈냈습니다. 블룸버그 단말기는 이익을 직접 보장해주지는 않지만, 데이터를 제공해 이전보다 훨씬 이익을 얻기 쉬운 길을 제시해주었습니다. 1981년 회사 창립 시절에 이미 데이터의 중요성을 깨달았던 거죠.

불과 10년 전만 해도, 가족 여행을 가려면 여행사를 직접 방문해서 티켓 시간과 가격을 알아보고 현장에서 현금으로 구입해야 했습니다. 그러나 지금은 휴대폰 앱으로 바로 검색하고 온라인으로 결제합니다. 먹을 것을 사려면 동네 슈퍼, 옷을 사려면 시장이나 백화점에 직접 가야만 할 때도 있었지만, 이 역시 지금은 온라인으로 구매하고 반품도 합니다.

　교육, 업무, 데이트 등 각종 영역을 담당하는 기관이나 회사들이 앞다퉈 온라인 서비스를 만들고 있습니다. 이런 서비스들의 공통점은 우리가 현실에서 하던 행위를 온라인으로 옮겨놓았다는 점입니다. 그 편리함 덕분에 이용자의 수가 엄청나게 늘고 관련 업체들은 상당한 이윤을 취하고 있죠.

　온라인 서비스가 활성화되면서 나타난 또 다른 현상은 데이터의 축적과 활용입니다. 이전에는 정보를 사람이 문서에 적어서 서류 형태로 보관했습니다. 나중에 그걸 살펴보려면 자료 관리자가 아닌 이상 무엇이 어디에 있는지 찾기도 힘들었죠. 반면 지금은 클라우드에 자동으로 차곡차곡 쌓이고 그것을 언제든지 편하게 검색하고 정리할 수 있게 되었습니다. 게다가 수집한 데이터를 분석해서 서비스를 개선해 이용자 만족도를 계속 끌어올리는 것도 가능해졌습니다. 요즘은 인공지능도 속속 등장해 사람이 했던 기존의 방식보다 월등한 성과를 보입니다.

　즉, 4차 산업혁명에서의 디지털 전환이란, 지금 하는 업무를 단순히 디지털로 전환하는 데 그치는 게 아니라, 데이터를 체계적으로 분석해 새로운 가치를 창출하는 것이라고 할 수 있습니다.

　제 대학 시절엔 컴퓨터공학과가 비인기 학과였습니다. 직장 구하기도 힘들고, 취업해도 매일 밤새도록 야근한다는 인식이 많았죠. 하지만 지금은 전 세계가 디지털 전환을 한다고 하니, 여기저기서 개발자를 구한다고 난리도 아니랍니다.

뒤처지는 일본과 도약하는 대만

이런 변혁기에 주변국의 상황은 어떨까요. 우선 일본의 상황을 살펴보죠. 일본은 한국전쟁을 도약의 발판으로 삼아 성장했습니다. 미국에 군수물자를 공급하면서 기술을 배우고 많은 일자리를 창출했죠. 1964년 도쿄 올림픽을 성공적으로 개최했고, 소니SONY, 히타치HITACHI 등 전자산업을 통한 발전으로 마침내 G7 선진국이 되었습니다. 1988년 1인당 GDP가 미국의 79%나 되었고, 세계 5대 은행이 전부 일본 은행, 세계 100대 기업 중 53개가 일본 기업이었을 정도로 당시 위상이 어마어마했죠.

하지만 지금은 경제성장이 완전히 멈췄습니다. 흔히 '잃어버린 30년'이라고 표현합니다. 지금은 1인당 GDP가 우리나라와 엇비슷해졌고, OECD 평균 아래로 떨어져 선진국 탈락 위기에 봉착했습니다.

일본이 이렇게 추락한 데는 복합적인 이유가 있지만, 가장 큰 원인은 잘나가던 시절 여기저기 돈을 빌려 진행한 주식과 부동산 투자의 실패에 있습니다. 무리해서 투자를 했는데 주식과 부동산이 폭락하면서 기업들의 가치가 폭락했고, 또 그러니 개인투자자는 보유한 주식을 빨리 팔아 치우려는 연쇄반응이 일어나면서 나라 전체의 빚이 눈덩이처럼 불어났습니다. 그런 상황이니, 기업 자금이 기술개발 투자로 선순환되지 못하고 빚 갚는 데 쓰이는 악순환이 일어났죠.

일본의 성장 동력은 꾸준한 연구를 통한 질 좋은 제품의 생산에 있었는데, 이 흐름이 중단된 것입니다. 엎친 데 덮친 격으로 이 시기가 4차 산업혁명의 디지털 전환 시기와 겹치면서 IT 투자 또한 어려워졌죠.

일본은 장인정신이 강합니다. 한 분야에 굉장히 몰두해서 범접하기 어려운 결과물을 만드는 것을 좋아하죠. 이것이 잘못됐다는 것은 아닙니다. 하지만 단일 분야가 아닌 여러 분야의 소통과 융합으로 기존에 없던 새로운 가치를 만들어내는 것이 대세로 자리 잡은 요즘 시대에 장인정신은 시대에 역행하는 모양새가 되었습니다.

디지털 기술 저하가 기업 생산성 저하로 이어지고, 생산성 저하는 수익성 저하로 이어졌습니다. 그 결과, 직원 급여 상승이 어려워지고 장기 디플레이션이 도래해 결과적으로 국가 경쟁력이 떨어지고 말았죠. 일본은 제조업과 기초과학은 여전히 세계 최고 수준이지만, 디지털 전환에는 완전히 실패한 케이스가 되었습니다.

일본이 디지털 전환에 실패한 사례는 대단히 많습니다. 요즘 우리는 업무에 모바일 메신저나 이메일을 적극적으로 사용하지만, 일본은 여전히 팩스를 애용합니다. 느린 정보교환은 업무 효율 저하로 이어지게 마련이죠. 2021년 고노 다로 행정개혁상이 팩스 사용을 중단하고 이메일로 전환하자는 계획을 발표했지만, 공무원 다수가 익숙한 팩스를 고집하면서 실패했습니다.

2021년 일본의 코로나 뉴스 보도는 이런 디지털 전환 실패의 단적인 사례를 잘 보여주었습니다. 뉴스 화면 속에 등장한 의료기관 종사자는 일일 확진자 수를 종이에 직접 손으로 그리고 있었습니다. 확진자 수가 너무 많아서 그래프가 천장까지 닿을 정도였죠. 의료진이 사다리를 타고 올라가서 그린 것으로 짐작되는데 21세기의 모습이 맞는지 의심이 들 정도였습니다.

2022년 9월에도 일본은 여전했습니다. 제11호 태풍 '힌남노 HINNAMNOR' 관련 일기예보를 하면서 기상캐스터가 직접 솜으로 만든 구름을 합쳐 두 개의 태풍이 하나로 강화되는 장면을 표현하고 있었습니다. 그래픽 기술이 발달한 요즘 시대의 관점에서 보자면 시대 착오적인 표현법이죠.

경제가 악순환에 빠지자 기업은 직원 월급을 올려줄 수 없었고, 무려 30년이나 월급이 동결되는 사태가 벌어졌습니다. 아버지의 월급과 자식의 월급이 큰 차이가 없는 현상이 벌어진 거죠. 그동안 물가는 꾸준히 올랐습니다. 모든 게 점점 비싸게 느껴지니 최대한 절약하게 됩니다. 시중에 돈이 돌지 않아, 시장의 기능이 제대로 돌아가지 않고 결과적으로 다시 경제침체로 이어집니다.

48조 엔약 467조 원 이상의 재정적자를 기록 중인 일본 정부는 세금 조달이 어려워지자 2022년 8월 17일 국세청을 통해 20~39세 대상 주류 소비 촉진에 도움이 될 제안을 공모하기도 했습니다. 주류를 통해 걷은 세금은 1980년에는 해당 비중이 5%에 달했지만, 2011년에는 3%대로 떨어지더니 코로나19 팬데믹을 거치면서 1%대를 기록했습니다. 나라의 곳간이 비니, 절주를 권장하는 글로벌 추세와는 반대로 젊은이들의 술 소비를 권장하는 상황이 된 것입니다. 일본으로서는 답답한 상황인 거죠.

반면, 한때 '아시아의 추락한 용'으로 불리던 대만은 다시 날아오르고 있습니다. 2023년에는 1인당 GDP가 한국을 앞지를 것이 거의 확실시되고 있습니다. IMF의 자료에 따르면 우리나라는 2003년 처음 대만을 추월하고 그 추세를 유지해왔습니다. 그러나 최근 격차가 줄어들었고, 대만이 2021년 경제성장률 6.45%라는 놀라운 수치를 기록하면서 앞으로 우리나라를 추월하리라는 것이 다수의 예상입니다.

대만은 어떻게 이런 놀라운 성과를 이룩한 것일까요? 우선 미국과 중국의 분쟁에서 얻은 반사이익이 있습니다. 도널드 트럼프 전 미국 대통령이 중국에 대한 관세를 엄청나게 올리자, 여러 기업이 환경이 비슷한 대만으로 이주했습니다. 대만은 그런 기업들에게 다양한 혜택과 편의를 제공해 잘 정착하도록 유도했고, 그 과정에 일자리가 늘어나고 경제가 활성화되었죠. 게다가 미국이 중국을 견제하기 위해 중국 제품의 수입은 줄이고 대만 제품의 구매를 대폭 늘렸습니다. 즉, 두 대국의 분쟁에서 반사이익을 누린 셈이죠.

또 하나의 요인은 코로나 사태를 통한 디지털 수요의 폭발입니다. 대만으로 이전한 기업 중 약 70% 이상이 IT 기업입니다. 그중에는 대만을 먹여 살리는 세계 최고 반도체 기업 TSMC도 있습니다. TSMC는 시스템 반도체를 위탁 생산하는 파운드리foundry 분야에서 세계 점유율 50%가 넘는 초거대 기업입니다. 2019년 말부터 삼성전자의 시가총액을 넘어선 뒤 엎치락뒤치락하다가, 2022년 5월 기준 594조 원으로 455조 원인 삼성전자를 완전히 압도했습니다. 각 기업들의 영업이익이 엄청나게 상승하면서 국가 성장의 엔진 역할을 훌륭히 해냈죠.

대만은 성공적인 코로나19 방역 성과를 바탕으로, 정부가 전폭적으로 지원하는 반도체 기업들이 4차 산업혁명이라는 세계적 흐름에 안착해 최근의 부흥을 이끌고 있다고 정리할 수 있습니다. 즉, 시대와 흐름 두 가지가 절묘하게 조화를 이룬 결과이지요.

우리 주변의 두 나라에서 일어난 침체와 부흥의 이유가 같은 데서 기인했다고 볼 수 있지 않을까요?

문제점도 있겠지만

디지털 전환이 만능으로 여겨질 수도 있지만, 문제점도 적지 않습니다. 2021년 10월 25일, 우리나라에 KT 통신 대란이 일어났습니다. 오전 10시 30분부터 약 3시간 정도 KT의 모든 이용자가 인터넷 사용이 불가능했죠. 2022년 7월 2일, 일본 3대 이동통신사 중 하나인 KDDI에서도 통신 장애가 이틀간 이어지면서 나라 전체가 혼란에 빠졌습니다. 개인 간 통화는 물론, 물류 서비스와 일기예보 등 전반적인 시스템이 중단되면서 휴대전화 서비스, 물류, 금융, 기상관측 등 광범위한 영역에서 피해가 속출했고, 문자, 인터넷전화, ATM도 작동하지 않았습니다.

디지털로 모든 것을 처리하려고 하다 보니 언제나 보안 문제를 고려해야 합니다. 사이버 공격으로 정보를 빼가고, 디도스DDos 공격으로 전산망을 마비시키거나 랜섬웨어와 같은 악성코드를 퍼트리기도 합니다. 디지털 전환이 이뤄질수록 개인정보나 다양한 산업의 중요 정보들이 가상세계에 저장되기 때문에 보안은 그 어느 때보다 중요하다고 할 수 있습니다.

알아야 보인다

정부도 사이버보안 문제를 매우 심각하게 생각하고 대비책을 세우고 있습니다. 보안에 투자할 여력이 상대적으로 부족한 중소기업과 개인사업자의 경우, 과학기술정보통신부와 한국인터넷진흥원이 꾸린 '사이버보안 취약점 정보포털'을 통해 다양한 정보와 각 제조사에서 배포하는 소프트웨어 패치를 구할 수 있습니다.

2022년 5월 25일, 제4차 세종사이버안보포럼이 열렸습니다. 학계와 산업계 전문가들이 모여 토론한 결과, 사이버 안보 역량 강화를 위해 정부의 전략 수립·관련 민간산업 발전·학계 전문 인재 양성이 모두 유기적으로 이뤄져야 하고, 민간 사이버 안보 기업의 규모를 키우고, 전문 후속 인재를 적극적으로 육성해야 한다는 결론을 내렸습니다.

최근 나타나는 사이버 사건을 보면, '기술의 취약성'보다는 디지털 전환 속도를 쫓아가지 못한 낙후된 보안 정책, 내부자에 대한 무비판적 신뢰 때문이라는 평가가 많습니다. **보안의 취약점은 언제나 기술이 아닌 사람입니다. 완전무결한 시스템을 목표로 개선하는 것도 필요하지만, 우리 모두가 건전한 태도로 디지털 세계에 참여하는 것이 가장 중요합니다.**

디지털 뉴딜

디지털 뉴딜이라고 한 번쯤 들어보셨을 겁니다. 디지털 뉴딜은 2021년 코로나19로 인해 온라인 소비, 원격근무 등 비대면화가 확산되면서 디지털 역량이 국가 경쟁력의 핵심 요소로 부각됨에 따라, 정보통신기술[ICT]을 전 산업 분야에 융합함으로써 경제 위기를 극복하고 새로운 일자리를 창출하려는 대한민국 디지털 대전환 프로젝트입니다. 국가가 관련 기업에 대한 투자를 확대해 성장 동력을 끌어올리고 경제 활성화를 유도하는 것이죠.

우리나라는 2022년 9월 2일 디지털 플랫폼 정부를 출범했습니다. 모든 데이터가 연결되는 디지털 플랫폼 위에서 국민, 기업, 정부가 함께 사회문제를 해결하고 새로운 가치를 창출하는 정부를 추구하고 있습니다. 정부가 일방적으로 서비스를 제공하는 공급자 모델에서 벗어나, 민관이 협업해 새로운 공공서비스를 만들어내고 기업이 혁신 동반자가 되는 모델이죠.

아직은 각 부처가 유기적으로 연결되어 있지 않습니다. 이건 협업과는 다른 개념입니다. 협업은 특정 프로젝트를 진행할 때 각 부처가 공동으로 힘을 모아 진행하는 것이고, 유기적 연결은 각 부처의 모든 업무를 데이터화하고 그것을 서로가 확인하며 새로운 가능성을 발견해나가는 데 의의를 두는 것입니다. 필요 시에만 연결하는 것이 아니라, 언제나 연결된 상태로 탈바꿈해 새로운 가치를 창출해나가려는 거죠.

대학에서도 이런 시도가 이루어지고 있습니다. 카이스트는 2022년 5월 18일 'Crazy Day 아이디어 공모전'을 열었는데 'KAIST Contents Network'가 대상으로 선정되었습니다. 카이스트는 우리나라 이공계열 대표 연구기관 중 하나로 수많은 발명품 및 특허가 나오는 곳입니다. 지금까지는 각 연구실 사람들이 서로 전공도 다른 데다 자기 일이 바빠서 어울릴 시간도 없고, 실험실 동료가 그나마 소통하는 전부라서 기존의 틀을 넘어선 참신한 결과물이 나오기 어려웠습니다. 그래서 카이스트 구성원 개개인이 논문, 연구 문화, 인용구 등의 모든 지식과 정보를 방사형으로 연결해 대형 마인드맵을 만들자는 아이디어가 나왔습니다. 두뇌 신경세포 연결망이 생각의 패턴을 만드는 것처럼 구성원 개개인이 서로 잘 이어진다면, 조직의 방향도 훨씬 뚜렷해지겠죠. 서로의 생각을 알고 무엇을 하고 있는지 알면 다양한 융합형 연구를 시도할 수 있는 발판이 됩니다.

하지만 디지털 플랫폼 정부 구현이 그리 간단하지는 않습니다. 우선 사람을 도울 인공지능이 필요합니다. 개발에 막대한 시간과 돈이 들어가겠죠. 그리고 각 부처의 동의를 얻어 데이터를 하나로 모은다는 점 자체도 고민해볼 문제입니다. 카이스트의 경우, 대학이라는 조직에서 각 전공끼리 유기적으로 연결해 새로운 연구를 창출한다는 명확한 목적이 있습니다. **플랫폼 정부를 제대로 만들려면, 구체적인 목표를 정하고 어떤 데이터를 모으고 공유할 것인지, 무엇보다 어떤 새로운 가치를 창조할 것인지에 관한 청사진이 필요합니다.** 이런 청사진이 제시되지 않는다면 부처 간 갈등이 생길 수도 있습니다. 게다가 누군가는 방대한 데이터를 관리하는 역할을 맡을 텐데, 그 사람이나 조직에 너무 강한 권한이 부여되면 부작용이 나타날 수도 있죠.

지금 전 세계가 플랫폼화되어 가고 있기에 이러한 시도는 분명 의미가 있습니다. 예상되는 문제점은 유기적으로 연결된 모두가 함께 해결책을 고민할 필요가 있습니다.

융합의 미래를 향해

지금까지 4차 산업혁명의 핵심인 디지털 전환에 대해 살펴봤습니다. 디지털 전환은 수동으로 처리했던 각 자료를 디지털화한 다음 그것을 분석해 새로운 가치를 발견하는 것을 목표로 합니다. 야놀자와 에어비앤비^{숙박, 여행 분야}, 쿠팡과 배달의민족^{배달 분야}, 11번가와 네이버쇼핑^{쇼핑 분야}, 야핏과 골프존^{운동 분야} 등의 기업들은 우리 생활의 일부를 디지털화해서 엄청난 성장을 이뤘습니다. 디지털 전환의 성공이 기업의 성패를 좌우하는 시대가 된 것입니다.

이는 우리나라뿐만 아니라 전 세계적으로도 마찬가지입니다. 2022년 11월 《포브스^{Forbes}》에서 발표한 세계 부자 순위 중 1위부터 6위까지의 인물과 그들이 대표하는 기업들을 보면, 대부분 디지털 전환과 관련되어 있음을 알 수 있습니다.^{1위 일론 머스크-테슬라, 스페이스X, 2위 베르나르 아르노-LVMH, 3위 고담 아다니-아다니그룹, 4위 제프 베이조스-아마존, 5위 워런 버핏-버크셔 해서웨이, 6위 래리 엘리슨-오라클.}

새로운 가치를 발견하는 가장 대표적인 방법이 서로 다른 영역을 융합하는 것입니다. 가령 의사는 척추 차트를 확인한 다음 병이 무엇인지 파악하고 알맞은 처방을 내리는 능력이 있습니다. 하지만 한 명의 의사를 양성하기 위해서는 대단히 오랜 시간이 필요합니다. 의대에서 의전원 갔다가 인턴도 하고 전문의 시험을 보다 보면 십 년이 우습게 지나가죠. 반면 데이터 전문가는 척추 차트 데이터를 대량으로 모은 후 이들을 구별하는 인공지능을 구축하는 능력이 있습니다. 그러나 그들이 만든 인공지능을 병원 진료에 활용할 수는

알아야 보인다

없습니다. 왜냐하면, 데이터 전문가는 의학 지식이 전혀 없어서 분류 기준도 믿을 수 없고, 처방에 대한 신뢰도도 없기 때문이죠. 하지만 이 둘이 협업한다면 좋은 결과물을 기대할 수 있지 않을까요? 의사는 데이터 전문가에게 의료 과정을 상세히 설명해 맞춤형 인공지능 제작을 의뢰하고, 결과물이 도착하면 그것을 검토하고 다시 개선합니다. 이렇게 탄생한 인공지능은 의사가 제작과 검증에 참여했으니 의료 과정에 도입할 수 있을 것입니다.

이처럼 의학 지식·임상 경험과 기초과학·연구개발 능력을 동시에 갖춘 인물을 '의사과학자$^{MD-PhD}$'라고 합니다. 코로나19 백신을 개발한 바이오엔테크^{BIONTECH}의 CEO 우르그 사힌이 대표적인 인물입니다.

미국 조지아주립대, 호주 의대 등은 융복합의 중요성을 인지하고 의사과학자 양성 커리큘럼을 만들었고, 우리나라의 포항공대도 의과학대학원 개원과 동시에 2023년부터 시작하는 의사과학자 양성 계획을 발표했습니다. 앞으로 언어과학자, 법률과학자, 미술과학자 등도 기대해볼 수 있지 않을까요?

이제는 일본처럼 한 분야에만 몰두하는 장인정신보다는, 상대적으로 조금 얕더라도 다른 영역에 관심을 두고 손을 내미는 자세가 중요합니다. 협업을 진행하면서 상대방의 지식을 배우고 성장하다 보면 이전에는 생각지 못했던 새로운 가치가 창출될 수 있습니다. 융복합을 통해 탄생한 결과물들은 기존에 없던 새로운 가치를 지니고 사람들의 관심과 호응을 얻고 있습니다.

이 책에서는 그 다양한 결과물들을 소개하려고 합니다. **본인이 어**

느 분야에 흥미가 생기는지 천천히 살펴보고, '나라면 이걸 어떻게 해볼까?', '좀 더 개선할 방법은 없을까?', '개선하려면 무슨 지식이 필요하고 어떻게 준비해야 할까?' 하는 질문에 스스로 답해보기 바랍니다.

2

인공지능

#코딩 #딥러닝 #저작권 #MTPE #AI윤리
#기계번역 #빅데이터

인공지능이 나타났다!

약 10년 전만 해도 우리와 같은 일반 사람들에게 인공지능은 대단히 생소한 단어였습니다. 하지만 지금은 뉴스에 등장하지 않는 날을 찾기가 더 어려울 정도죠. 인공지능^{Artificial Intelligence}이라는 단어가 처음 등장한 것은 1956년 다트머스대학의 학술대회에서라고 전해집니다. 개념이 나타난 이후 수많은 연구자가 이 분야에 몰두했지만 주목할 만한 성과를 내지 못하고 이내 잊히고 말았죠. 그러다 최근 기계학습에 획기적인 방법이 등장하면서 우리 생활에 밀접하게 다가왔습니다. 여기서는 언어를 자동으로 변환해주는 번역기를 중심으로 이를 설명해보겠습니다.

현재 전 세계에 존재하는 언어는 약 7천 개가 넘는다고 합니다. 우리는 외국인과 교류하는 과정에서 언어의 장벽에 부딪히게 됩니다. 바디랭귀지를 하자니 민망하고, 외국어를 배우자니 힘들고 오래 걸립니다. 그래서 번역기가 탄생합니다. 최초의 형식은 규칙 기반 번역^{RBMT : Rule-Based Machine Translation}이었습니다. 원리는 문장 각 부분을 모두 목표 언어로 바꾸는 것입니다. 말은 쉽지만 이건 정말 힘든 작업입니다. 일단 각 단어를 하나하나 찾아야 하고, 무엇보다 문법을 입력해야 합니다. 지구상에 문법이 완벽히 일치하는 언어 쌍은 단 하나도 없습니다. 수많은 대응 패턴을 사람이 직접 수동으로 입력하는 것은 대단히 많은 시간을 요구하죠. 게다가 언어는 느리지만 꾸준히 변화합니다. 우리가 중세 한국어를 공부하지 않는 이상, 한글의 원형인 훈민정음 원문을 읽을 수 없는 이유가 여기에 있습니다. 마지막으로 언어 법칙을 이해한 저 같은 전문가만이 컴퓨터에 입력 가능하다는 점에서 인건비가 비싸고, 번역 성능이 너무 낮다는 단점도 있었습니다.

규칙 기반 번역 다음으로 시도된 것이 1990년대의 통계 기반 번역 SMT: Statistical Machine Translation 이었습니다. 통계 기반 번역은 문장을 작은 여러 조각으로 나눈 다음, 앞뒤 출현 단어로 가장 많이 함께 등장한 단어를 찾아내 넣는 방법입니다. 가령 '밥을 먹는다'라는 문장의 경우, 이 표현이 표준이기 때문에 '밥을 마신다'보다는 출현 빈도가 높을 겁니다. 반대로 '물을 먹는다'보다는 '물을 마신다'의 예시가 많겠죠. 즉, 컴퓨터에 대량의 데이터를 넣고, 하나하나 수치를 따져가며 서로 가장 어울리는 것을 찾아내는 것이 통계 기반 번역입니다. 데이터가 많을수록 표준 어법을 사용한 문장이 상대적으로 많아져, 정확한 번역을 해낼 가능성이 증가합니다. 규칙 기반에서 통계 기반으로 넘어가자 더 이상 언어학자를 초청해 일일이 법칙을 연구해서 입력할 필요가 없어졌죠. 분석가 중심에서 데이터 중심으로 넘어가는 기점이 됩니다.

당시 IBM 기계번역팀의 프레데릭 옐리넥Frederick Jelinek은 "내가 언어학자를 해고할 때마다 음성 인식기의 성능이 올라갔다"고 말해 저 같은 언어연구자의 가슴에 불을 지른 일화도 있었습니다. 하지만 통계 기반도 규칙 기반보다 그나마 성능이 나아졌을 뿐, 우리 일상에 도입할 만한 결과물이라고 보기는 어려웠습니다.

2015년이 되어서야 신경망 기반 기계번역NMT : Neural Machine Translation이라는 획기적인 방법이 등장했습니다. 지금까지는 텍스트를 잘게 나눠서 분석하는 방법이었다면, 신경망 기반은 문장 전체를 통째로 처리하는 방법입니다. 번역할 문장을 작게 압축해서 비트BIT로 변환한 다음, 기계가 대량의 데이터 속에서 스스로 규칙을 찾아내 문장을 변환하는 방법이지요. 이는 언어학에서의 '학습'과 '습득' 개념을 응용한 것입니다. 전자는 배워서 아는 지식, 후자는 자연스럽게 체득한 지식입니다.

우리는 어려서부터 한국말을 사용하고, 어느샌가 자연스러운 대화가 가능해집니다. 국어 문법을 체계적으로 배우지 않았음에도 불구하고 이것이 가능한 이유는 본인이 수없이 말하고 상대방의 말을 듣는 경험이 축적되면서, 우리 뇌가 자연스럽게 규칙을 찾아 정리하기 때문입니다. 그 결과 이유는 모르는데 정답은 아는 신기한 현상이 벌어지는 거죠. 우리가 '경험'이라고 말하는 것이 기계 입장에서는 '데이터'가 됩니다.

신경망 기반이 바로 이런 방법을 사용합니다. 인간은 지치면 쉬어야 하고, 하루에 받아들일 수 있는 지식에도 한계가 있습니다. 그러나 기계는 전기만 공급해준다면 쉬지 않고 작업이 가능합니다. 인

간이 수십 년에 걸쳐서 천천히 익혀나갈 지식을 데이터란 형태로
입력하면 기계는 그것을 분석해 스스로 나름의 규칙을 찾아내고
결과물을 도출합니다. 인공지능이 짧은 시간 안에 엄청난 성장을
이룬 이유가 이해되시죠? 번역기를 예시로 들었지만 **다른 분야의
인공지능도 대부분 이처럼 대량의 데이터에서 스스로 법칙을 깨닫
게 하는 방법을 사용하고 있습니다. 이것을 딥러닝이라고 합니다.**

인공지능을 활용하는 방법

디지털의 아버지 클로드 섀넌Claude Shannon은 MIT 석사 논문으로 이
진법을 이용해 모든 계산을 할 수 있다는 디지털 논리회로 개념을
제시했습니다. 각종 정보를 수치화할 수만 있다면, 컴퓨터로 하여금
계산하게 할 수 있다는 이론이죠. **각종 데이터를 숫자로 변환해 거
기서 패턴을 발견하고 정리하는 것**, 이것이 바로 인공지능의 원리입
니다.

번역기 외에 어떤 인공지능이 있는지 한번 살펴볼까요. 우리에게
가장 친숙한 인공지능은 이세돌과 대결한 알파고를 꼽을 수 있습니
다. 기계가 바둑 세계 최강자 이세돌을 꺾은 그 순간은 우리에게 큰
충격을 안겨주었고, 이때부터 대한민국에도 인공지능 붐이 일었죠.

음악 작곡과 편곡에도 인공지능이 사용됩니다. 소리 진공을 KHz
숫자로 변환한 다음, 기계가 숫자 패턴을 배우고 정리하여 랩, 재즈,
R&B 등의 결과물을 선보입니다. 인공지능은 고고학에도 진출했습
니다. 앞서 훈민정음을 언급했는데, 서양에는 이집트 상형문자, 고

대 그리스 문자 등을 연구하는 고고학 분야가 있습니다. 지금까지는 연구자가 글자를 하나하나 정리하고 해석했지만, 이제는 인공지능으로 빠르고 정확한 결과물을 기대할 수 있게 되었습니다. 게임에도 인공지능이 사용됩니다. 우리에게 친숙한 KOF, 그란투리스모, 스타크래프트 2, DOTA 2에서 인공지능이 세계 톱 플레이어를 꺾었다는 소식은 이제 뉴스거리도 되지 않습니다.

디지털 전환을 추구하는 또 하나의 이유가 바로 **인공지능을 해당 분야에 투입해서 높은 효율을 추구하고, 새로운 가치를 발견하고, 지속 가능성을 확인하기 위함입니다.**

그러나 인공지능은 만능이 아닙니다. 2022년 5월 20일 미국 바이든 대통령이 우리나라를 방문했습니다. 2박 3일 일정 중 두 정상의 대화는 전문 통역사가 맡아 전달했죠. 애초 번역기를 만든 이유가 소통의 어려움을 손쉽게 해결하자는 취지였는데 여전히 사람이 통역하고 있습니다. 이상하지 않나요? 그리고 주변 직장인 중 해외 문건을 번역기로 돌려 곧바로 상사에게 보고하는 사람이 있는지 확인해보세요. 장담컨대 한 명도 없을 겁니다. 반면 번역기를 1차로 돌리고, 그다음 사람이 깔끔하게 수정해 결재받는 경우는 어느 정도 있을 겁니다. 이것이 현재 인공지능의 위치입니다. 정확도가 상당히 올라와서 참고나 보조가 가능한 수준에 이르렀는지는 몰라도 완성품으로 보기는 여전히 어렵죠. 2021년 도쿄올림픽 태권도 시합에 참여한 스페인 선수 아드리아나가 본인의 검은 띠에 출전 포부를 한국어로 적었습니다. 본래 표현하려던 'Train Hard, Dream Big'을 아마도 번역기로 번역한 듯한 '기차 하드, 꿈 큰'으로 적어넣어 우리

알아야 보인다

에게 훈훈한 웃음을 안겨줬었죠.

번역기 제작 기업이 간과하는 부분이 있습니다. 결과물의 정확도를 끌어올리는 것에만 주목하고 있다는 점이 문제예요. 제가 진행하는 대학 강의에서 많이 확인되는 오류 중 하나는 번역 문제가 아니라 한국어 원문 문제입니다. 따라서 저는 항상 목표어에만 주목할 것이 아니라 한국어 공부도 병행하라고 조언합니다. 번역기에 엉성한 한국어가 들어가면 당연히 엉성한 결과물이 나오지 않을까요? 기계는 "원문이 잘못됐군요. A라는 의도로 말한 것으로 판단하고 수정해서 A'의 결과물을 드립니다"라고 하지 않습니다. 포털 검색에서는 간단한 문장의 오타를 바로잡아 검색하는 기능이 등장했지만, 글과 같은 고차원에서는 여전히 어렵습니다. 다시 말해, 번역기를 개선하는 방법 중 하나는 기계가 번역 결과물만 주목하는 것이 아니라 번역 대상도 확인하도록 하는 것입니다. 하지만 지금으로서는 사람이 글쓰기 능력을 훈련해서 올바른 원문을 넣는 수밖에 없습니다.

요즘 통·번역 과정에는 기계번역을 적극적으로 활용하는 MTPE가 늘어나는 추세입니다. MTPE는 기계번역Machine Translation에 사후편집Post Editing을 결합한 것으로 원문을 번역기로 변환한 후, 결과물을 사람이 정확하고 깔끔하게 다듬는다는 개념입니다. 이공계적 산물인 MT에 인문학적 PE가 결합한 융복합 결과물이라고 할 수 있죠.

제 수업에서는 언제나 사후편집을 강조합니다. 지금의 신경망 기반 번역은 인간을 완전히 대체할 수준에 도달하지 못했기에, 기계번역은 스케치에 불과할 뿐이며 반드시 인간에 의한 사후편집이 진행되어야 완전한 번역이 실현된다고 설명합니다. 그리고 정확한 사후편집을 위해서는 올바른 글쓰기 방법을 알고, 외국어와 한국어의 공통점과 차이점을 명확히 이해해야만 하죠. 인공지능은 결코 만능상자가 아닙니다. 사람이 그 분야에 대한 정확한 이해를 가지고 있어야만 올바르게 활용할 수 있습니다.

 사실 번역기 출현 이전에 소통 문제를 해결하기 위해 세계 공통어를 제작한 전례가 있습니다. 바로 1908년 제작된 에스페란토Esperanto입니다. 모든 낱말을 소리 나는 대로 적으며, 문법은 단순하고 규칙적으로 설정되어 있습니다. 소리 나는 대로 적으니까 읽기 쉽고, 문법은 단순해서 배우고 기억하기 쉽습니다. 언어는 서로 의견을 나누기 위한 수단입니다. 지금까지 없던 새로운 도구를 만들었으니 진입장벽을 최대한 낮춰 누구나 편하게 배우고 쓸 수 있도록 만든 거죠. 에스페란토가 만들어지고 100여 년이 지났습니다. 취지와는 달리 지금 에스페란토를 쓰는 사람은 어디에도 찾을 수 없습니다. 모두가 에스페란토를 사용하면 서로 편하게 대화할 수 있으니 애초에 번역기 자체를 만들 필요도 없었겠죠. 그런데 도대체 왜 실패했을까요?

 에스페란토와 별개로 오늘날 인간은 또 하나의 언어를 만들었습니다. 인간과 인간이 소통하기 위해 만든 것이 아니라 인간과 기계가 소통하기 위해 만들어진 컴퓨터 언어입니다. C+, JAVA, PYTHON 등이 있습니다. 우리는 인간과의 '소통'과 구별하기 위해서 컴퓨터와 대화하는 행위를 '코딩'이라고 부릅니다. 배워본 사람은 알겠지만, 인간 언어에 비해 매우 간단하고, 모호함이 없으며, 무엇보다 국가와 인종 등을 초월해 전 세계가 동일하게 사용하고 있습니다. 컴퓨터 언어가 에스페란토와 유사하다는 생각이 들지 않나요? '전 세계 사람들이 컴퓨터 언어로 소통하면 되겠네!'라는 생각은 어떤가요? 우리는 왜 컴퓨터 언어를 사람끼리 사용하지 않는 것일까요? 우리는 여전히 각자의 언어를 사용하면서, 동시에 소통의 불편을 해소하기 위해 컴퓨터를 만들어내고, 컴퓨터와 대화하기 위해 컴퓨터 언어를 창조하고, 코딩을 통해 번역기를 만들고 있습니다. 돌아가도 너무 돌아가는 게 아닐까요?

세계 공통어가 활성화되지 못한 이유는 언어가 단순한 도구가 아니라 문화 결정체이기 때문입니다. 우리는 각자의 문화와 정체성을 유지하기 위해 본인의 언어를 고집합니다. 공통어의 편리함을 머리로 안다 해도, 이를 거부하고 먼 길을 돌아 번역기를 제작합니다. 컴퓨터 언어는 우리 일상생활에 더욱 적합하지 않습니다. 생활에 필요한 기본어휘가 없고, 효율 중시로 문법을 최소화하고, 무엇보다 '명령'이라는 기능에만 특화되어 있기 때문이죠.

인공지능의 단점은 딥러닝 자체에도 있습니다. 딥러닝은 데이터를 숫자로 변환하여 패턴을 찾습니다. 데이터가 많으면 많을수록 올바른 결과물을 도출할 가능성이 높아지죠. 그렇다면 '지금보다 훨씬 더 많은 데이터를 집어넣으면 언젠가 사람이 개입하지 않아도 완벽한 결과물을 낼 수 있지 않을까?' 하는 의문을 제기할 수 있습니다. 저는 여기에도 한계가 있다고 봅니다. 번역기 개발에 사용되는 데이터는 우리가 평소에 사용하는 언어입니다. 인간이 이것을 데이터로 변환하고 입력하는 과정에서 필연적으로 갭이 발생합니다. 언어는 변화하고 기계는 뒤따라가고 있는데 데이터 변환과 처리에 있어서 시간 차가 발생하고 맙니다. 이것을 해결하려면 기계가 스스로 데이터를 생성해내고 분석까지 하는 완전 자율화를 실현해야만 합니다. 하지만 완전 자율화가 과연 가능할까요? 언어 변환은 문화의 변환이기에 한없이 완벽함에 근접할 수는 있어도 '100% 정답'은 존재하지 않습니다. 완벽함을 추구하면서도 완벽할 수 없다는 모순이 인류의 성장 동력이며 역사가 이것을 증명하고 있습니다. 만약 완벽한 번역이 가능하다고 한다면 오해의 소지가 전혀 없는 기계끼리의 대화이거나, 영화 〈매트릭스〉의 세계관처럼 기계와 인류의 위치가 역전된 경우일 것입니다.

각 분야의 데이터는 저마다 탄생 배경이 있습니다. 이 책에서 각 분야의 시작점부터 서술하는 이유도 변천사를 통해 오늘날 벌어진 사건을 쉽게 이해하기 위해서입니다. 기계는 이 배경을 이해하지 못합니다. 따라서 데이터를 발견하고 입력하는 과정을 기계가 직접 수행하는 것은 앞으로도 쉽지 않다고 생각됩니다.

그러니 '인공지능이 앞으로 계속 등장할 테니, 무언가를 배울 필요가 없어!'라는 건 잘못된 생각입니다. 게다가 당장 우리 실생활에 다가온 쓸모 있는 인공지능이 과연 몇 개나 있을까요? 대부분 제작 중이든가, 아니면 기관 내부 운영용으로 쓰이고 있지, 우리 같은 일반인의 삶까지 들어와 생활을 풍족하게 만들어주는 것은 아직 몇 개 없습니다. 저는 역설적으로 이런 시대일수록 각 분야의 전문가들이 더 환영받을 것이라고 생각합니다.

인공지능이 소설을 쓴다는 말 들어보셨나요? 2021년 8월 국내 최초 AI가 집필한 소설 《지금부터의 세계》_{비람풍 지음, 김태연 감수, 파람북}가 출판

알아야 보인다

되었습니다. 두 작가 중 하나는 AI 소설 스타트업체 다품다에서 개발한 인공지능 비람풍悲藍風, 다른 하나는 수학가이자 소설가인 김태연 작가입니다. 비람풍은 EP 2에서 EP 81까지의 집필을 맡았고, 김태연 작가는 도입부, 서문, 후기 등의 작성과 구상을 하고 결과물을 최종 정리했습니다. 본문 대부분을 인공지능이 작성하고 최종 편집 및 수정을 인간이 진행한 MTPE 개념에 부합하는 훌륭한 사례로 볼 수 있습니다.

요즘 개발자를 양성한다는 광고가 많이 보입니다. 희소식은 최근 코딩을 대신 해주는 인공지능이 출현했다는 것입니다. 수많은 코딩 데이터를 학습해서 내가 원하는 작업을 곧바로 실행해주죠. 일부 보조를 돕는 로우코드LowCode, 완전한 결과물을 제공해주는 노코드NoCode 로 분류되는데, 알파코드AlphaCode, 코파일럿Copilot, 파워앱스Power Apps, 앱시트AppSheet 등이 있고 각자의 특징이 있으니 관심 있으면 관련 자료를 찾아보기 바랍니다.

하지만 코딩 AI가 등장했다고 누구나 개발자가 될 수 있다고 생각해서는 안 됩니다. 여러분이 지원하는 기관에서 정의하는 '신입'은 시니어 한 명 붙여주면 바로 현장에 투입할 수 있을 정도의 능력자입니다. 아무 배경 지식 없이 코딩 AI만 의지해서 수많은 고객 요청에 전부 대응할 수 있을까요? 개발자는 직접 코드를 만져보고, 다양한 시행착오를 겪는 과정에서 성장합니다. 또한, 컴퓨터 언어는 모두 각각의 스토리가 있습니다. 이 언어가 애초에 무엇을 목표로 만들어졌는지 그 지향점에 따라 특화된 부분이 존재하지요. 프로 개발자는 이것을 파악하고 그때그때 다른 언어 체계를 사용하여 결과물을 만듭니다.

인공지능 활용법은 분명 있습니다. 우리 같은 일반인도 이제 앱이나 홈페이지를 다소 부족하더라도 스스로 만들어볼 수 있게 되었습니다. 외국어를 한마디도 못해도 해외에서 번역기만 있으면 생활이 가능합니다. 현지인은 비록 단번에 번역기의 어설픈 결과물임을 알아채겠지만, 의사소통에는 큰 문제가 없습니다. 이처럼 완벽함을 추구할 필요가 없는 상황에서 인공지능은 대단히 유용한 도구입니다. 미지의 분야로 진입하는 문턱을 대폭 낮춰주죠.

그렇다면 소위 고부가 가치를 창출하는 프로의 영역에서는 어떨까요? 여기는 고객이 금전을 지불한 대가로 높은 퀄리티를 요구하기에 어설픈 결과물은 용납되지 않습니다. 하지만 인공지능을 이해하고 응용 방법을 제대로 알면 활용할 수 있습니다.

머지않아 소설가라면 AI에게 '골프를 주제로 초고를 작성해서 넘겨'라고 명령하고, 그것을 수정해서 작품을 만들 겁니다. 작곡가라면 '이별 주제로 발라드풍 곡을 하나 만들어봐'라고 명령한 다음 가사를 고치고 전체 곡 균형을 다듬고 자신만의 색깔을 입힐 겁니다. 코드를 작성하는 개발자라면 '이번에 VR과 연동되는 홈페이지를 개설하라는 의뢰가 들어왔는데, 그쪽 요구에 따라 한번 만들어봐'라고 명령한 후, 결과물을 다시 고객의 세세한 요구에 따라 수정하고 구도를 바꾸고, 울렁임 등을 해결하는 사후편집 작업을 진행할 겁니다. 앞에서 소개한 MTPE 개념이 언어뿐만 아니라 모든 영역에 적용될 것입니다.

인공지능의 발전에 힘입어 우리 같은 일반인도 언젠가는 소설도 쓰고, 작곡도 하고, 홈페이지도 만들 수 있을 것입니다. 그러나 가치 있는 예술작품을 만들어내는 이는 진정 그 분야에 통달하고 동시에 인공지능의 작동 원리를 이해하여 '어떻게 지시를 내리면 목표에 가장 근접한 결과물을 내놓을까?'를 아는 사람일 것입니다. 우리는 이러한 전문가가 되는 것을 목표로 삼아야 합니다.

데이터의 양과 질

최근 초거대 인공지능이 거론되고 있습니다. 초거대 인공지능은 인간의 뇌를 모방한 것으로, 사람처럼 학습하고 공감도 할 줄 압니다. 이를 위해서는 대량의 데이터가 주어지고 연결되어야 합니다.

각각의 정보를 연결하는 선을 매개변수^{파라미터}라고 합니다. 이러한 매개변수들이 모여 신경망을 이루게 되죠. 매개변수가 많을수록 정교한 학습이 가능하기 때문에 인공지능 성능의 평가 기준으로도 거론됩니다. 이 분야에서 가장 유명한 거대 모델은 Open AI의 'GPT-3'를 꼽을 수 있습니다. GPT-3는 1,750억 파라미터의 영어 전문 언어모델로 놀라운 번역 성능을 선보여 출시 당시 업계에 큰 충격을 주었습니다. 이에 질세라 우리나라의 네이버는 2,040억 파라미터의 한국어 전문 언어모델 '하이퍼클로바'를 선보였습니다. 카카오는 2022년 4월 텍스트 정보를 통해 관련 그림을 만들어내는 'RQ-트랜스포머'를 공개했죠. 가령 '과자를 못 먹어 허탈한 표정의 강아지를 그려줘'라고 한국어로 입력하면 그에 맞춰 그림을 그려줍니다. LG는 2022년 5월 인공지능 '엑사원'을 공개했습니다. 앞서 소개한 모델들은 번역 또는 이미지 생성 등 한 가지 기능만 가졌다면, 엑사원은 3,000억 파라미터를 기반으로 텍스트, 음성, 이미지, 영상 모두를 이해하는 멀티플레이어입니다. 국내에서는 2022년 5월 기준 엑사원을 초거대 모델 중 최고로 평가하고 있습니다.

해외 연구 결과도 있습니다. 베이징 인공지능연구원은 2021년 6월 1조 7,500억 개의 파라미터를 갖춘 우다오悟道 2.0으로 버추얼 휴먼 '화즈빙华智冰'을 만들었습니다. 화즈빙은 중국 전통 문체로 시를 지을 수 있으며, 그림을 그리거나 작곡도 가능합니다. 마이크로소프트와 엔비디아는 합작을 통해 2021년 10월 5,300억 파라미터의 언어모델 'MT-NLG'를 공개했습니다. 문서 요약, 자동 대화 생성, 번역, 의미 검색, 코드 자동완성 등을 수행합니다. 알파고를 개발한 딥마인드는 같은 해 12월 2,800억 파라미터의 언어모델 '고퍼'를 선보였습니다.

이런 추세라면 언젠가 인간의 뇌를 넘어설 것이라는 관측도 나옵니다. Open AI는 2030년까지 파라미터 100조 개 이상의 'GPT-4'를 만들겠다고 공언했습니다. 인간 뇌의 시냅스가 100조 개 수준이니, 뇌에 버금가는 수준으로 만들어서 인간이 월등한지 기계가 월등한지 한번 확인해보자는 취지입니다.

인공지능 구축에 데이터가 얼마나 중요한지 이해되셨을 겁니다. 데이터는 인공지능의 시작이자 마지막입니다. 얼마나 많은 데이터가 있느냐에 따라 기계는 더 많고 다양한 시행착오를 반복하면서 성장합니다. 하지만 과연 데이터만 많이 모으면 좋은 인공지능을 만들 수 있을까요?

2020년 12월 서비스됐던 '이루다'의 사례를 살펴볼까요. 이루다는 스타트업 스캐터랩이 제작한 20대 여대생 콘셉트의 챗봇입니다. 1인 가정이 늘어나는 흐름 속에, 고객은 퇴근 후 편하게 대화할 수 있는 친구를 얻은 느낌을 받았죠. 하지만 서비스를 시작한 지 한 달도 안 되어 생각지도 못한 문제가 발생했습니다. 우선 이루다 제작에 관련된 데이터가 특정 메신저에서의 사적 대화로 구성되었다는 의혹이 제기되었고 개인정보가 대외적으로 유출될 수 있다는 우려가 나타났습니다. 가장 큰 문제는 적절하지 못한 데이터의 주입이었습니다. 이루다는 고객과 대화하면서 동시에 성장하는 모델인데, 일부의 사람들이 악의적 의도로 음담패설이나 적절하지 못한 지식을 주입한 사건이 발생했던 거죠. 그 결과 이루다는 부적절한 발언들을 쏟아내기 시작했고, 결국 서비스는 중단되고 말았습니다. 스캐터랩은 수정을 거쳐 2022년 10월 '이루다 2.0'을 정식 출시했습니다. 2.0에서는 핵심 기술을 업데이트해 현실감 있는 대화가 가능하게 했고, 사진을 인식해 답변할 수 있는 포토챗 기능을 추가하였으며, 개인정보 유출과 차별 발언 문제를 개선하였습니다. 안전한 발화 비율을 샘플링해본 결과, 목표치인 99%를 넘어 99.58%에 이르렀다는 점에서 지속 가능한 서비스 제공에 대한 스캐터랩의 의지를 엿볼 수 있습니다.

이루다 사건은 데이터의 양뿐만 아니라 질적 측면도 중요하다는 것을 보여주었습니다. 인공지능이 보여주는 편견과 차별은 결국 사람이 조장한 결과입니다. 기계를 학습시키는 이도 사람, 그 결과를 받아보는 이도 결국 사람입니다. 인공지능은 우리의 거울일지도 모룹니다.

　인공지능 개발의 세계 톱클래스 연구자 중 하나인 앤드류 응[Andrew Ng] 교수는 데이터의 질적 측면을 대단히 중요시합니다. 모델 크기를 무작정 확장하기보다는, 목표에 알맞은 질 좋은 데이터를 제공하는 것이 훨씬 성능에 도움이 된다고 주장합니다. 전통적인 개발 방식에서는 추가 작업이 필요할 때만 코드를 조정한다면, 데이터 중심 방식에서는 꾸준한 피드백에서의 엔지니어링이 강조됩니다. 사람도 같은 현상을 관점에 따라 다르게 해석하는 경우가 있듯이 개발 과정에 참여하는 이들이 서로 다른 생각을 한다면 해석이 들쑥날쑥하고 성능에 영향을 줄 수밖에 없습니다. 따라서 명확한 방향과 그에 알맞은 데이터 처리, 그리고 꾸준한 피드백으로 질적 측면을 최대한 끌어올릴 필요가 있습니다.

　이루다 사건을 통해 확인했듯이 인공지능은 만들어진 순간에 완성되는 것이 아니라 끊임없이 발전해나가는 특징을 보입니다. 그렇다면 '이미 구축된 인공지능을 새롭게 어느 분야에 적용할 수 있는가?', '지금의 인공지능을 개선하고 발전시키려면 어떤 데이터를 꾸준히 제공해야 하는가?', '우리는 무엇을 준비하고 조치해야 하는가?'와 같은 질문에 답할 수 있는 사람이 앞으로 많이 요구될 것입니다. 메시 11명으로 이루어진 팀은 결코 드림팀이 아닙니다. 마찬가지로 코딩 개발자들만 모이면 시야가 좁아지기 마련입니다. 사회 여러 분야에 민감하게 반응하는 동시에 인공지능 관련 지식을 보유한 인재, 융합형 결론을 도출하는 능력을 보유한 전문 인력이 새롭게 주목받고 있습니다. 여기에 공동 작업에 필요한 소통과 협업 능력, 새로운 기술 변화를 유연하게 흡수할 수 있는 포용력도 갖추면 금상첨화가 아닐까요?

최근 또 하나 주목받는 분야가 바로 AI 활용 능력 시험의 개발입니다. 영어의 TOEFL과 TOEIC, 중국어의 HSK와 TSC, 한국어의 TOPIK처럼 AI 개발자의 수준을 측정할 수 있는 시험을 만들려는 계획이죠. 이미 해외 빅테크 기업들은 관련 활동을 시행하고 있습니다.

아마존웹서비스는 자체 자격증만 12개에 달하며, 2016년에 이미 직원들에게 효과적으로 AI 기술을 교육하기 위해 사내 자체 'ML 대학'을 설립했습니다. 구글은 AI 개발자 공인 인증 프로그램인 'TDC Tensorflow Developer Certificate' 자격증 제도를 운용하고 있습니다. ML 모델 개발, 자연어 처리, 컴퓨터 비전 등을 두루 다루는 과정으로 자격을 취득한 이들이 서로 교류하고, 채용 시 가산점을 받을 수 있도록 지원하는 자체 네트워킹 플랫폼도 제공하고 있죠. 커리큘럼에는 교육과 시험에 자사 서비스나 솔루션을 활용하는 실무형 프로젝트 관련 내용들이 담겨 있습니다. 현장 지식을 사전에 흡수해야 곧바로 현업에 투입할 수 있는 인재를 얻을 수 있기 때문이죠. 따라서 커리큘럼이 지극히 현실적이고 실용적입니다. 또한, 빠른 변화에 민감하게 반응하기 위해 갱신을 멈추지 않습니다. 별도의 교육 없이도 현장에 바로 투입할 수 있는 인재를 양성하려는 것입니다.

이들은 최근 커리큘럼을 일반인에게도 일부 공개하고 있습니다. 문호를 넓혀 재야의 유망 인재를 흡수하기 위함입니다. 새로운 인력이 필요하면, 자사 시험을 치렀던 응시자에게 입사를 제안하는 형식입니다. 교육과 시험에 자사 서비스나 솔루션을 활용하게 한다는 점 역시 주목할 부분입니다. 비록 입사가 이루어지지 않더라도, 커리큘럼을 통해 특정 기업 솔루션에 익숙해진 이들은 계속 그 기업의 툴을 이용하는 고객으로 변모하게 됩니다. 즉, 인재 확보, 잠재적 고객 유치, 그리고 뒤에서 기술할 ESG의 S Social, 사회적 가치 실현 세 마리 토끼를 동시에 잡는 효과가 나타나는 거죠.

반면 우리나라는 아직 미진한 상황입니다. 회계나 재무 등 다른 직군과 달리 통용되는 인증 체계가 없고, 심지어 개발자라는 용어의 정의조차 모호합니다. 최근 초등학교에서부터 대학교까지 관련 교육을 확대해나가고 있긴 하지만 각자 교육받은 내용과 수준의 편차가 지나치게 큽니다. 취업준비생은 어떻게 준비해야 할지 막막하기만 하고, 기업은 제대로 된 AI 전문가를 뽑기 힘들다고 어려움을 호소하는 미스매치가 발생하고 있죠. 개발자 채용조차 양측이 어떻게 해야 할지 모르는 상황인데, AI 솔루션을 각종 업무에 다양하게 활용하고 기획하는 MLOps 머신러닝 개발과 관리를 한 번에 작업하는 개념 인재 채용은 더욱 어렵습니다. 지금으로서는 국내 빅테크 기업에서 이미 활동하고 있는 인물이 각종 프로젝트를 통해 스스로 성장하기를 바라야 하는 실정입니다. AI는 영어와 같은 외국어처럼 기본적으로 알아야 할 지식의 하나로 자리 잡아가고 있습니다. 그래서 지원자들의 수준을 끌어올릴 체계적인 커리큘럼과 어학 공인 시험과 같이 가늠자로 활용할 수단이 필요합니다.

이러한 문제점을 해결하기 위해 2022년 10월 한국경제신문사와 KT가 함께 개발하고 운용하는 AICE AI Certificate for Everyone 테스트가 공개되었습니다. 퓨처^{FUTURE}, 주니어^{JUNIOR}, 베이식^{BASIC}, 어소시에이트^{ASSOCIATE}, 프로페셔널^{PROFESSIONAL} 총 5단계 난이도로 구성되어 있으며, 2022년 11월 12일 첫 번째 시험을 시작해 전 국민의 AI 역량 강화를 목표로 꾸준히 발전시켜나갈 계획이라고 합니다.

AICE 교육 프로그램은 온라인 강의 형태로 제공됩니다. 홈페이지 https://aice.study 에 접속하면 수준별 동영상 강의를 볼 수 있으며, 실습 플랫폼인 AIDU도 열려 있어 샘플 데이터를 활용해 코딩 연습이 가능합니다. 현재 KT, 현대중공업, 동원그룹, 신한은행 등 30개사가 AICE를 채용과 사내 교육 등에 활용하겠다고 밝혔으며, 특히 성균관대는 AICE 교육을 이수하고 자격을 취득하는 것을 일부 과정의 졸업 요건으로 지정하기도 했습니다. **국내 공식 AI 자격시험의 첫발을 뗐는데 꾸준히 발전하여 세계를 주도하는 글로벌 자격시험으로 자리 잡기를 기원합니다.**

인공지능이 늘면 일자리가 줄어든다?

영국의 토터스 인텔리전스^{Tortoise Intelligence}를 방문하면 세계 인공지능 지수 랭킹을 확인할 수 있습니다. 미국이 1위이고 중국이 그 뒤를 추격하고 있습니다. 2021년 한국의 종합순위는 7위로, 개발 영역이 3위로 제일 높고, 인프라는 6위, 정부 전략은 7위, 특허 건수나 인용 횟수를 포함한 연구 영역은 12위, 가장 낮은 건 인재 28위와 연구환경 32위로 나타났습니다. 수치를 보면 '이미 이 영역에 뛰어든 사람들은 훌륭하며, 여기에 환경 개선을 더하면 더욱 훌륭함' 정도로 해석할 수 있겠습니다.

정부도 꾸준히 환경을 개선해나가고 있습니다. 지난 정부에서는 2019년 인공지능 국가전략과 디지털 뉴딜 정책 등으로 지원을 아끼지 않았으며, 새 정부 역시 '디지털 경제 패권국가 달성'을 목표로 세웠습니다. 2022년 인공지능 국제표준정책을 개발하고 주도하기 위한 '인공지능 표준전문연구실'을 가동하고, 민간과 공공에 인공지능을 확산시키고, '인공지능 혁신허브'를 창설해 후속 인재 양성을 위한 노력을 기울이고 있습니다. 취업을 준비하거나 이직을 생각하는 사람들이라면 AI 양재 허브와 같은 서울시 산하의 인공지능 지원기관을 통해, 최소한의 투자로 전문가에게 교육을 받을 수도 있습니다.

미국 스탠퍼드대학의 사람 중심 인공지능 연구원HAI : Human-Centered Artificial Intelligence이 발표한 보고서 〈AI 인덱스 2022〉를 보면, 연구개발 핵심 주체로 대학 60%, 비영리 기관 11.3%, 기업 5.2%, 정부 3.2% 순으로 나타납니다. 기관별 상위 3개 연구 협력 유형에도 모두 포함된 만큼 대학은 AI 연구개발의 구심점이라고 할 수 있습니다. 영리적 성과가 돋보이기에 인공지능을 선도하는 것이 민간기업이라고 생각할 수도 있지만, 체계적으로 배우고자 한다면 대학이 좋습니다. 현재 고등학생이라면 최근 몇 년 사이 국내 대학에서도 우수한 연구진에게 수업을 받을 수 있는 인공지능 학과가 많이 개설되었으니 흥미가 있다면 꼭 찾아보기 바랍니다.

마지막으로 인공지능 산업이 발전하면서 많이 언급되는 내용 중 하나가 앞으로 사람의 일자리가 많이 줄어들 거라는 시각입니다.

알아야 보인다

맞으면서도 틀렸습니다. Open AI의 공동설립자 그렉 브록만^{Greg}
_{Brockman}은 프로그래밍에서의 두 부분에 대해 언급한 적이 있습니다.
하나는 '문제에 대해 열심히 생각하고 이해하려고 노력하는 것'이고
다른 하나는 '생각한 것을 기존 코드에 매핑하는 것'입니다.

　인공지능은 둘 중 후자를 맡습니다. 앞에서 소개한 자동 코딩처
럼 인간이 하던 단순 작업을 조금씩 기계가 대체하게 되겠지요. 이
제는 돈을 버는 시대가 아니고 돈을 개발하는 시대입니다. 최근 많
이 거론되는 가상화폐, NFT, 메타버스 등은 불과 1~2년 전에는 대
부분 알지 못했던 것들입니다. 하지만 일찍 주목하고 공부하고 뛰어
든 사람들은 큰 이득을 얻었죠. 상상력과 창의성이 새로운 가치로
이어집니다. 사람은 가치를 만들고 구체적인 작업은 기계가 하는 세
상이 도래했습니다. 그 중심에 인공지능이 있는 거죠.

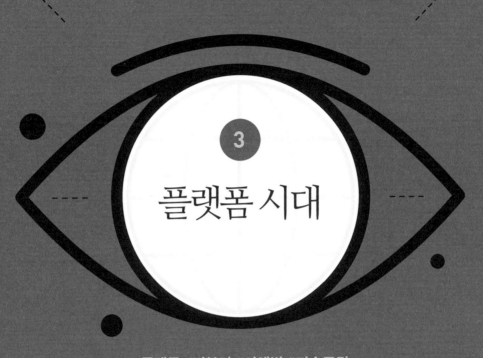

3

플랫폼 시대

#플랫폼 #빅블러 #인앱법 #기술주권
#반독점법 #지식재산권 #창조적_인재

플랫폼이란

언제부터인가 플랫폼^{Platform} 이란 단어가 일상용어처럼 사용되고 있습니다. 우선 사전적 의미를 살펴보죠.

플랫폼은 본래 '평평하다'는 뜻의 프랑스어 'plat'과 '형태'를 뜻하는 영어 'form'의 합성어로 평평한 모양의 물건을 의미합니다. 증기기관의 발달로 기차가 보급되자 '승강장의 평평한 기반'으로, 후에는 '다양한 활동을 뒷받침하는 기반 시설'로, 여기서 '소프트웨어가 실현되는 환경'으로, 지금은 또다시 '다양한 행위자들이 참여하여 서로 연결되고 관계를 맺으며 가치를 창조하는 시스템'이란 의미로 확장되어왔습니다. 기차역이 승객과 기차를 연결해주듯이, **플랫폼 기업은 생산자와 소비자를 연결하고 그들이 원하는 니즈를 해결하는 매개체 역할을 합니다.**

코로나19가 불 지핀 플랫폼 비즈니스

흔히 플랫폼 기업의 대명사로 불리는 애플, 아마존, 구글 등은 이전부터 존재했습니다. 애플은 1976년, 아마존은 1994년, 구글은 1998년에 설립됐죠. 근데 왜 지금 와서 플랫폼 시대가 된 걸까요? 여기에는 코로나19의 영향이 컸습니다. 세상이 비대면으로 전환됐고, 디지털 전환에 적합한 이들이 바로 IT 기반 기업들이었기 때문이죠.

플랫폼 비즈니스의 장점은 여러 가지가 있는데 우선 고객 확장이 가능하다는 점을 꼽을 수 있습니다. 전통적 사업에서는 생산자가 원자재를 가공하고 완제품을 제작하여 고객에게 상품과 서비스를 판매합니다. 반면 플랫폼 기반 사업은 생산자와 소비자가 서로 연결되어 있다는 점에서 차이가 있죠.

전통적 사업은 생산자에서 구매자로 이어지는 단방향입니다. 백화점이 좋은 예시입니다. 백화점은 공간 제한이 있기에 네임밸류가 높은 브랜드를 선정하고, 일반인의 입점은 불가능에 가깝습니다. 반면 플랫폼은 오픈마켓 형태입니다. 오픈마켓에서는 공간적 한계가 없어 생산자로 등록만 하면 누구나 상품을 판매할 수 있으며, 동시에 일반 구매자로 참여할 수도 있습니다. 플랫폼 기업은 생산자와 구매자를 연결하는 기반을 마련해주고 양쪽의 수수료 또는 광고로 이윤을 취합니다.

둘째는 수용고객 규모의 차이입니다. 백화점 고객은 주변 거주자에 불과하지만, 플랫폼 고객은 가상공간에서의 활동으로 공간적 제한이 없습니다. 전 세계의 사람들을 고객으로 삼을 수 있죠.

셋째는 플랫폼 브랜드가 곧 판매자 브랜드가 된다는 점입니다. 일반인이 백화점에 입점하지 못하는 이유는 브랜드 가치가 없기 때문입니다. 하지만 플랫폼에서의 구매자는 판매자가 아니라 플랫폼 브랜드를 보고 방문해 제품을 살펴봅니다. 물건의 질이 좋다면 판매자가 누구인지는 중요하지 않죠.

넷째는 거래비용Transaction Cost의 감소입니다. 거래비용은 고객과 거래하는 일련의 과정에서 소모되는 비용을 의미합니다. 전통적 방식에서는 단순하게만 봐도 원자재 구매비, 공장 가동비, 도매상에서 시장으로의 운송비 등이 들어가 거래비용이 올라갑니다. 하지만 플랫폼에서는 온라인에서 주문을 받고 판매자가 곧바로 구매자에게 배송해 중간 과정이 생략되기 때문에 가격 절감 효과가 있습니다.

마지막은 모두가 함께하는 제품 평가입니다. 앞선 구매자가 올린 후기를 통해 제품이 어떤지 사전에 판단할 수 있습니다. 그리고 혹시나 사고가 일어나면 플랫폼 운영진이 나서서 중재하고 해결해주기 때문에 신뢰 관계도 형성되죠.

이런 장점들로 인해 최근 플랫폼 기업이 급성장했고, 여러 기업들이 플랫폼으로의 변신을 시도하고 있습니다.

다양한 플랫폼

지금은 오픈마켓만이 아니라 다양한 형태의 플랫폼이 등장했습니다.

커뮤니티

당근마켓은 2015년 휴대폰 앱으로 출시됐습니다. 2003년 이후 네이버 중고나라가 중고시장을 호령하고 있었는데, 어떻게 한참 후발주자인 당근마켓이 이 시장을 평정할 수 있었을까요?

2008년 금융위기 이후 세계 경제의 저성장이 나타나면서, 새 제품을 선호하는 현상이 줄어들고 상태가 좋은 중고를 찾는 소비자들이 많아졌습니다. 창고에 잠들어 있던 물건들을 판매해 여유 자금을 마련하려는 사람들도 늘어났습니다. 하지만 이것만으로는 성장 이유를 다 설명할 수 없겠죠.

당근마켓을 인터넷에 검색해보면 '당신 근처의 마켓'으로 나옵니다. 중고나라와 번개장터는 거리 제한이 없는 반면, 당근마켓은 '당신 근처'라는 점에서 알 수 있듯이 동네 사람들끼리만 가능합니다. 거래 범위를 제한하면 고객이 줄어들 거라고 생각하기 쉽지만 그렇지 않습니다. 기존 중고시장의 큰 문제점 중 하나가 사기 거래입니다. 주문하고 택배를 받았는데 엉뚱한 물건이나 망가진 물건이 들어 있는 경우가 종종 발생했죠. 항의하고 싶어도 판매자가 먼 지역에 있으니 해결이 쉽지 않았고요. 그러나 동네 주민끼리의 거래는 언제든지 찾아가 항의할 수 있기에 심리적 안정장치가 됩니다. 그리고 '거래 범위'가 동네일 뿐이지, 플랫폼의 수용 범위는 '전국'입니다. 서울에서도, 제주도에서도 사용 가능하죠. 손해는 줄고 신용도는 상승한 케이스입니다.

결정적 차이는 '커뮤니티'입니다. 당근마켓은 중고시장이라는 단어를 사용하지 않으며, 이웃과 함께 취미생활을 즐기고 함께 맛집을 찾아다니는 등 서로의 활동을 공유하는 데 목적을 두고 있습니다. 옆집에 누가 사는지도 모르고 서로를 알아갈 여유도 없는 오늘날, 취미와 휴식을 같이 공유하는 이웃을 찾자는 취지이며, 그 방법이 바로 동네 이웃과의 소소한 중고거래가 되는 거죠. 기존 중고시장은 물건 판매 과정에서의 수수료 이득에만 주목했다면, 당근마켓은 중고거래에서의 교류를 목적으로 삼았다는 점이 특징입니다.

당근마켓이라는 플랫폼에서는 누구나 제품을 판매하는 생산자가 될 수도 있고, 구입하는 구매자가 될 수도 있습니다. 여기서 그치지 않고 생산자와 소비자가 서로 만나 일상을 공유한다는 새로운 가치를 창출한 거죠.

게임

게임에도 플랫폼이 존재합니다. 우선 게임의 역사를 간단히 살펴볼까요. 초기 게임 시장의 흥망성쇠를 모두 겪은 아타리 시대가 1기, '슈퍼마리오'로 비디오게임 시장의 제왕으로 군림했던 닌텐도 전성기가 2기라면, 이어진 1990년대 중반에서 2000년대 중반까지의 3기에서는 비디오게임 역사상 가장 치열한 경쟁이 벌어졌습니다. 제왕으로 군림하던 닌텐도의 위상이 흔들리고 신흥 세력이 속속 등장해 춘추전국시대가 펼쳐졌죠. 초기에는 세가SEGA의 '세가 세턴'이 3기를 호령하나 싶었는데, 소니SONY의 플레이스테이션이 '파이널 판타지 7'으로 대흥행에 성공하며 양대 산맥이 되었습니다.

당시에는 게임사가 각자의 게임기와 팩을 판매했습니다. 게임기와 게임팩을 TV에 연결하여 즐기는 형태를 콘솔 게임이라고 하는데,

세가 콘솔에서는 세가에서 출시한 게임만 플레이가 가능했고, 소니 콘솔에서는 소니의 게임만 가능했습니다. 타사 게임을 하고 싶다면, 게임기와 게임팩을 별도로 추가 구매하든지 주변 지인에게 빌리든 지 해야만 했죠.

2003년 위대한 시도가 있었습니다. 바로 밸브 코퍼레이션에서 개 발한 디지털 관리 멀티플레이어 플랫폼 스팀Steam이 출현한 것입니 다. 밸브는 3차 산업혁명에 들어서 전 세계 사람들이 고속 인터넷에 접근하고 있고, 이 추세가 급격히 진행될 것을 눈치챘습니다. 그래 서 게임기와 팩으로 구성됐던 게임 시장 대신 인터넷에서 게임 자 체를 다운받아 컴퓨터에 설치하는 새로운 구조를 고안했죠. 2000 년대에도 게임기가 없는 집은 여전히 많았지만, 컴퓨터 구매 속도는 급격히 증가했습니다. 결과적으로 폭넓은 고객층 확보에 성공했습 니다.

팩으로 판매하는 게임은 변화를 추구하기 힘들었습니다. 수정이 불가능하다 보니 출시할 때 완벽에 가까운 완성도를 가져야만 했 죠. 마치 이미 출판된 책에 중대한 오류가 확인돼도 수정할 방법이 없는 것과 같습니다. 판매 이후 버그나 밸런스 붕괴 등의 문제점이 발견되면 그것을 수정한 새로운 게임을 판매하는 방법밖에 없었습 니다. 하지만 디지털 전환이 이루어진 후로는 언제든지 패치로 수정 할 수 있게 되었고, 업데이트를 통한 변화도 가능해졌죠.

온라인으로 타인과 협동 플레이가 가능해진 점 역시 중요한 변화 입니다. 3기까지는 집에 지인을 초청해 진행하는 2인용 플레이가 한 계였다면, 지금은 집에서 전 세계 유저와 함께 즐길 수 있게 되었죠.

무엇보다도 스타트업에 새로운 진출 기회가 마련됐다는 점이 가장 큰 변화입니다. 1기에서 3기까지는 소위 흥행이 보장된 게임만 시장에 진출할 수 있었습니다. 하지만 스팀에서는 누구나 직접 게임을 제작하고 판매할 수 있습니다. 스팀 운영진의 심사를 통과하면, 판매가격의 약 30% 정도 되는 수수료를 제외한 나머지가 제작사의 몫이 됩니다. 백화점과 오픈마켓의 차이와 비슷하죠? 스팀 홈페이지에서 제공한 통계자료에 따르면, 스팀은 2014년 이후 단 한 번의 하락세 없이 꾸준히 성장해온 세계 1위의 게임 플랫폼이 되었습니다.

지식

플랫폼은 유형뿐만 아니라 무형 지식도 품을 수 있습니다. 우선 소개할 것은 오픈소스의 성지라 불리는 깃허브^{GitHub}입니다. 여기서는 다양한 제작자가 본인이 작업한 코드를 배포하고 있습니다. 만약 자신이 진행하려던 프로젝트와 유사한 내용이 있다면 그것을 다운받아 알맞게 커스텀_{원래의 규격화된 모습을 탈피해 특정 개인이나 집단의 필요 내지 요구에 맞춰 개정하거나 변경하는 행위 혹은 그런 물건} 하면 됩니다. 본인 역시 자기 결과물을 사람들과 공유해 상부상조하는 지식 플랫폼입니다. 모두가 제공자이자 이용자입니다. 비슷한 플랫폼은 많이 있지만, 깃허브는 점유율과 프로젝트 개수에서 압도적인 보유량을 자랑합니다. 특히 2018년 마이크로소프트가 인수한 후 규모가 더 커졌죠.

데이터베이스 역시 발전하고 있습니다. 우리는 인터넷에서 무언가를 검색할 때 단어 또는 문장을 입력하고 단편적인 검색 결과를 받아봅니다. 그런데 2022년 4월 중국에서 새로운 개념의 데이터베이스를 선보였습니다. 가령 '공자^{孔子}'를 검색하면 관련 문헌 자료가 쭉 나열되는 것이 기존 방식이었다면, 새로운 데이터베이스는 '공자^{孔子}'의 관련 정보가 표기됩니다. 공자와 관련된 문헌, 관련된 인물, 시대별 분류 등이 그림과 선으로 나타나고 그것을 클릭하면 상세한 자료를 볼 수 있는 형태입니다. 이처럼 단일 검색에서 영역 검색, 더불어 관련 툴을 제공하여 검색부터 편집, 분석까지 한 큐에 가능케 한 것이 새로운 데이터베이스입니다.

디지털 전환으로 시장은 커지고 진입 장벽은 낮아져 누구나 참여할 수 있으며, 판매자와 구매자의 경계도 희미해졌습니다. **무엇보다 앞선 이들이 어떻게 새로운 가치를 추구했는가에 대해 주목할 필요가 있습니다.**

빅블러 현상

플랫폼 활성화와 더불어 기존에 존재하던 경계가 모호해지는 빅블러^{Big Blur} 현상이 출현했습니다.

본격적인 디지털 전환이 시작되면서 어려운 상황에 직면한 분야가 있습니다. 바로 금융업입니다. 불과 얼마 전까지도 금융 업무를 보려면 은행에 찾아가 번호표를 받고 순서가 될 때까지 대기하는 것이 당연한 일이었습니다. 하지만 언젠가부터 인터넷은행이 등장하면서 기존 금융사 고객이 대거 이탈했죠.

2022년 2월 기준 카카오뱅크, 케이뱅크 등 인터넷전문은행의 가입자는 2,544만 명입니다. 2017년 출범한 인터넷은행이 5년 만에 약 350% 성장하고 우리나라 인구 절반에 가까운 고객을 확보하는 기염을 토한 거죠. 반면 4대 은행KB국민, 신한, 하나, 우리은 고작 약 40%밖에 성장하지 못했습니다. 인터넷은행이 비록 시중은행보다 자산 규모나 수익 면에서는 뒤처짐에도 불구하고, 고객 증가 추세는 이들을 넘어서는 신기한 현상이 나타난 것입니다. 시중은행은 신규 유입이 눈에 띄게 줄어들자 성장이 둔화되고, 성장이 둔화되자 업무 능력도 감소하는 악순환이 벌어지고 맙니다. 이에 대한 타개책의 일환으로 신한은행은 배달 서비스 '땡겨요'를 출시했습니다. 은행과 배달은 그다지 연관성이 없지만, 이렇게 해서라도 이탈하는 고객을 붙잡아야만 했던 거죠.

이전에는 열심히 연구하고 노력해서 좋은 제품을 만들면 자연스럽게 입소문을 타고 고객이 모인다고 생각했습니다. 물론 이것은 지금도 변함없는 진리입니다. 하지만 디지털 세상의 출현으로 사람이 일단 모여야 제품도 빛을 발한다는 새로운 진리가 나타났습니다.

현실 세상과는 달리, 디지털 세상은 이용자의 수고와 노력이 있어야만 존재할 수 있습니다. 고객님이 친히 방문해주어야만 의미가 있는 거죠. 게다가 디지털 전환의 장점을 눈치챈 세계는 각자의 영역으로 고객을 마구 흡수하기 시작했습니다. 먼저 현실과 디지털 세상의 대결이 벌어졌고, 그다음 디지털 세상에서 서로 간의 대결이 한 차례 더 벌어졌죠. 이 추세는 주변으로 확산되었습니다.

가령 어떤 상사가 김 대리에게 사용하는 모든 앱을 중국 텐센트 제품으로 교체하라는 요구를 했다고 가정해봅시다. 김 대리는 업무

알아야 보인다

시간에 텐센트 앱을 일시적으로 사용할 수는 있겠지만, 모든 앱을 전부 교체하라는 요구는 받아들이기 어려울 겁니다. 휴식할 때 웹툰도 보고, 퇴근길에 대리기사를 부르기도 하고, 가끔 골프 예약도 하고, 페이도 쓰고 있으니까요. 무엇보다 자기 주변 사람들이 전부 카카오톡을 사용하고 있습니다. 태초의 카카오톡은 메신저라는 단일 기능만 있었지만, 조금씩 그 영역이 확장되어 왔습니다. 이용자는 늘어나는 기능에 편리함을 느낌과 동시에, 플랫폼에 자발적으로 종속되길 원하는 자신을 발견합니다. 이것이 플랫폼의 확장, 빅블러 현상입니다.

확장하다 보면 타 기업과 영역이 겹치고 경쟁에 돌입하는 경우가 발생합니다. 특히 최근 빅테크 기업들의 행보에 명확하게 나타납니다. 이전까지 구글은 소프트웨어를 고객에게 제공했고, 인텔은 반도체를 제작했습니다. 그러나 이제는 구글이 반도체를 제작하기 시작했고, 인텔은 클라우드 서비스를 제공하고 있죠.

인공지능의 개발과 운영에는 반도체가 필요합니다. 구글은 반도체 수급을 외주에서 직접 제작으로 전환했습니다. 인텔 역시 제품의 모든 단계를 직접 해결하는 길에 들어섰습니다. 이를 풀 스택 솔루션Full Stack Solution 이라고 하죠. 풀 스택 솔루션이 실현되면 기획부터 완성에 이르기까지 전부 맞춤이 가능해집니다. 고객에게 일부 서비스를 한 번 판매하고 끝나는 게 아니라, 사후 관리 지원을 꾸준히 제공할 수 있게 됩니다. 이 방법은 구독경제에 적합하죠. 고객은 매월 편리함을 대가로 금액을 지불합니다. 구독을 끊거나 다른 업체로 옮기면 지금까지의 편리함이 없어지거나 체계가 완전히 바뀌기 때문에, 이탈을 생각지 않는 충성고객으로 변모하게 됩니다. **이렇듯 영역 확장은 시대의 흐름에 따른 필연적 결과로 보입니다.**

창업 붐

디지털 뉴딜이 시행되고 눈에 띄게 나타난 현상으로 창업 붐을 거론할 수 있습니다. 과거 콜롬버스가 신대륙을 발견하면서 새로운 기회가 나타났듯이, 지금은 디지털 세계라는 신세계가 출현했습니다. 미지의 땅에 '무엇으로' 자기 영지를 세울까 고민한 결과가 창업으로 나타나는 거죠.

창업이 상대적으로 손쉬워진 것 역시 하나의 이유입니다. 가령 치킨집을 연다고 하면 부지를 알아보고, 재료와 조리기계를 구입하고, 요리 방법을 공부하고, 배달기사를 고용하고, 홍보 전단지를 돌리는 등 인력과 자금이 많이 필요합니다. 경험자가 아니라면 선뜻 시작하기가 쉽지 않죠.

하지만 디지털 뉴딜에서의 창업은 조금 다릅니다. 부지도 재료도 장비도 중요하지 않습니다. 번뜩이는 아이디어와 함께할 동료만 있다면 가능하죠. '뉴딜'이라는 단어는 새로운 투자가 열렸다는 것을 의미합니다. 여러분의 아이디어가 장래성이 충분하다면 투자를 받아 사업을 시작할 수 있습니다. 치킨집처럼 본인의 자금을 최대한 끌어와 힘겹게 시작하는 것이 아닙니다. 명확한 비전만 제시할 수 있다면 투자자를 구할 수 있기 때문이죠. 새로운 시장이 열려 창업자가 나타나고, 비전을 바라보고 투자자가 합류합니다. 이들이 결합해 성장으로 이어지게 됩니다.

2000년에서 2010년까지 우리나라는 중국과 함께 엄청난 성장을 이뤘습니다. 이어지는 2010년에서 2020년은 평행선을 보이다가 2020년 디지털 전환과 함께 성장 사이클이 한 번 더 찾아왔습니다. 음원 저작권 스타트업 비욘드뮤직은 창업 1년 만에 누적 2,650억 원의 투자를 유치했습니다. 우량한 음원 IP^{지식재산권, Intellectual Property}를 매입해 방송·영화·게임 등에 제공하는 자산운용사 모델로 성장 잠재력을 인정받은 결과입니다. 또한, 쿠팡, 토스, 마켓컬리, 배달의민족은 전부 한때 스타트업이었습니다. 특출한 아이템과 추진력으로 성공을 이루었죠.

그렇다면 어떻게 참신한 아이디어를 떠올릴 수 있을까요? 우선 일상에서의 행위를 디지털로 전환하는 발상이 필요합니다. 예를 들어볼까요? 살아가면서 타인과 분쟁이 생길 때가 있습니다. 법 전문 지식이 없는 일반인은 보통 대형 로펌을 찾아가 자초지종을 설명하고 도움을 청하는 것 말고는 방법을 떠올리기 힘듭니다. 여기서 의뢰인과 변호인을 연결하는 로톡 플랫폼이 등장합니다. 앱을 통해 자신의 분쟁이 어떤 유형인지, 해당 분야의 전문 변호사는 누구인지, 변호사 경력은 어떻게 되는지 등등의 정보를 군이 로펌을 직접 찾아가지 않아도 온라인에서 제공받고 상담도 가능합니다. 로톡은 의뢰인뿐만 아니라 변호인 입장에서도 좋은 창구입니다. 로스쿨을 졸업하고 변호사 자격을 얻어도 본인이 개업하지 않는 이상, 로펌에 소속되는 것 외에는 의뢰인을 찾을 방법이 딱히 없습니다. 그러나 로톡 플랫폼의 출현으로 변호인도 의뢰인을 찾는 루트가 생긴 거죠.

IT와 법학을 융합한 것을 리걸테크라고 부릅니다. 법^{Legal}과 기술 ^{Technology}의 합성어로, IT 기술을 바탕으로 새로운 법률 서비스를 제 공하는 산업을 말합니다. 수십만 건의 법령과 판례, 규제, 논문 등을 자동으로 검색하고 분석한 뒤, 특정 법률 전략의 성공 가능성을 예 측하는 것도 가능합니다. 서로 다른 영역을 융합한 좋은 사례로 꼽 을 수 있죠.

또 하나의 방법은 영역의 확장입니다. 애플은 고객이 자신의 생태 계에 머물도록 하기 위해 다양한 편의 기능을 연계 형태로 제공하 고 있습니다. 애플의 제품을 두 개 쓸 경우, 편리함이 두 배가 아니 라 몇 곱절로 늘어나는 구조입니다. 가령 아이폰에서 찍은 사진을 맥북에서 바로 확인할 수 있고, 아이폰으로 온 전화를 맥북이나 아 이패드에서 받는 것도 가능합니다. 반대로 맥북에서 '복사하기'를 누른 내용은 아이폰이나 아이패드에서 '붙여넣기'를 할 수도 있습니 다. 아이폰 잠금은 보통 직접 풀지만, 애플워치를 차고 있다면 논스 톱으로 해제됩니다. 그리고 애플TV의 콘텐츠가 앞으로 선보일 애 플카와 연동되어 운전대 디스플레이에 나타나고 애플 게임도 애플 카에서 즐길 수 있게 됩니다. 모든 제품이 이어지면서 이용자는 이 연계에서 벗어나는 것을 원치 않게 되는 거죠. **이처럼 일상의 모든 것이 서로 연결되는 것을 '초연결'이라고 합니다.**

플랫폼의 폭거?

빛이 있으면 그림자도 있듯이, 플랫폼 시대의 부작용도 있습니다.

알아야 보인다

저작권

창업에 중요한 것이 아이디어인 만큼, 이를 무단 도용하는 표절 논란이 심심찮게 발생하고 있습니다. 문제는 IP의 특성상 표절을 걸러내기가 참 어렵다는 점입니다. 표절을 제기당한 측은 논란이 불거지면 해당 부분이 다소 비슷한 건 인정하지만, 독창성은 분명 존재한다고 주장하는 경우가 대부분입니다. 이를 방지하는 방법으로는 특허 출원이 있습니다. 특허를 취득하면 표절한 측에 법적으로 대응할 권리와 권한이 생깁니다. 비록 생소하고 어렵지만, 여러분의 지식재산권을 보호하기 위한 것이니 반드시 알아보길 권하며, 어렵다면 변리사에게 도움을 받으면 됩니다.

가장 바람직한 방향은 상호 보완입니다. 관리비 할인 앱 '줌마슬라이드'는 한샘 홈케어 서비스와 사업 제휴를 체결했습니다. 한샘 홈케어는 합리적이고 안정적인 청소 서비스를 제공하고, 여기에 줌마슬라이드의 관리비 차감 기능을 공유함으로써 서로의 가치를 높이는 전략을 구상한 것이죠.

반독점법

지나치게 비대해진 플랫폼은 부작용을 야기하기도 합니다. 플랫폼이 팽창하면 필연적으로 도태되는 이들이 생겨납니다. 뉴스에서 종종 언급되는 골목상권 침해가 대표적인 사례가 되겠죠.

의미 있는 이야기를 하나 소개할게요. 2021년 6월 미국에서 빅테크 기업의 독점 문제를 비판한 인물이 있습니다. '아마존 킬러'로 불리는 리나 칸 Lina Khan 입니다. 리나 칸은 아마존이 '반독점 역설'을 하고 있다고 강하게 비판했죠. 그녀는 "기업이 시장을 독점하더라도 단기적 소비자 편익, 즉 가격 인하 효과만 있으면 독점 규제에 저촉되지 않는다고 보는 전통적 시각은 아마존 같은 기업에 적합하지 않다"라고 주장합니다. 앞서 플랫폼은 가격 절감 효과가 있다고 설명했었죠? 아마존이 물류 유통으로 전 세계를 점령할 수 있었던 원천은 저렴하고 빠른 배송에 있습니다. 하지만 리나 칸은 이 구조가 잘못되었다고 주장합니다. 고객에게 싸고 빠르게 전달하는 게 무슨 문제가 있다는 것일까요?

전통적 시장에서는 특정 기업이 시장을 독점하면 가격을 올려 이득을 취합니다. 하지만 아마존은 IT 플랫폼의 장점을 살려 독점이면서도 독점의 폐해를 없애는 데 성공합니다. 소비자는 싸고 빠르게 구입 가능하니 오히려 아마존 독점을 응원하기에 이릅니다. 하지만 증세 없는 복지가 없듯이, 물건을 싸고 빠르게 제공하려면 이것이 가능하도록 어디선가 충당한 부분이 분명히 존재하게 마련입니다. 리나 칸은 여기에 주목한 거죠.

플랫폼 시장의 독점이 문제가 없어 보이는 이유는 생산자와 소비자만 바라봤기 때문입니다. 하지만 제품 생산 과정에는 노동자와 소생산자라는 보이지 않는 이들이 존재합니다. 아마존은 여기서 충당한 자원으로 싸고 빠른 서비스를 만들어냅니다. 그 결과 소비자는 웃지만, 뒤에서 울고 있는 이들이 생기는 거죠. 최근 운송 노동자들이 과로로 참사를 겪은 사례들도 플랫폼의 폐해 중 하나라고 볼 수 있습니다. 문제는 이런 구조가 여기서 끝나는 것이 아니라 빅블러 현상으로 인해 다른 영역으로까지 확산된다는 점입니다. 그러면

알아야 보인다

또 다른 노동자와 소생산자에게서 유사 피해가 발생하게 되죠.

리나 칸은 시장 지배력이 있는 플랫폼의 사업 영역을 제한해야 한다고 주장합니다. 예를 들면, 게임 플랫폼 스팀에서는 운영자가 개발자와 유저를 연결하는 기반만 제공하고 직접 게임을 팔지는 말라는 말과 같습니다. 플랫폼이 자체 제품을 판매한다면 당연히 제일 좋은 자리에 게시할 것이고 불평등이 발생하게 된다는 논리입니다. 또한, 공정 경쟁의 문제도 주장합니다. 특정 기업에 대한 편향 행위를 엄격히 단속하고 입점하는 모두에게 공평한 기회를 주어야 한다는 거죠. 플랫폼은 어디까지나 기반을 마련할 뿐, 경쟁에 영향력을 행사해서는 안 된다는 것입니다. 마지막으로 신생 스타트업의 성장을 위해 거대 기업의 인수를 규제해야 한다고 주장합니다.

리나 칸은 아마존, 구글, 애플, 페이스북이 과도한 수수료 징수, 가혹한 계약 조건, 개인과 기업 데이터의 무분별한 남용 등의 행위를 저지르고 있다고 판단해 반독점 법안을 발의했고, 2022년 1월 미국 상원 법사위를 통과했습니다. 이 법안이 최종 통과될지는 아직 결론이 나지 않았고, 앞으로 어떻게 진행될지 주의 깊게 살펴볼 필요가 있겠습니다.

인앱법

2022년 6월 구글과 애플이 수수료와 관련해 뜨거운 감자로 떠올랐습니다. 이 내용을 구글을 중심으로 풀어보겠습니다.

구글은 2022년 6월 1일부터 구글 플레이 스토어 인앱결제^{앱 내 결제} 정책을 따르지 않는 앱은 퇴출한다는 정책을 시행하고 있습니다. 앱

마켓을 운영하는 구글은 개발사들로부터 수수료를 받습니다. 문제는 자릿세를 단번에 최대 앱 가격의 30%, 제3자 결제방식은 최대 26%로 올린 것입니다.

구글은 자사 앱 마켓을 백화점에 비유합니다. 백화점에 입점한 매장이 백화점 본사가 제공하는 각종 인적·물적 설비와 시스템, 집객 효과 등에 대한 대가로 일정 수수료를 부담하는 것과 동일하다는 논리입니다. 또한, 앱을 배포하고 판매하는 것은 물론 개발, 분석 및 시험, 품질관리 등 기술적 인프라를 제공하고 보안 강화, 민원 처리 시스템 운영, 프로모션 제공, 중소 개발자 지원 등의 다양한 역할을 하고 있기에 수수료 수당은 정당한 권리라고 주장합니다.

우리나라 국회는 서둘러 '구글 갑질 방지법'을 통과시켰습니다. 이것으로 앱 시장을 독점하고 있는 구글이 폭리에 가깝게 수수료를 올려 개발자에게 안기는 피해를 막을 수 있다고 판단한 거죠. 어떤 결과가 나타났을까요?

논란이 되는 것은 플랫폼 사업자가 앱 개발사에 특정 결제방식을 강요하지 못하도록 하는 50조 1항 9호입니다.

제50조 제1항 앱 마켓사업자의 금지행위 유형 신설
(제9호) 앱 마켓 사업자가 모바일 콘텐츠 등의 거래를 중개할 때 자기의 거래상의 지위를 부당하게 이용하여 모바일 콘텐츠 등 제공사업자에게 특정한 결제방식을 강제하는 행위

구글은 이 조항에 따라 앱 개발자들에게 어떤 강요도 하지 않고,

스스로 판매처를 선택하라고 자유를 주었습니다. 개발자들은 폭거임을 알면서도 여전히 구글 플레이 스토어를 선택했습니다. 선택할 수밖에 없었다는 표현이 더 알맞을지도 모르겠습니다.

플랫폼이 요금을 인상하는 것 자체는 문제가 아닙니다. 쟁점은 인상 정도가 커 단번에 큰 부담이 발생한다는 점에 있습니다. 정책이 부당하다고 판단되면 개발자들이 자신의 앱을 플레이 스토어에서 판매하지 않고 다른 루트로 판매하면 그만입니다. 하지만 그러지 못했습니다. 어째서일까요?

구글의 시장점유율이 너무 크기 때문입니다. 우리나라만 봐도 구글의 점유율이 70%에 육박합니다. 아무리 질 좋은 제품을 개발했다고 하더라도 노출 기회가 적으면 매출 저하로 이어집니다.

비슷한 사례를 들어보죠. 최근 여러 크리에이터가 개인 방송 플랫폼으로 유튜브를 선택하는 이유는 시청자 수가 가장 많기 때문입니다. 트위치, 카카오TV, 아프리카TV 등 여러 방송 플랫폼이 있음에도 불구하고 홍보의 유리함을 위해 고객 풀이 가장 넓은 유튜브를 선택하는 거죠. 만약 훗날 유튜브가 타사 동시 송출을 금지하고 수수료를 크게 올리겠다고 하면 이번 인앱법 사태와 비슷한 논란이 벌어질 게 분명합니다.

구글 결제 정책 변경을 앞두고 콘텐츠 앱들은 요금을 인상했습니다. 수수료가 늘어난 만큼 콘텐츠 요금을 인상할 수밖에 없다는 게 업체의 입장이고, 그 부담은 고스란히 소비자에게 전가되었죠.

애플 역시 2022년 10월 앱 및 앱 내 콘텐츠 가격을 인상하기로 했습니다. 이 소식에 게임업계는 곤혹스러웠습니다. 콘텐츠 제공자인 자신들은 가격을 올릴 생각이 없는데, 애플 수수료 인상으로 자칫 소비자로부터 가격 인상에 대한 화풀이 대상이 될 수 있다는 우려가 생긴 거죠. 특히 애플은 정책 변경일을 고작 2주 남겨놓은 9월 말 통지식 공지를 띄웠기 때문에 게임사는 고객 응대에 큰 어려움을 겪었습니다. 결국, 개발사들은 손해를 감수하며 가격을 인하하거나, 소비자 반발을 감안하고서라도 가격 인상을 선택할 수밖에 없었죠.

글로벌 시장조사업체 '뉴주'가 최근 발표한 2021년 게임 시장 매출 순위에 따르면, 중국의 텐센트가 322억 달러^{약 40조 2,081억 원}로 1위, 182억 달러^{약 22조 7,263억 원}의 일본의 소니가 2위, 153억 달러^{약 19조 975억 원}의 애플이 3위로 나타났습니다. 재미있는 점은 애플은 자체 제작 게임이 단 하나도 없음에도 불구하고 게임 제작사로부터 받은 수수료만으로 세계 3위가 되었다는 것입니다. 플랫폼의 영향력이 놀라울 따름입니다.

표절에서 불거진 저작권 문제, 백그라운드가 피해를 부담하는 반독점 사태, 소비자에게 피해가 전가되는 인앱법 사태 등 여러 부작용을 살펴봤습니다. **각 사례를 디지털 전환기에 나타난 과도기 현상으로 봐야 할지, 아니면 비대해진 플랫폼의 폭거로 봐야 할지 고민해볼 필요가 있습니다.**

플랫폼 시대에 성공하려면

지금은 단순 물건 판매에서 벗어나 다양한 형태의 플랫폼이 존재합니다. 모두가 판매자이자 구매자입니다. 어떻게 판매자와 구매자를 모두 아우를 수 있을지, 그리고 거기서 어떤 새로운 가치를 창출할 수 있을지 고민해보아야 합니다. 지금이 플랫폼 시대라고 불리는 진짜 이유는 영역 확장으로 나타나는 빅블러 현상에 있습니다. 한 분야에서의 성공을 통해 충성고객층을 만들고 거기서 또다시 영역을 확장해나가는 거죠.

플랫폼 시대에 성공하려면 어떻게 해야 할까요. **무엇보다 중요한 건 자기 전공 분야를 끊임없이 탐구하여 독자적인 기술을 마련하는 것입니다.** 기술주권은 대단히 중요합니다. '표준'이 산업 경제와 기업 성장을 견인하는 국가 경쟁력의 핵심 요소로 자리 잡고 있습니다. 기술 선도국은 축적된 경험에 기초해 새 표준을 정립하면서 시장 지배력을 높이지만, 후발주자는 선발주자에게 로열티를 지불해야만 합니다. 이것은 선발주자에게 종속된다는 걸 의미하죠. 우리는 누구보다 앞서가야 하고, 그러지 못하면 상대의 확장 속도에 파묻혀 도태될 뿐입니다.

우리나라는 해방 이후 선진국의 발자취를 따라 움직여왔습니다. 앞선 세대의 부단한 노력 끝에 반도체, 자동차, 선박, 디스플레이 등 첨단산업에서 세계 최고의 기술을 보유했고, 그 결과 2021년 대한민국은 개발도상국을 넘어 선진국이 되었습니다. 우리는 이제 그들의 뒤가 아닌 옆에 서 있습니다. 그들의 기술을 우리도 가지고 있고, 그들이 할 수 있는 것은 우리도 전부 할 수 있습니다. 추격의 정점에 도달한 것입니다. 이제 누구도 정답을 알려주지 않고, 참고할 정답도 없습니다. 우리 스스로 답을 내며 전진해야 합니다.

2022년 6월 14일 영국 런던에서 발표된 〈2022 글로벌 창업 생태계 보고서 Global Startup Ecosystem Report〉를 참조하면 100개국 280개 도시 중 서울은 2019년엔 30위권 밖이었지만, 2020년 20위를 거쳐 2021년에는 10위에 도달했다고 합니다. 창업 생태계가 갖춰졌다고 해석할 수 있겠죠.

하지만 우려의 목소리도 존재합니다. 창업 숫자는 늘었지만, 코로나19가 종식 기미를 보이며 엔데믹으로 전환되자 침체 현상이 나타났습니다. 디지털 전환을 한다고 하면 여기저기서 투자가 들어왔었는데, 이제 거품이 빠진 겁니다.

투자의 귀재 워런 버핏은 다음과 같은 명언을 남겼습니다. "물이 빠지면 누가 발가벗고 수영을 하고 있었는지 알 수 있다." 이제는 진짜 실력자만 살아남을 수 있습니다. 생존 여부는 기술주권에 달려 있습니다.

혁신이 일상용어가 된 오늘, 우리는 주위에 많은 관심을 가지고 서로 교류해야 합니다. 자기가 모르는 분야에 뛰어드는 것을 두려워하지 말고 다양한 고민을 해보고, 모르면 서로 물어보는 과정을 거쳐야 하죠. 그런 과정 속에서 창조적 인재가 탄생하는 것입니다.

알아야 보인다

4

게임

#IP #P2E #게임의_역사 #과금구조 #온라인게임
#부분_유료제 #스트리밍_서비스 #NFT

게임의 역사

태초의 게임이 무엇인지에 대해서는 다양한 의견이 있지만, 지금 우리가 생각하는 '게임'에 가까운 개념은 1970년대에 즐기던 역할극 보드게임Table talk RPG을 시작으로 꼽을 수 있습니다. 사람들이 모여 각자 역할을 분담한 후, 모험을 통해 레벨업 하는 형식이었죠. 친구끼리 서로 만나야만 가능했던 게임은 1976년 윌 크로우서Will Crowther라는 프로그래머가 '콜로서스 동굴 어드벤처'를 출시하며 변화를 맞았습니다. 플레이어가 간단한 명령을 내리고 컴퓨터는 행동 결과를 텍스트로 표기해주는 이 게임은 훗날 멀티유저던전MUD : Multi User Dungeon이라고 불리게 됩니다. 오늘날 우리가 MMORPG라고 분류하는 장르의 조상이지요.

1980년에 들어서 텍스트에서 2D 그래픽으로 진화한 '로그Rogue'가 출현합니다. 지금의 기준으로는 많이 부족해 보이지만 당시로서는 혁명과 같았습니다. 훗날 로그의 틀을 따온 게임이 여럿 생겨났고 이들은 '로그-라이크로그스러운 게임' 장르가 됩니다.

알아야 보인다

여기까지만 해도 과금 요소는 찾기 어려웠습니다. 콜로서스 동굴 어드벤처와 로그는 개발자가 주변에 제공해 함께 소소하게 즐기는 정도였습니다. 하지만 게임 제작에는 맵, 스토리, 시스템, 아이템 등을 만드는 고생이 따르기 때문에 주변에 무상으로 제공하기는 점점 어려워지는 반면, 게임에 대한 수요는 계속 늘어갔죠. 그래서 게임을 돈 받고 판매하는 비즈니스 모델이 나타나게 됩니다.

과금구조의 탄생

1990년대의 과금 방식은 패키지 판매였습니다. 제작사는 패키지로 구성된 게임을 팔고, 유저는 그것을 돈으로 사서 즐겼죠. 문제는 서로에게 '하이 리스크 하이 리턴'이라는 점이었습니다. 제작사는 오랜 시간과 비용을 들여 만든 게임이 잘 팔리면 살아남지만 안 팔리면 경영의 어려움을 겪게 됩니다. 유저도 구매 전에는 게임이 재미있는지 아닌지 알 수 없기에 복불복이라는 말이 나왔죠. 인터넷이 보급되면서는 게임 복제 현상이 나타났습니다. 지인끼리 복제해서 나눠 갖고, 인터넷에서도 불법 다운로드가 가능해지자 패키지 시장은 몰락했습니다.

그다음으로 온라인게임 시대가 도래합니다. 개인 아이디로 접속하고 월정액을 지불하는 모델을 채용하자 불법복제 문제가 해결되었죠. 더구나 인터넷의 특성상 직접 매장에 가서 고민하는 과정 없이 누구나 편하게 접근 가능하기에 입소문만 탄다면 이용자 확보가 상대적으로 쉽다는 장점도 있었습니다. 하지만 당시 정액제는 흥행하지 못했습니다. 매달 꾸준히 돈을 지불하는 것이 당시 주요 고객층이던 청소년에게 부담스러웠기 때문이죠.

그다음 등장한 모델은 지금까지도 꾸준히 채용되는 부분 유료화입니다. 넥슨의 '퀴즈퀴즈'가 이 모델을 최초 적용한 사례로 전해집니다. 돈을 내야만 게임을 할 수 있다는 점에 부담을 느끼던 고객들은 돈을 내지 않아도 즐길 수 있는 길이 열리자 엄청나게 호응했습니다. 심지어 《포브스》에서 21세기 최고의 수익모델이라고 평가했을 정도였죠.

부분 유료화가 정착되고 등장한 것이 캐시 아이템입니다. 초창기엔 대부분 아바타를 꾸미는 용도였기에 큰 논란은 없었습니다. 하지만 얼마 지나지 않아 캐릭터의 성능을 올리는 제품으로 진화합니다. 캐시 아이템을 구매한 유저를 무과금 유저가 이기기 어려운 구도가 나타나고, 사기 아이템이 나오고 얼마 후 그것을 능가하는 아이템이 나오는 것이 계속 반복되었죠. 또한, 주 고객층이 청소년에서 성인으로 옮겨감에 따라 아이템 가격도 덩달아 올랐습니다. 이 모델을 P2W$^{Pay\ to\ Win}$라고 부릅니다.

이 세계를 아는 사람들에게 과금의 끝을 보여준 우리나라 게임이 무엇이냐고 물으면 대부분 '리니지'를 언급합니다. 리니지는 NC소프트의 MMORPG로 1998년 서비스를 시작했습니다. 최초 시리즈가 성공을 거둔 이후, 리니지2, 리니지M, 리니지2M, 리니지W 등 후속작이 꾸준히 출시되었죠. 당시 뉴스 기사의 제목'7080 린저씨, 리니지M에 매일 90억 쏘다', '린저씨 사로잡은 리니지M', '출시 12일 만에 매출 1000억' 등등만 봐도 유저 간의 경쟁을 통해 일어난 과금 규모를 짐작할 수 있습니다.

알아야 보인다

리니지는 유저 간 대결이 게임의 목표입니다. 최초 생성 캐릭터의 능력치는 매우 낮습니다. 캐릭터의 특징을 반영한 스킬을 강화하기 위한 과금이나 캐릭터의 약점을 보완하기 위한 과금이 요구되죠. 무기뿐만 아니라 변신, 문양, 방어구, 액세서리, 마법인형, 육성버프, 아이템 창고 등에도 전부 과금 요소가 존재합니다. 이 모든 것이 상대방과의 전투에서 승리하기 위한 것입니다.

리니지에는 '통제'라는 독특한 문화가 있습니다. 일부 클랜이 사냥터를 힘의 논리를 내세워 독식하고 상대를 배척하는 것입니다. 힘이 곧 법인 세계죠. 따라서 유저는 자신의 목소리를 내기 위해서, 상대를 압도한다는 우월감을 누리기 위해서, 같은 클랜을 보호하기 위해서 등등의 이유로 과금을 주저하지 않습니다. 과금 없이는 이 게임을 할 수 없다는 것이 정확한 표현에 가까울지도 모르겠습니다.

캐시 아이템은 정해진 가격을 지불하면, 누구나 구입해 캐릭터를 강화할 수 있습니다. 게임사는 이미 구매한 사람은 다시 구매할 필요가 없다는 점에 주목하고 재차 수익 극대화 방안을 궁리합니다. 여기서 등장한 것이 논란의 확률형 과금구조입니다.

다음의 질문을 한번 보세요.

다음 두 가지 중 무엇을 선택할 건가요?
① 5만 원 무조건 잃기
② 50% 확률로 10만 원을 잃거나 하나도 잃지 않기

적은 돈으로 경마에 크게 이기고 싶다면?

① 가능성 50% 말에 100만 원 걸기

② 가능성 2% 말에 2만 원 걸기

여러분이라면 어떤 선택을 하시겠습니까? 둘 다 ②를 선택하는 경향이 상대적으로 많습니다. 사람은 손해 보는 것을 싫어하고, 가능성이 아무리 작아도 크게 벌 수 있는 선택을 합니다. 2002년 노벨 경제학상을 수상한 대니얼 카너먼^{Daniel Kahneman}의 행동경제학을 참고하면 더 자세히 알 수 있습니다.

확률형 과금구조는 행동경제학에 기초를 둡니다. 돈만 있으면 누구나 쉽게 참여할 수 있고, 적은 금액으로 대박을 바라는 심리를 정확히 노린 거죠. 어차피 아이템을 팔 바에는 '좀 더 중독성 있게', '좀 더 많이'를 추구한 결과물이 확률형 모델입니다.

과금 요소가 많음에도 불구하고 매출이 꾸준히 오른 이유는 확실한 효과를 보장하기 때문입니다. 캐릭터 외모부터 주위와 구별되고 능력치도 월등하게 상승합니다. 게다가 과금 요소끼리 모이면 시너지 효과가 나서 추가적인 능력치 보너스도 얻을 수 있습니다.

NC소프트는 유사 시스템과 세계관으로 꾸준히 후속작을 출시했는데, 일반적으로 후속 게임이 출시되면 기존 게임의 매출이 감소하는 카니벌라이제이션^{cannibalization, 자기잠식 효과} 현상이 나타나게 마련입니다. 그러나 리니지는 기존 게임의 유저 수와 신규 게임의 유저 수가 함께 증가하는 기현상을 보여줍니다. 또 모바일 게임의 특성상 출시 후 초반 콘텐츠를 전부 소진하면 재미가 반감되어 유저 감소세가 나타나곤 하는데, 리니지M은 출시 후 3개월이 지난 시점에도 트래픽이 오히려 증가하고 매출 수준도 출시 때와 비슷한 수준을 꾸준히 유지했습니다. 이는 전 세계 게임 역사를 들춰봐도 비슷한 사례를 찾기 어렵습니다. 게다가 최근 코로나19라는 특수한 환경과 맞물려 개발사 매출은 그야말로 하늘을 뚫을 기세였습니다. 이렇다 보니, 타 게임사도 리니지 시스템을 벤치마킹하였고, 지금은 '리니지-라이크^{리니지스러운 게임}'라는 새로운 장르가 탄생하기에 이르렀죠.

게임 매출을 견인하는 이는 소수의 하드 유저지만, 게임 자체를 지탱하는 것은 다수의 라이트 유저입니다. 그래서 이벤트 등을 통해 라이트 유저도 적은 금액으로 추격할 수 있는 길을 열어주는 것이 필요합니다. 하지만 하드 유저의 입장에서는 다른 이들이 적은 노력^{과금}으로 따라오는 모습을 보면 심기가 불편해지겠죠. 운영진은 여기서 또다시 새로운 시스템을 도입해 과금 요소를 추가합니다. 하드 유저는 재차 앞서나가고 라이트 유저는 뒤처지는 과정의 무한 반복입니다.

빛이 있으면 그림자도 존재하기 마련이죠. 리니지는 2021년 1분기에 일어난 '문양 사태'를 계기로 균열이 가기 시작합니다. 리니지에서는 문양을 과금으로 강화하고 결과가 마음에 들지 않으면 과금으로 초기화해 처음부터 다시 시도할 수 있습니다. 여기서 운영진은 라이트 유저를 챙기기 위해 중간 저장 시스템을 만들었습니다. 저장이 가능해지면서 불만족스러운 결과가 나오더라도 완전히 처음부터 다시 할 필요는 없어졌죠. 그 결과 라이트 유저도 다수의 좋은 문양을 보유하게 됩니다. 그러자 하드 유저의 불만이 표출됩니다. 자신은 초창기부터 많은 과금을 들여 겨우 성공했는데, 늦게 시작한 다수가 훨씬 적은 금액으로 엇비슷한 능력치를 얻었으니 말이죠. 여기서 운영진은 모든 문양 시스템의 롤백업데이트 이전으로 되돌리는 행위을 진행합니다. 이 롤백에 대한 피해 보상 과정에서 문제가 불거졌죠.

문양 강화는 단순히 과금만이 아니라 시간, 인건비, 재료 아이템 준비 등이 모두 포함된 것인데, 운영진은 오직 강화 비용만 보상한 것입니다. 게다가 보상 금액도 과금 비용에 비해 적었고, 엇비슷한 비용을 사용한 유저끼리의 보상 금액도 서로 달랐습니다. 유저가 운영진에게 기준을 문의해도 알려주지 않았습니다. 운영진의 태도에 화가 난 몇몇 유저들이 NC소프트 본사 앞에서 트럭 시위를 벌였고, 시위자 중 일부는 검찰에 고소를 당하기도 했죠. 이 소식이 인터넷으로 전파되자 모두가 분개했습니다. 이 일로 사태는 '유저 VS 유저'에서 '유저 VS 운영진'의 구도로 전환됩니다. 과금으로 인한 확실한 보상이 리니지를 지탱하는 근원이었는데 운영진이 아이템의 가치를 지켜줄 생각이 없다는 인식이 확산되자, 유저 이탈 현상이 나타났습니다. 전쟁에서는 대규모 인원이 필수인데 인원수가 부족해지자 주 콘텐츠도 불안정해졌죠. 게다가 2021년 신규 게임으로 출시한 '트릭스터M'과 '블레이드 앤 소울 2'가 리니지와 큰 차이가 없는 과금구조에 IP라는 옷만 갈아입힌 형태라는 평가가 이어지자 NC소프트의 주가가 추락하기 시작했습니다.

2022년 9월 NC소프트 사옥 앞에서 또다시 트럭 시위가 등장했습니다. 신작 게임이 아닌 출시 6년차에 접어드는 게임이 방송 송출을 대가로 광고비를 지급하면, 남들과 경쟁하기 위해 수억~수십억 원을 결재해온 다른 이용자와 격차가 발생해 결국 불공정 경쟁이 된다는 것이 그 이유였죠. 몇몇 크리에이터가 프로모션으로 광고료를 받고 이를 게임에 재투자하면, 일반 유저와 비교해 압도적으로 유리해져 판 자체가 기울어진 운동장이 된다는 것입니다. '도박판의 바람잡이' 라는 비난이 속출했죠. 이에 리니지2M 운영진은 직접 사과 영상을 올리고 문제의 프로모션 계약 조항을 삭제하겠다고 밝혔습니다.

2022년 8월엔 카카오게임즈의 '우마무스메' 게임 관련 시위도 있었습니다. 시위가 발생한 이유는 크게 세 가지로, 일본 본 서버에 비한 차별적 혜택, 게임에 대한 이해도가 부족한 운영자들의 미숙한 운영으로 인한 불만 축적, 늦고 성의 없는 업데이트 공지 때문이었습니다. 출시 직후 리니지를 추월하여 매출 1위까지 달성했던 우마무스메는 평점 1.1점의 나락을 찍고, '마차 시위'를 위한 모금이 단 29분 만에 목표했던 금액 954만 원을 달성했을 정도로 유저들의 분노를 자아냈죠. 그리고 8월 29일 판교 거리에 마차 시위가 실제로 등장했습니다. 게임사와 두 차례에 걸친 의견 조율은 끝내 합의점을 찾지 못했고 일부 유저는 집단소송을 결정했죠.

이번 사태로 인해 두 게임사의 2022년 주가는 급격히 하락했습니다. 게다가 리니지2M과 우마무스메만의 문제가 아니라, 두 게임사의 타 게임 매출에도 영향을 끼쳤습니다. 유저는 게임만이 아니라 게임사 자체에 실망해 떠나가고 있습니다.

그리고 지금까지 존재하지 않았던 새로운 움직임도 나타났습니다. 2022년 9월 20일 우마무스메 환불 소송 총대진은 확률형 아이템 및 유저 기만 등 비슷한 사례의 피해를 입었다며, 긍정적인 결과를 위해 리니지M 유저와 함께 나아가겠다고 선언했죠. 서로의 소송은 개별적으로 진행하되, 향후 다양한 유튜브 방송에 함께 출연해 진행 상황, 소송 노하우를 공유하고 게이머들의 권익 향상을 위해 함께 목소리를 내겠다는 것입니다.

환불 또는 위약금 배상을 요구했지만, 그들도 이것이 쉽지 않다는 건 스스로 잘 알고 있습니다. 앱 마켓 및 개별 게임 서비스 약관에 위배되는 등의 이유 때문이죠. 그들은 승소 여부보다는 궁극적으로 게임 이용자 권익 보호 법안에 관한 입법 움직임을 가속화하는 게 주된 목적이라고 강조합니다. 트럭·마차 시위, 소송 등으로 여론의 이목을 끈 게임 이용자들이 연합함으로써 게임사가 자성하길 바란 거죠. 정치권에서도 최근 사태에 주목하고 있습니다. 현행법으로는 게임 이용자 권익 침해를 보호할 수 있는 최소한의 소비자 보호 장치가 없어 조속한 입법이 필요하다는 주장이 나오고 있죠.

반면, 이와 다른 행보를 취한 국내 게임이 있습니다. 바로 스마일게이트의 '로스트아크'입니다. 로스트아크는 2018년 국내 서비스를 시작으로 2022년 2월 스팀 플랫폼을 통해 글로벌 진출을 시도하기에 이르렀습니다. 서비스 시작부터 글로벌 동시 접속자 50만을 돌파했고, 나흘 만에 100만을 돌파하면서 당시 스팀 동접자 수 1위에 등극했죠. 참고로, 지금까지 스팀 동접자 수 100만을 돌파한 게임은 2016년 도타 2, 2017년 배틀그라운드, 2020년 카운터 스트라이크, 2022년 로스트아크, 총 4개밖에 없습니다. P2W 구조는 높은 과금으로 인해, 대만, 중국, 일본, 러시아 등 아시아권에서는 잘 먹혔지만 서구권에서는 상대적으로 호응받지 못했습니다. 반면 로스트아크는 시작부터 엄청난 환영을 받으며 새로운 기록을 이어갔죠.

알아야 보인다

로스트아크가 훌륭한 게임이라는 점은 분명하지만, 그만의 특별한 무엇인가가 있는 것도 아니고, 레이드 Raid가 여타 게임에 비교해서 완전히 궤를 달리하는 것도 아닙니다. 그런데도 인기몰이를 하는 이유는 기본에 충실하기 때문이라는 평이 많습니다. RPG 게임의 특징을 잘 살렸고, 무엇보다 P2W 성격의 과금이 아니라는 점이 컸죠. 로스트아크에도 분명히 과금이 존재하지만, 과금은 몬스터를 해치우고 상대 플레이어를 압도하기보다는 게임을 원활히 풀어가는 데 도움을 주는 요소에 집중되어 있습니다. 과금이 윤활유일지 언정 필수는 아닌 거죠.

사람들은 로스트아크의 성공에 있어 제일 중요한 요소로 금강선 디렉터를 꼽습니다. 2020년 1월 11일 '루테란 신년 감사제' 오프라인 행사에서 처음 모습을 드러낸 금강선 디렉터는 유저의 질문 하나하나에 성실하게 답변했습니다. 지난 운영에서의 실책을 모두 인정하고 반성과 수용하는 태도를 보였으며 매출을 수치로 공개하는 이례적인 모습도 보여주었죠. 감사제를 시작으로 '로아온', '특별방송' 등으로 꾸준히 유저들과 소통하면서 점차 디렉터에 대한 신뢰가 높아졌습니다.

소통이 늘어남에 따라 감성적인 교류도 나타났습니다. 유저들이 마음을 모아 '매우 좋은 업데이트로 인한 감사 커피트럭'을 기획했을 정도죠. 당시 코로나 때문에 실현되지는 못했지만 좋은 미담으로 남았으며, 유저들이 자발적으로 돈을 모아 판교역에 스마일게이트를 응원하는 광고를 싣기도 했습니다. 로스트아크는 디렉터와 유저 간의 소통이 게임성과 조합된 좋은 사례로 기억될 것입니다.

유저는 이전과 달리 수동적인 고객으로만 머무르지 않고 게임사에 자신의 의견을 적극적으로 표출하기에 이르렀습니다. 과거 콘솔 게임처럼 한 번 판매하고 끝이 아니라 지속적으로 온라인 서비스를 제공하는 형태인 만큼, 이제 게임사는 판매사의 개념이 아닌 서비스사의 개념으로 봐야 하며, 유저 역시 일회성 소비자가 아닌 지속적인 서비스 이용자로 발전하게 되었습니다. 과거 개별적으로 존재했던 유저가 지금 온·오프 불문하고 함께 모여 게임사에 의견을 표출하게 된 것은 필연적인 결과입니다. 트럭 시위는 문제점을 개선하고 좋은 서비스의 지속을 요구하는 유저의 목소리였던 거죠.

최초의 트럭 시위는 2021년 1월 '페이트 그랜드 오더'에 대해 일어난 것이었습니다. 해당 게임의 운영진은 이 사건 이후 유저와 적극적으로 소통한 결과, 2022년 9월 초에는 감사의 커피 트럭을 받게 되었죠. 1년 만에 180도 반전한 이 사례는 우리에게 많은 점을 시사합니다.

게임이 우리나라의 대표적 문화 콘텐츠이기에 2022년 국정감사에서도 관련 내용이 적지 않게 거론되었습니다. 예를 들면, 2022년 국정감사의 한 참고인이 '기업이 고객을 이렇게 대하는 업계가 어디 있는가'라고 언급하기도 했습니다. 부당한 운영에 대한 이의 제기와 적극적인 대처는 좋지만, 유저 간의 의견이 분분함에도 불구하고 전면에 나서는 일부 의견이 전체의 목소리인 것처럼 비춰질 우려도 있습니다. 이것이 자칫 변질되면 시위가 특정 이익 추구를 위해 악용되는 사례로 발전되어, 게임사의 운영에 큰 압박감을 가하고 새로운 창작 활동에 장애가 될지도 모른다는 우려 역시 존재합니다.

게임사를 향한 시위에서 공통적으로 등장하는 구호는 '소통'입니다. 소통의 부재가 시위로 발전하였다면, 반대로 소통으로 시위를 잠재우고 유저와 게임사가 함께 더 나은 방향을 모색할 수도 있을 것입니다. 과거의 게임 커뮤니티가 게시판에서 유저끼리만 형성된 것이었다면, 이제는 유저와 게임사가 함께 만들어가는 것으로 진화하였습니다. 이제 게임사는 유저와 적극적으로 교류하며 팬덤을 형성해야 합니다.

게임하면서 돈을 번다고?

패키지 판매부터 부분 유료화, 확률형 아이템을 거친 과금구조는 2021년 중반, 디지털 전환과 블록체인에 기반한 NFT^{Non Fungible Tokens, 대체 불가능한 토큰}를 만나며 새로운 국면에 접어듭니다. 바로 게임을 하면서 돈도 번다는 P2E^{Play to Earn} 개념이 출현한 거죠.

P2E는 유저에게 다양한 형태로 블록체인 기반의 암호화폐를 제공하고, 해당 암호화폐를 거래소 등의 몇 단계를 거쳐 현금으로 교환하는 방식입니다. 물론 유저 간 아이템 거래로 돈을 버는 행위는 이전에도 있었습니다. 그러나 이는 아이템의 권리가 게임사에 있는 상태에서 유저끼리 시도한 소유권 거래였죠. 따라서 서버가 업데이트되거나 운영 종료 과정에서 아이템이 변경되거나 사라지기도 했습니다. 아이템이 유저의 물건이 아니기에, 불만을 제기할 수는 있어도 권리를 주장하기는 어려웠죠. 하지만 P2E 구조를 도입하면서 게임사가 처음으로 아이템의 권리는 획득한 유저에게 있다고 공언한

것입니다. 이제 게임에서 획득한 아이템이나 재화는 게임사의 물건이 아니라 유저의 물건이 됩니다. 모두가 환호했습니다. 게임의 재미를 위해 돈을 써야 한다는 인식이 반대로 게임을 하면서 돈을 벌 수 있다는 인식으로 전환된 거죠.

우리나라에서 가장 처음 P2E 구조로 성공을 알린 게임은 위메이드 사의 '미르4'입니다. 새로운 모델의 성공을 지켜본 게임사들은 너도나도 할 것 없이 블록체인 기반의 P2E 시장에 뛰어들겠다고 선언했습니다. 2013년 출시 이후 이미 서비스 종료까지 진행됐던 '무한돌파 삼국지'는 P2E 시스템이 붙은 '무한돌파 삼국지 리버스'로 부활해 2021년 구글 플레이 매출 11위까지 오르는 기염을 토했죠.

이용자가 돈을 벌어간다고 게임사가 돈을 벌지 못하는 것은 물론 아닙니다. 게임사들은 게임의 콘텐츠와 시스템을 활용해 얼마든지 더 큰 수익을 가져갈 수 있습니다. 유저는 퀘스트와 중간 과정에서 얻은 아이템으로 돈을 버는데, 이 퀘스트를 수월하게 하거나 또는 더 높은 등급을 얻기 위한 과금이 존재합니다. PVP 랭킹 순위에 따라 코인을 보상하는 게임도 있습니다. 지금까지는 PVP 랭킹이 명예나 소소한 버프의 제공이 전부였다면 이제는 돈으로 직접 연결되는 거죠. 랭킹을 올리려면 당연히 강한 캐릭터를 얻기 위해 투자해야만 합니다. 또한, 아이템 거래 과정에서도 돈을 벌 수 있습니다. 지금까지는 게임사가 묵인했을 뿐 사실상 불법에 가까운 행위였는데, P2E 구조에서는 게임사가 오히려 유저를 위해 자체 거래 플랫폼을 만들어주고 중간 수수료를 챙깁니다. 게임사가 직접 마련해준 거래장이니 사기 위험도 적고, 설령 벌어지더라도 게임사가 수습해주죠.

몇 가지 새로운 시도를 제외한다면 P2E는 지금까지의 부분 유료화와 크게 다른 것은 없습니다.

P2E를 더 알아보기 위해 필리핀의 사례를 한번 살펴보죠. 필리핀은 관광이 주요 산업인데 코로나19로 인해 큰 타격을 입었습니다. 대면 사업이 불가능해지자 게임에서 대안을 찾았죠. '엑시 인피니티Axie Infinity'가 대표적입니다. 이 게임에서는 엑시라는 캐릭터를 만들어 던전을 돌며 강화시키는데, 엑시끼리 교배하면 새로운 엑시가 나타납니다. 이 게임의 모든 것은 NFT로 이루어져 있습니다. 엑시는 유저의 소유물로 인정되고, 희귀종 엑시가 나타나면 높은 가격에 팔립니다. 유저들이 초창기 엑시 인피니티로 한 달에 벌어들인 금액이 약 한화 30만~100만 원 정도였다고 합니다. 필리핀은 인건비가 저렴한 편으로 바리스타 월급이 약 30만 원, 학교 선생님이 약 37만 원, 대학교수가 약 100만 원 정도입니다. 그러니 상당한 금액이죠. 게임으로 많은 돈을 벌 수 있다고 알려지자, 필리핀 사람들은 현실에서의 일보다는 게임에 시간을 더 쏟게 됩니다.

하지만 여기에는 함정이 있습니다. 사람들이 몰리자 물가가 상승합니다. 게임을 시작하려면 최소 세 마리의 엑시가 필요한데 처음엔 마리당 10만 원 정도 하던 엑시가 나중에는 30만~40만 원으로 오릅니다. 초기 투자 금액이 세 배 이상 오른 거죠. 엑시뿐만 아니라 전체 물가 역시 덩달아 오릅니다. 결국 투자비용과 인건비를 제하고 나면 실제로 벌어들이는 금액은 그리 높지 않게 되었죠.《뉴시스》기자가 직접 체험기를 올리기도 했는데 2주간 매진한 결과 투자비용을 제한 순수익이 총 7만 원이었다고 합니다. 최저임금에 훨씬 못

미치는 금액입니다. 무엇보다 다수의 국민이 여기에 모든 시간을 쏟아붓고 있으면 어떻게 될까요? 구글, 애플, 삼성 등 글로벌 기업이 혁신을 소리치고 있는데 다들 휴대폰만 붙잡고 게임에 열중하고 있으면, 미래를 게임사에 저당 잡히는 행위가 아닐까요?

　최근 '게임으로까지 돈을 벌어야 하나?'라는 근본적인 질문이 제기되기 시작했습니다. 일상에서 얻은 스트레스를 해소하고 즐거움을 누리려는 것이 게임의 본래 취지였는데, 이제는 디지털 세계에서도 스스로 노동을 하고 있고 실제적인 효율에도 물음표가 생긴 상황이죠. 게다가 반복적인 노동을 사람보다 훨씬 잘하는 존재가 있습니다. 바로 기계입니다. 소위 '작업장'이라고 불리는 이 공간은 매크로에서 최근 딥러닝 AI로 진화하면서 대단히 효율적이면서도 빠르게 게임 내의 재화를 벌어들입니다. 코인이 재화로서의 가치를 지닌다고 한다면, 작업장 증가는 돈을 무진장 찍어내는 행위와 동일합니다. 당연히 가치 폭락으로 이어지죠. 법정통화의 가치는 국가가 보증합니다. 국가가 망하지 않는 한, 화폐는 일정한 가치를 지니죠. 그럼 게임사의 코인은 어떨까요?

　엑시 인피니티 서비스 이후 코인 가치가 5개월 만에 10분의 1 수준으로 하락했습니다. 100만 원 수익이 10만 원이 됐다는 말이죠. 이는 경제 시스템에 문제가 발생했기 때문입니다. 돈을 버는 게임에서 코인을 활용하는 방법은 크게 두 가지입니다. 게임 속 자신의 캐릭터를 성장시키거나, 게임 밖으로 꺼내 현금화하는 거죠. 두 방법이 모두 존재해야 시스템이 돌아가는데, 대부분 현금화를 택합니다. 어찌 보면 당연한 일이죠. 돈 벌라고 만든 게임이니 당연히 전부 팔겠다고만 하고, 시장에 코인이 쏟아지는데 살 사람은 없으니 가치가 폭락할 수밖에요. 공급만 있고 수요는 없는 경제가 꾸준히 지속될 수 있을까요?

2021년 후반에는 P2E 회의론이 확산됐고, NFT 기반 게임을 선보이겠다고 밝힌 게임사들의 주가가 대부분 떨어졌습니다. 게임에 경제이론이 적용되고 재화 창출로까지 확장된 것은 분명 혁신이지만, 어느 순간 온통 돈 버는 얘기로만 도배되고 있습니다. 어떻게 재미있는 게임을 만들겠다는 이야기는 사라지고, 어떻게 돈을 많이 벌겠다는 이야기만 들립니다. 현실에 사는 우리가 가상세계로 이동하는 데는 이용자의 '특별한 수고'가 필요합니다. 그 수고를 단지 돈벌이에만 집중한다면 일시적인 효과는 보겠지만, 돈벌이가 안 된다고 판단된 순간 모두 떠나가게 마련입니다.

기존에 없던 사업 방식을 두고 한쪽에서는 '혁신적인 서비스'라고 평가하지만, 다른 쪽에서는 '폰지사기의 일종'이라는 비판이 나옵니다. 폰지사기란 실제로는 이윤을 거의 창출하지 않으면서도 수익을 기대하는 신규 투자자를 모은 뒤, 그들에게 받은 투자금으로 기존 투자자에게 배당^{수익금}을 지급하는 방식으로 자행되는 다단계 금융 사기 수법을 말합니다. **여러분은 P2E 모델을 어떻게 평가하시나요? 만약 개선이 필요하다면 어떤 방법이 있을까요?**

게임 스트리밍

게임 업계에 또 하나의 지각변동이 일었습니다. 마이크로소프트,

애플, 구글, 아마존은 물론 반도체 회사 엔비디아까지 클라우드에서 구동되는 스트리밍 게임에 뛰어들었습니다. 어떻게 이런 일이 벌어지게 된 걸까요?

게임 스트리밍 서비스Game Streamimg Service는 게임을 클라우드 컴퓨팅 기술로 모바일 단말기나 디지털 TV에서 실행하는 기술을 말합니다. 기존 게임과 구별되는 차이점은 저장 데이터의 위치에 있습니다. 지금까지는 PC나 콘솔, 모바일 등에 저장해 게임을 플레이하기 때문에 사양 높은 디바이스가 필요했지만, 스트리밍 방식에서는 데이터가 전부 클라우드에 저장되기 때문에 고성능 기기가 필요하지 않습니다. PC, 콘솔, 모바일은 단순 출력도구가 되는 거죠.

스트리밍 서비스가 실현되면 유저는 출력기만 있으면 충분한데, 그 출력기는 무엇이든 상관없습니다. 장소 제한도 없습니다. 집에서 하던 게임을 중간에 멈추었다가, 지인을 만나러 가는 버스에서 휴대폰으로 이어서 할 수 있고, 지인의 집에 도착해서는 지인과 함께 이어서 플레이하는 것도 가능합니다. 클라우드에 저장되어 있으니, 데이터를 일일이 옮길 필요도 없습니다.

이건 앞서 소개한 스팀보다 훨씬 발전된 모델입니다. 스팀은 콘솔 간의 장벽 허물기에는 성공했지만, 모바일 게임은 할 수 없고물론 특정 프로그램으로는 가능하지만, 오직 PC라는 도구에 묶여 있다는 한계가 있습니다. 하지만 스트리밍은 도구와 공간의 장벽을 뛰어넘어 '언제 어디서나 하고 싶을 때 한다'를 실현하는 구조입니다.

현 게임 시장은 여전히 하드웨어 위주입니다. 하지만 게임 스트리밍 모델은 하드웨어의 벽을 넘어 소프트웨어로의 전환을 추구하고

알아야 보인다

있습니다. 글로벌 소프트웨어 최강자인 마이크로소프트는 2022년 초 블리자드를 현금 82조 원에 인수해서 전 세계를 놀라게 했습니다. 이는 미국 IT 기업 인수합병 역사상 최대 규모의 갱신입니다. 이 거래 한 방으로 마이크로소프트는 텐센트와 소니에 이어 세계 게임 시장 매출 순위 3위에 등극했죠. 인수 완료 시점은 2023년 6월 이지만 앞서 언급한 리나 칸이 반독점 규제로 블리자드 인수를 문제 삼고 있기에 인수가 정말로 이뤄질지는 지켜볼 사안입니다.

마이크로소프트의 CEO 사티아 나델라는 디지털과 물리적 공간을 통합, 연결하는 시대가 온다는 것에 베팅하겠다고 선언했습니다. "게임은 오늘날 모든 플랫폼에 걸쳐 가장 역동적이고 신나는 엔터테인먼트 분야"라며 "메타버스 플랫폼 개발에서 핵심 역할을 할 것"이라고 주장했습니다. 5장에서 중점적으로 다룰 메타버스 개념과 이어지죠.

스트리밍으로 게임 시장을 플랫폼화하면 어떤 변화가 일어날까요? 우선 각 게임사는 유튜브 크리에이터처럼 콘텐츠 제공자로 변화합니다. 이들이 제작하고 발매하는 게임이 스트리밍 플랫폼의 일부가 되는 거죠.

유튜브에서는 영상 조회수가 크리에이터의 수익과 직결됩니다. 그러면 게임 스트리밍 플랫폼에서는 무엇이 수익과 직결될까요? 다운로드나 플레이 횟수가 아닐까요? 여기에 과연 부분 유료제나 확률형 아이템이 여전히 먹힐까요? 어쩌면 이조차도 지금의 근시안적 시각일 뿐이고, 완전히 새로운 세상이 펼쳐지고 과금구조도 새롭게 개편될지 모릅니다.

게임 스트리밍 시장은 이제 몇 남아 있지 않은 블루오션 중 하나입니다. 세계 빅테크 기업들이 뛰어들었고 파워게임이 곧 시작될 것입니다. 아니 이미 시작됐다고 보는 것이 맞겠습니다. 글로벌 기업들은 게임에서의 질을 확보하기 위한 인수를 시행하고, 유저를 자신의 생태계에 묶어두기 위해 새로운 가치를 만들어낼 궁리를 하고 있습니다. 우리는 얼마 전 넷플릭스가 사람을 끌어들일 만한 작품을 위해 돈을 들이붓는 투자 현장을 목격했고, 그 결과물인 〈오징어 게임〉이 거둔 성공을 보았습니다. 게임 시장은 영상 시장보다 훨씬 큽니다. 글로벌 영향력을 가진 게임을 만들 수 있다고 판명된 회사라면 투자 러시가 멈추지 않을 것입니다.

그러나 당장은 부진합니다. 해외 여론 역시 그렇게 판단하고 있습니다. 《워싱턴 포스트》의 게임 담당 기자인 진 박은 2022년 5월 트위터에서 "처음으로 게임패스 구독을 해지했다. 게임패스를 거의 이용하지 않는다는 걸 인정해야 했다. 언젠가 다시 구독하겠지만 지금은 구독할 이유가 없다"는 글을 남겼고, 《탐스가이드》의 토니 폴란코도 트위터에서 "게임패스는 훌륭한 서비스지만 내가 구독을 유지하게 할 만한 AAA 독점작은 없다. 타이틀이 추가되기 시작하면 그때 돌아올 것"이라고 말했습니다. 할 만한 게임이 없다는 겁니다. 글로벌 기업이 각자의 플랫폼을 만들면, 게임사가 동시 계약하지 않는 이상 파이가 쪼개질 수밖에 없습니다. 자신이 하고 싶은 대작이 다른 플랫폼에 있으면 중복가입 외에는 플레이할 방법이 없습니다. 초창기 '게임기 + 팩'의 닫힌 구조가 클라우드 버전으로 다시 반복되고 있는 셈이죠.

또 다른 문제는 통신속도가 게임 스트리밍을 뒷받침해주기 어렵다는 것입니다. 플레이스테이션 4 게임을 다운받는 데 70~80기가가 보통이며, 플레이스테이션 5 게임은 100~150기가 정도 합니다. 일인용 게임도 이 정도이니, 스트리밍으로 즐기려면 전 세계 사람들이 한자리에 모일 수 있고 여기서 발생하는 데이터를 전부 실시간으로 처리하고 저장할 수 있는 클라우드가 필요할 텐데, 아직은 요원합니다. 음악 스트리밍은 3G, 영상 스트리밍은 4G로 해결됐지만, 수많은 사람이 모이고, 발생하는 데이터를 클라우드에서 저장하고 처리해야 하는 게임 산업은 5G로도 쉽지 않습니다. 하지만 최근 거론되는 6G 시대가 열리면 현실화가 가능하다는 의견도 있습니다.

마지막은 '즐기는 게임'을 모아놓은 것만으로는 장래가 밝지 않다는 점입니다. 하나의 게임도 제대로 할 시간이 부족한데, 눈앞에 몇백 개나 쌓아놓고 '맘껏 플레이하세요'라고 해봐야 큰 의미를 찾기 어렵겠죠. 즉, 핵심 IP로 유저를 가상세계로 끌어들이는 역할이 게임이라면 '그다음'이 존재해야만 합니다. 이런 이유들로 인해 게임 스트리밍 플랫폼은 시기상조라는 의견이 아직 많습니다.

우리나라만의 Great IP를 찾아서

플랫폼 활성화에는 많은 이용자 수가 절대적 조건 중 하나로 꼽힙니다. 유저를 불러들이는 요소에는 재화 창출도 있겠지만 근본은 역시 IP입니다. 사람들이 엘프나 오크와 같은 판타지 요소에 열광하고, 아이언맨과 같은 마블 캐릭터에 열광하고, 아이폰의 감성에 열광하는데, 우리나라에는 어떤 것이 있을까요?

외국의 한 연구보고서는 '한국 게임의 혁신은 게임 과금구조 연구'라고 하더군요. 제작사가 어떻게 좋은 게임을 만들까를 연구하지 않고 과금구조를 연구하고 있는 것이 우리의 현실입니다. 사람들이 모여 소소하게 즐기고 행복감을 느끼던 게임이 어디서부터 변한 건지 모르겠습니다.

물론 이윤 창출은 기업이 취할 당연한 자세입니다. 하지만 반복적인 과금구조, 서비스 의식의 실종이 주가 하락이라는 형태로 민낯을 드러내고 있습니다. 한국을 넘어 아시아로, 아시아를 넘어 글로벌로 필드가 바뀔 때마다 규모가 수백 배로 늘어나는데 전략 수정이 필요한 시점이 아닐까요?

새로 출시된 게임이 불과 1~2주 만에 앱스토어 1위를 달성했다는 소식이 종종 들리지만, 유지 기간은 어떤가요? 고객 풀은 넓은가요? 유저 평은 또 어떻습니까? 하드 유저에게 매출 대부분을 의존하는 비즈니스 모델은 오래 지속될 수 없으며 좋은 평판을 얻기 힘듭니다. 과거 소니, 닌텐도와 같은 대형 게임사가 커뮤니티를 형성하는 게임을 지향하고 있고, 이제는 애플, 마이크로소프트와 같은 빅테크 기업들도 'Great IP'를 갈구하며 게임 산업에 뛰어들었습니다. 게임이 플랫폼 형태로 진화하면서 그들은 어떻게든 많은 고객을 유치하고 붙잡기 위해 노력하고 있는데, 우리나라는 빠르게 치고 빠지는 정반대의 형태만 보입니다.

게임 시장이 스트리밍으로 변화하고 있습니다. 여기서 가장 중요한 점은 바로 '기대감'입니다. 과거 콘솔 게임처럼 한 번 판매하고 끝나는 게 아닌 클라우드형 모델은 업데이트로 수정과 변화가 가능합니다. 그리고 데이터 학습을 통한 개별 맞춤 서비스도 가능하죠. 당장은 아닐지언정 후일 자신을 만족시켜줄 것이라는 기대감이 있을 때 우리는 구독을 지속합니다. 일론 머스크가 자주 논란을 일으켜도 새로운 대박을 터트려줄 것이라고 믿는 이가 있고, 새로 출시된 아이폰의 성능이 기존 모델과 별 차이가 없고 디자인 변화가 크지 않더라도 여기에 감성이 있다고 주장하는 이가 있으며, 블리자드가 최근 10년 가까이 실망스러운 모습을 보였다고는 해도 한 번 더 속아보는 마음으로 내년 출시 예정인 신작을 기다리는 이들이 있습니다. 앞으로 꾸준히 더 좋은 제품이 나올 것이라는 기대감이 있기에 브랜드 프리미엄은 유지되고 충성고객이 생겨나는 거죠. 반면 우리나라에서는 자신이 플레이하는 국내 게임을 응원하기는커녕, 스스로를 또다시 게임사에 속아 넘어가는 자라고 자칭하며 자학하는 이들이 많습니다. 물론 모두가 그렇지는 않지만 이러한 소식이 들릴 때마다 안타까움을 금할 수 없습니다. 국내 신작 출시 소식을 기대하는 이가 과연 몇이나 있을까요? 플랫폼 시대에 서비스의 질, 좋은 비즈니스 모델, 커뮤니티 구축 등은 결국 이용자 유치를 위한 수단입니다. 충성고객을 어떻게든 확보해야 하는 지금, 우리가 시대에 역행하는 것은 아닌지 고민해볼 시점입니다.

2022년 하반기 출시했거나 출시 예정인 국내 게임 업체 주요 신작 가운데 약 10개가 기존 게임을 기반으로 만들어졌습니다. 타성에 젖어 쏟아내는 양산형 게임은 해외에서 외면받기 마련입니다. 해외 시장 진출이 여의치 않자 국내 게임사는 국내시장에서 더 많은 이익을 뽑아내는 데 몰두하게 되었고, 그 결과가 '리니지-라이크'라는 신조어와 분노에 찬 트럭 시위입니다. 이제 소수를 위한 게임이 아닌 모두를 위한 게임을 고려해야 합니다.

P2E 모델은 기존에 없던 새로운 형태입니다. 돈을 벌 수 있는데 굳이 거절할 사람이 누가 있을까요? 하지만 지금과 같이 부정적 여론이 형성된 이유는 게임의 본래적 가치를 상실한 본말전도에 있다고 생각합니다. 게임사가 유저로 하여금 게임을 즐기고 부수적으로 돈을 벌 수 있게 하는 것이 아니라, 돈을 벌기 위해 게임을 하도록 만든 거죠. 이제는 Play to Earn이 아니라 Play to Enjoy를 추구하는 그러면서 수익 구조를 창출하는 P2E가 되어야 하지 않을까요?

지금 한국 문화가 전 세계의 호응을 얻고 있습니다. 국가 연구개발 R&D 100조 시대가 열렸고, IP 수익화 사례가 늘면서 IP가 비용이라는 인식에서 자산이라는 인식으로 전환되고 있습니다. 이 흐름을 충분히 살려 우리나라만의 고유한 IP 창출, 개선된 과금구조 개발, 지적 재산을 보호하는 법적 체계의 삼박자가 고루 조화되었으면 하는 바람입니다. 게임 본연의 의미를 어떻게 구현할지를 다시 고민하고, 유저와 함께 지속 가능한 성장을 이루는 국내 게임사가 많아졌으면 좋겠습니다.

알아야 보인다

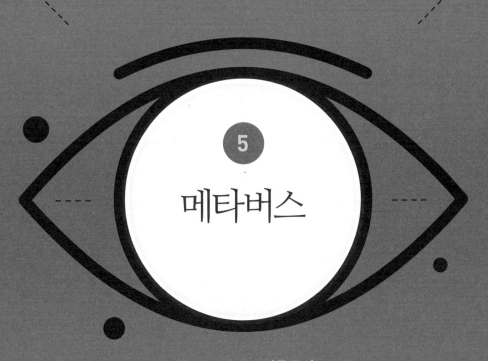

5

메타버스

#IP #VR/AR #이동통신
#디지털_트윈 #라이프_로깅 #유연한_확장성
#커뮤니티 #에듀테크

도대체 그게 뭔데?

최근 메타버스란 단어가 많이 거론됩니다. 우리가 오늘날 말하는 메타버스에 근접한 아이디어는 1992년 닐 스티븐슨의 SF소설 《스노 크래시》에서 가장 먼저 언급됐다고 합니다. 소설에서는 '물리적 현실과 가상의 현실이 만나는 몰입형 인터랙티브^{상호작용} 공간'으로 설명하고 있습니다. 하지만 정의가 너무 추상적이라 크게 와닿지는 않죠?

메타버스를 표현한 대표적인 작품이 스티븐 스필버그 감독의 영화 〈레디 플레이어 원〉입니다. 개봉 당시에는 그다지 흥행하지 못했지만 최근 다시 관심사로 떠올랐죠.

메타버스는 가상과 초월을 뜻하는 '메타^{Meta}'와 우주를 뜻하는 '유니버스^{Universe}'의 합성어입니다. 디지털상에서의 새로운 세계라고 볼 수 있죠. 우리는 게임을 할 때 아이디와 아바타를 만듭니다. 아바타는 현실의 나를 대신해서 가상세계에서 행동하죠. 어느 날 사람들은 가상세계의 자신에게 질투심을 느끼고, 아바타와 본인을 일치시

알아야 보인다

키는 상상을 합니다. 자신이 아이언맨이 되어 하늘을 날아보고 싶고, 마법을 구사해보고 싶고, 세상을 구하는 용사가 되어보고 싶은데, 현실은 아바타를 통한 대리만족에 불과합니다. 세계관을 글이나 영상이 아닌 공간으로 직접 체험해보고 싶다는 열망이 메타버스의 시작입니다.

이러한 갈망은 메타버스 이전에도 이미 우리 곁에 있었습니다. 바로 일본 이세계물^{또 다른 세계, 異世界物} 만화입니다. 이세계물에서는 주인공이 어떠한 사고로 사망한 후 다른 세계에서 엄청난 능력을 지니고 환생합니다. 그리고 맘 편하게 하고 싶은 것을 다 하며 즐거운 인생을 산다는 스토리를 담고 있죠. 뻔한 내용이지만 대중의 호응을 받아 양산 만화가 쏟아져 나왔고, 지금까지도 인기를 누리고 있습니다. 현실의 각박한 삶에서 탈출하고 싶은 우리의 소망을 대변하고 있기 때문입니다. 게임 역시 그렇습니다. '난 내가 A 게임의 주인공이 되어 세계를 구하는 영웅이 되는 상상을 해보았는데, 너도 그런 상상 한 번쯤 해봤지? 그건 이런 인생이지 않을까?' 하는 욕망에서 메타버스가 출발하는 거죠.

2003년에 현실적인 시도가 있었습니다. 미국 스타트업 린든랩이 만든 '세컨드라이프'였죠. 이용자가 가상공간에서 자신이 꿈꾸는 모든 일을 할 수 있고, 상상하는 인물을 창조하거나 자신이 직접 그 인물이 될 수 있었습니다. 세컨드라이프는 출시 당시 엄청난 센세이션을 일으켰지만 결국 몰락하고 말았습니다.

우선 장비 문제가 있었죠. 2000년 초반은 인터넷 속도가 3G에서 4G로 넘어가는 시점으로, 대규모 그래픽 데이터를 처리하기에는 역

부족이었습니다. 이용자가 목적을 갖기도 어려웠죠. 자유도가 높은 건 좋은데 할 수 있는 것이 무궁무진하다는 것은 반대로 무엇을 해야 할지 모르겠다는 것과 같았습니다. 그리고 유저의 수가 적었습니다. 당시 이용 고객은 대부분 미국인이었고 글로벌 규모는 아니었죠. 초창기에 유저 수가 많을 때는 괜찮았지만, 한번 빠지는 흐름을 타니 넓은 공간에 본인밖에 없는 듯한 적막감과 공포감마저 느끼게 되었죠. 접속해서 무엇을 해야 할지도 모르겠고, 그래픽이 정교하지 않아 눈도 아프고, 돈 벌려고 혈안이 된 사람들 때문에 눈살이 찌뿌려지기도 하는 등의 여러 요인이 복합적으로 작용하여 결국 쇠퇴의 길을 걸었습니다.

그로부터 약 20년이 지난 지금, 코로나19가 세계를 덮치고 온라인에서 보내는 시간이 늘었습니다. 한때 잊고 있었던 열망이 되살아났고, 지금의 기술력이라면 세컨드라이프의 실패를 넘어설 수 있다는 의견이 확산되었죠. 메타버스 열풍은 이렇게 시작되었습니다.

메타버스의 네 가지 유형

메타버스 시대를 여는 조건은 무엇일까요? 전문가는 크게 세 가지를 꼽습니다. 첫째는 전 세계 인구 절반 이상이 인터넷에 연결되는 것입니다. 2020년 기준 지구 전체의 인터넷 보급률은 약 58.8%이고, 여기서 95% 정도가 모바일을 통해 인터넷에 연결되어 있다고 합니다. 둘째는 데이터를 담당하는 CPU, 그래픽을 담당하는 GPU와 같은 기술의 발전이 필요합니다. 가상세계에 기껏 접속했는데 질 낮은 그래픽이 눈에 들어오고 통신 문제로 끊김 현상이 발생하면 흥미가 급격히 떨어지게 마련입니다. 셋째는 하드웨어 장비의 발전입니다. 우리는 지금도 스마트폰을 주 기기로 사용합니다. 하지만 소위 '새로운 세상'이 단지 작은 액정 안에만 존재한다는 것은 어폐가 있죠. 그래서 VR/AR 디바이스가 등장하게 됩니다.

요즘은 메타버스가 《스노 크래시》의 설명보다 좀 더 확장된 개념을 가지고 있습니다. 비영리 기술 연구 단체인 ASF^{Acceleration Studier Foundation}의 정리를 참조하면, 메타버스는 라이프로깅, 가상세계, 증강현실, 거울세계 네 가지로 구분됩니다.

라이프로깅

라이프로깅^{Life Logging}은 생활하면서 보고, 듣고, 만나고, 느끼는 모든 정보를 기록하여 정리, 저장, 공유하는 활동을 말합니다. 페이스북, 인스타그램 등이 대표적이죠. 그러나 메타버스 세계관에서의 라이프로깅은 조금 다릅니다. 본래는 본인이 자기 시간을 투자해서 보여주고 싶은 모습을 공유하는 정도이지만, 우리가 디지털 세상으로 들어가게 되면 모든 행동이 데이터로 자동 저장됩니다. 한편으로는 편리하지만, 한편으로는 걱정되는 부분이기도 합니다.

가상세계

우리는 게임에서 현실에서 있을 리 없는 영상과 음성에 몰입합니다. 현실의 나에게 데이터를 제공하는 거죠. 반면 가상세계는 이와는 반대로 '나'라는 데이터를 가상으로 보내는 것입니다. 따라서 데이터 전송 기술의 발전이 필수입니다.

통신의 변천사를 보면 1G의 벽돌폰을 시작으로, 2G에 들어서 문자에서 이메일로, 점차 카메라와 MP3 기능까지 추가되었습니다. 3G에서는 유심칩이 등장해 기기 변경이 가능해졌고, 이동 데이터가 늘어남에 따라 앱이 최초로 등장했죠. 4G에서는 LTE가 나타나 3G보다 5배 이상의 속도가 가능해졌습니다. 2015년엔 광대역 LTE가 등장해 넷플릭스와 유튜브가 성장하게 됩니다. 이처럼 통신의 발전은 우리의 삶을 크게 변화시켜왔습니다.

5G는 음성과 데이터 통신을 넘어 모든 사물을 연결하여 새로운 차원의 신산업 창출을 가능케 했습니다. 그 덕에 4차 산업혁명, 디지털 전환, 인공지능 등이 나타났죠. 우리나라는 5G가 등장한 지 고작 3년 만인 2019년 4월 3일 '세계 최초 5G 상용화'라는 타이틀을 획득했습니다.

4G까지의 핵심 도구가 스마트폰이라고 한다면 5G의 핵심 도구는 무엇일까요? 전문가들은 각기 다른 해답을 내놓고 있습니다. 메타버스 열풍이 현실에서 이룰 수 없는 소망에서 비롯된 것이라고 한다면, 가상세계에 대한 완전한 몰입을 의미하는 VR^{가상현실}이 하나의 해답일 수 있습니다.

VR은 'Virtual Reality'의 줄임말로, 머리에 고글을 끼고 가상세계를 현실처럼 인식시키는 기술을 말합니다. META는 VR에 전력을 기울이는 회사 중 하나입니다. CEO인 마크 저커버그는 메타버스가 차세대 인터넷이 될 것으로 보고 모든 역량을 모으고 있습니다. 메타버스 플랫폼 호라이즌 월드와 함께 VR 디바이스인 오큘러스 퀘

알아야 보인다

스트^{Oculus Quest} 시리즈를 선보이고 있죠. 오큘러스 퀘스트의 VR 시장 점유율은 약 75%로 전 세계 1위를 차지하고 있습니다.

VR은 가상으로의 완전한 몰입을 보장하지만, 단점도 적지 않습니다. 우선 가격대가 높고, 전력 소비량이 많습니다. 무게도 무겁습니다. 최근 기기는 300g 정도인데 핵심 디스플레이가 앞쪽에 있으니 자연스럽게 목이 앞으로 쏠려 디스크나 거북목 현상을 유발하죠.

공간 제약의 문제도 있습니다. VR은 완전한 몰입을 추구하기에, 현실을 파악할 수 없어 게임을 하는 중에 넘어질 수도 있습니다. 그래서 등장한 장비가 VR 트레드밀과 VR 부츠입니다. 트레드밀은 가운데가 접시처럼 움푹하게 들어간 전 방향 러닝머신 형태의 장비로 어느 쪽으로 발을 옮겨도 제자리로 오게 하는 효과가 있어서 방에서 뛰어다니는 것이 가능해집니다. 넘어지지 않도록 허리에 감아 고정하는 지지대나 조끼가 있죠. 하지만 기물 때문에 허리에 이질감이 느껴지고, 팔을 움직이다가 지지대에 부딪히는 사고가 일어나기도 합니다. VR 부츠는 신발 아래의 전동바퀴가 움직이는 방향과 반대로 굴러가고, 방향을 전환하면 같이 돌아가는 회전판 덕에 아무리 걸어도 제자리걸음을 하도록 제작된 부츠입니다. 이처럼 대형 장비가 요구되어 금전적 부담이 상당하고, 안전한 장소에서만 사용이 가능합니다.

어지러움 현상도 문제입니다. 영상이 물 흐르듯 나오지 않거나 빛 번짐과 점멸 현상이 발생하면 눈의 피로감이 매우 심해 오래 착용하기 어렵습니다. 이는 신규 고객 유치에 가장 큰 장애 요소로 꼽힙니다.

증강현실

AR^{증강현실}은 'Augmented Reality'의 줄임말입니다. AR은 VR에 비해 늦게 주목받았습니다. 가상세계를 만들어내는 VR보다 현실 위에 자연스럽게 가상을 융합하는 AR이 기술적으로 훨씬 어렵기 때문이죠.

빅테크 기업들은 AR을 꾸준히 연구해왔고 각자의 제품 출시를 앞두고 있습니다. 특히 애플은 2008년부터 AR 특허를 꾸준히 내고 있고 이제 구체적인 제품 출시일을 거론하기 직전까지 왔습니다.

빅테크 기업들이 AR에 집중하는 이유는 VR의 단점을 해결할 수 있기 때문입니다. VR은 고글을 쓰고 있으면 무겁고, 주변 장비도 많이 필요하고, 시각과 촉각만 느낄 수 있고, 안전 문제로 사실상 집에서만 가능하고, 기기에서 열이 발생해 오래 접속하기도 어렵습니다. 반면 AR은 휴대폰 앱 또는 안경 형태이기 때문에 장소 제한이 없고, 무게도 가볍고, 주변 장비도 간단합니다. VR은 세상과 인간을 분리하는 반면, AR은 현실을 개선하는 기술입니다. 현실에 가상을 덧붙인다면 이용시간도 인터넷처럼 길어지고 편의성도 훨씬 끌어올릴 수 있겠죠.

앞서 언급했던 애플의 초연결, 기억하시나요? 애플의 CEO 팀 쿡은 VR은 몰입도가 높지만 제한적이며, AR이야말로 모든 것에 영향을 미칠 심오한 기술이라고 평가했습니다. 실제 애플은 모든 서비스에 AR 기능을 덧붙여 생태계 충성고객을 늘려갈 계획입니다. 애플의 AR 서비스는 2015년 출시한 아이폰 6S부터 2022년 아이폰 13 ProMax까지 17개 기종에 지원 가능하다고 하니 곧바로 우리 생활에 들어올 기술이고, 안경 형태의 디바이스는 2023년 출시될 전망입니다. 애플은 이미 AR 생태계를 갖춘 셈이죠.

구글도 비슷한 전략을 채용하고 있습니다. '구글 I/O' 개발자 콘퍼런스에서 공개한 '신 익스플로레이션Scene exploration' 기능은 마트에서 제품을 카메라로 촬영하면, 선반에 진열된 초콜릿 제품들의 카카오 함유량은 얼마나 되는지, 종류는 무엇인지 등의 정보를 실시간으로 검색해 보여줍니다. 가장 주목받은 것은 통역 기능을 안경 위에 띄워주는 구글 AR 글라스입니다. 외국인과 대화할 때 상대의 말을 실시간으로 번역해서 눈앞에 표기해주는 기능이 있습니다. 언어연구자 중 한 사람으로서 이 안경이 출시되면 대외업무뿐만 아니라 일상생활에 혁신적 변화가 나타날 거라고 확신합니다.

반면 저 안경이 휴대폰과 같은 일을 할 수 있다면 보이는 모든 것을 쉽게 저장할 수 있게 되는 셈이니 도촬이 우려되기도 합니다. 신기술은 언제나 기대와 우려가 공존하게 마련이죠. 우려되는 부분을 차츰차츰 개선해나가는 것이 중요한 포인트 중 하나입니다.

거울세계

거울세계는 현실 법칙이 그대로 적용되는 가상세계를 만든다는 개념으로, 디지털 트윈Digital Twin이라고도 합니다. 2021년 우리나라의 건설 현장에서 대형 사고가 몇 차례 터지면서 국회에서 중대재해처벌법이 제정되었습니다. 비록 관련 법안이 마련되기긴 했지만 가장 좋은 건 역시 사후 처벌보다 미연에 방지하는 것이겠지요. 그래서 나온 아이디어가 건설, 공장 등의 산업 현장에 사람이 직접 가지 않고 원격 작업을 하는 것입니다. 현장에서의 문제나 오류가 발생하면 기술자가 있는 가상세계에도 동시에 해당 오류가 표기됩니다. 기술자는 가상세계에서 수리 작업을 하고, 현장에서는 기계가 대신 그 작업을 수행하는 것입니다.

반도체는 핵심 산업으로 꼽히는 분야 중 하나입니다. 하지만 제작 과정이 번거롭고, 직원들의 건강 악화 문제도 있습니다. 하지만 가상세계에서 원격 조정이 가능해지고, 언젠가 이 데이터가 충분히 쌓이고 딥러닝이 된다면 인간의 손을 떠나 기계가 알아서 처음부터 끝까지 작업하는 세상도 기대할 수 있을 것입니다.

사람이 가상으로 이동하면 필연적으로 현실에 공백이 생깁니다. 그 공백을 기계가 대체하는 거죠. 디지털 트윈과 로봇 산업은 연계될 수밖에 없고 최근 가장 떠오르는 시장 중 하나입니다.

해외로는 구글 어스와 구글 스트리트 뷰, 국내로는 네이버 아크버스가 디지털 트윈의 선두주자로 꼽힙니다. 그리고 2022년 9월 LX 한국국토정보공사 역시 'LX 디지털 트윈 플랫폼'에서 정밀하게 재현된 전주시청을 선보이면서, 앞으로 지자체가 손쉽고 정확하게 도시를 정비, 관리할 수 있는 가능성을 보여주었습니다. 디지털 트윈은 산업 현장에서의 실용성이 강조된 모델로, 무궁무진한 가능성을 내포하고 있습니다. 지금은 B2B2C의 성격이 강하지만, 머지않은 미래에 우리 일상생활에 다가오기를 기대해봅니다.

메타버스를 바라보는 관점들

구글 트렌드에서 메타버스를 검색해보면, 2003년 세컨드라이프 이후 메타버스에 대한 관심은 사실상 0에 가깝다가 2020년 이후 상승 곡선을 그립니다. 그러다 2021년 말부터 다시 줄어듭니다. 앞으로 재차 반등할지, 아니면 이대로 추락할지, 지금이 변곡점이라고 볼 수 있죠.

게임으로서의 접근

2020년 하반기 메타버스 신드롬을 이끈 주역은 '로블록스'와 '포트나이트'입니다. 로블록스는 마치 레고를 연상시키는 아기자기한 캐릭터가 등장해 MZ 세대에게 어필하기 좋은 게임으로 보입니다. 실제 16세 미만의 유저가 전체 이용자의 절반 이상입니다. 인식의 변화는 경제관념이 도입되어 돈을 버는 구조가 나타나면서 시작됩니다. 운영진은 게임 속에 스튜디오를 마련해 유저가 직접 맵과 아이템을 제작할 수 있도록 조치했습니다. 유저가 제작한 맵의 사용자가 늘어나면, 성과에 비례하여 '로벅스'라는 자체 가상화폐를 수익금으로 벌어들이고, 1로벅스를 약 0.0035달러로 교환해 돈을 버는 구조입니다. 가상에서의 활동으로 현실에서 돈을 번다는 점이 현실과 가상의 접점이라 보고 메타버스 열풍이 일었죠. 이 관점에 대해 어떻게 생각하시나요?

지금까지의 MMORPG 같은 온라인 게임은 모든 콘텐츠를 제작사가 준비했습니다. 문제점은 제작사가 만든 콘텐츠를 전부 소진하면 흥미가 빠르게 떨어진다는 점이죠. 여기서 운영진은 캐릭터의 레벨이 아니라 끝이 없는 아이템 강화로 노선을 변경합니다. 강화된 아이템으로는 몬스터를 일방적으로 학살할 수 있게 되어 큰 재미가 없고, 결국 유저 간 PK^{유저 간 공격}로 이어지게 됩니다. 이 와중에 반짝 업데이트가 나타나면 유저 수가 늘어나고, 전부 소진하면 곧 시들해지고, 또 다른 업데이트로 이 과정을 반복하는 식입니다.

닌텐도 스위치의 '슈퍼마리오 메이커 2'가 이 구조를 깨뜨립니다. 제작사가 준비한 메인 콘텐츠는 튜토리얼이라고 생각될 정도로 금방 끝납니다. 핵심은 전 세계 유저가 자체 제작한 맵입니다. 유저 커스텀 맵을 다른 유저들이 몰려와 플레이해보고 평점을 남깁니다. 개중에는 극한의 난이도도 있어서 승부욕을 자극하기도 하죠. 제작사는 최소한의 운영만 하고, 게임을 만들고 플레이하는 것은 전부 유저의 몫입니다. 이 흐름이 이어지는 이상, 게임도 꾸준히 이어집니다. 유튜브 역시 그렇습니다. 제작사는 플랫폼 운영과 관리에만 집중하고, 그것을 구성하는 수많은 영상은 전부 크리에이터의 손으로 만들어지죠. 일반 유저는 그 영상을 시청하고요.

기존 게임 구조가 제작사에서 유저로 이어지는 단방향이라면, 로블록스와 슈퍼마리오는 양방향입니다. 결국, 이들은 게임에 플랫폼 구조를 입힌 결과물로 볼 수 있습니다. 로블록스와 슈퍼마리오의 차이는 수익 구조의 유무입니다. 슈퍼마리오는 오직 유저의 자발적 참여로 맵을 제작하기에 수익이 없고, 이용하는 유저 역시 과금 요소 없이 오직 재미와 팬심으로만 운영되는 게임입니다. 그렇다면 슈퍼마리오에 수익 구조를 더하면 메타버스가 되는 걸까요?

'포트나이트'는 조금 다른 관점으로 접근했습니다. 단순 게임에서 메타버스로의 변화는 2020년 유저들의 요구에 따라 게임 내 가상 공간 커뮤니티 '파티로얄'을 오픈한 이후 나타났습니다. 파티로얄은 유저끼리 채팅을 주고받는 소셜 기능과 함께 콘서트나 영화를 감상하는 미디어 기능이 있습니다. 2020년 4월 미국의 힙합 가수 트래비스 스캇Travis Scott이 파티로얄 공간에서 콘서트를 열었는데, 2,270만 명의 글로벌 유저가 참여하여 약 216억 원의 수익을 거두었습니다. 현실에서 콘서트를 열면 공연장, 홍보, 아티스트 이동과 경호 등의 비용이 들고, 무엇보다 객석의 한계로 표 판매 수가 정해져 있죠. 하지만 가상공간에서 콘서트를 진행했더니 이런 비용이 전부 절감되고, 공간적 한계가 없기에 더 많은 팬들을 수용할 수 있었습니다. 이후 팝스타 아리아나 그란데, 우리나라의 BTS도 포트나이트에서 공연하면서 가상공간에서의 콘서트가 새로운 가능성을 품고 있음을 모두가 깨닫게 되었죠.

파티로얄은 본래 FPS1인칭 슈팅 게임 장르의 특성상 같은 팀과의 소통을 목적으로 만들어진 기능입니다. 문화 공연 역시 본래의 배틀로얄 장르와 아무 연관이 없습니다. 가령 포트나이트에서 파티로얄을 분리해도 게임은 여전히 운영 가능하죠. 이 경우 포트나이트는 여전히 메타버스라고 불릴까요? 그리고 파티로얄과 같은 콘텐츠는 과연 지금까지 없었을까요?

로스트아크의 초창기에 등장했던 '호크 아이들'의 사례가 있습니다. 일반 유저 세 명이 안무를 짜고 몇 차례 시도한 공연이 큰 호응을 얻었죠. 순수하게 자발적인 행위였고 구경하는 일반 유저들도 많이 응원했습니다. 파티로얄에 등장했던 세계적 아티스트와 인지도에서는 감히 비교할 수 없지만, 같은 케이스로 볼 수 있지 않을까요? 만약 호크 아이들이 공연에 대한 대가를 요구하고 관람하는 이들이 기꺼이 지불했다면, 로스트아크도 메타버스일까요?

이들 사이의 차이는 재화 창출의 가능 여부입니다. 플랫폼 구조를 덧씌우든, 파티로얄처럼 새로운 무언가를 만들든, 게임에서의 돈이 현실에서의 풍요로움으로 이어지는 현상을 새로운 가치 창출로 판단한 것입니다.

로블록스는 많은 관심을 받았지만, 결국 게임에 수익 구조를 더한 P2E 형태입니다. 재화 창출이 가능하다는 점에서 홍보 효과가 있었지만 게임 자체의 매력이 줄어들자 유저는 하나둘 떠나가고 주가는 하락했죠. 포트나이트는 현실의 유명 아티스트를 파티로얄이라는 가상공간에 불러와 콘서트를 열고 큰 이득을 얻었습니다. 로블록스의 P2E보다는 희망적이지만 추세를 어떻게 계속 유지할지 고민할 필요가 있습니다. 방문 흐름이 멈추면 남는 건 결국 FPS 본체밖에 없으며 처음부터 아티스트의 공연을 바라고 온 사람들은 바로 떠나겠지요. 이를 메타버스라고 부를 수 있을까요? 단순히 디지털 전환의 한 형태에 불과한 건 아닐까요?

세상으로서의 접근

메타버스는 하나의 세계를 의미합니다. 이 관점에서 접근한 기업이 몇 있습니다. 그중 하나가 META입니다. META가 제작한 '호라이즌 월드Horizon Worlds'는 '거대한 소통과 어울림의 공간'을 추구하고

알아야 보인다

있습니다. 하지만 개념이 너무 방대하고, 그것을 실현할 기술력도 아직 없기에 만족할 만한 결과물을 내놓지 못했습니다. 그래서 우리는 지금까지도 '메타버스가 도대체 뭔데?'라는 질문을 계속 던지는 것입니다.

사실 기술력 문제는 META만이 아니라 다른 기업들도 마찬가지입니다. 그래서 가능한 부분부터 확장해나가자는 전략이 바로 앞서 언급한 AR로의 접근입니다. 애플은 AR 기기를 중심으로 현실에서의 초연결을 실현한 다음, 가상현실로의 확대를 노리고 있습니다.

마이크로소프트는 업무 영역에 집중하겠다는 의지를 보이고 있습니다. 2022년 5월 24일 선보인 '마이크로소프트 빌드 2022'에서는 줌ZOOM이나 웹엑스WEBEX처럼 말하는 이와 듣는 이만 있는 구조를 넘어, 화상회의를 진행하면서 공동 시청, 편집, 창작 등이 가능한 라이브 공유를 선보였고, 그 밖에 MS 루프, MS 그래프 챗 API 등을 통해, 사람들의 일상에서 가장 많은 시간을 차지하는 업무 영역에서의 점유율을 높이겠다는 전략을 취하고 있습니다. 이것이 발전된다면 무한한 인원이 참여할 수 있는 회의실, 가상세계에서만 존재하는 회사 등도 나타나리라고 봅니다.

네이버는 이르면 2022년 말 커뮤니티를 기반으로 한 메타버스 서비스를 공개할 예정입니다. 스포츠와 예능 같은 주제별 커뮤니티에 이어 쇼핑, 뉴스, 부동산 등 네이버의 모든 서비스에 채팅, 게시판, 가상공간 같은 다양한 기능을 붙여 이용자들끼리 대화하고 놀 수 있는 필드를 제공한다는 계획이죠.

카카오 역시 커뮤니티에 주목하고 있습니다. 2022년 6월 발표한 카카오 유니버스를 살펴보면, 지금까지의 지인 중심의 관계를 관심사 중심으로 변환하고, 지인이 아닌 사람들과 취미를 공유하며 가상세계에서 만나 소통하도록 지원하고, 카카오 공동체의 모든 서비스를 유기적으로 연결할 것이라고 합니다. 가상현실에서 불특정 다수와 공통된 주제를 가지고 편하게 대화를 나눌 수 있으면, 즐거움이 배가 된다는 점을 구현하려는 거죠.

이것이 바로 최근 주목받는 '커뮤니티'의 개념입니다. 디지털 전환이 활성화되자 대중적인 전형성은 점차 희미해지고, 지금까지 소수였던 개개인의 관심사를 하나하나 충족해주는 필드가 떠오르게 되었습니다. 네이버와 카카오 모두 커뮤니티에 주목하여 충성 팬덤을 형성하고 초연결을 실현하겠다는 의지를 내비치고 있습니다.

인프라로서의 접근

스스로 무언가를 만들어내는 대신, 상대가 만드는 것을 보조하고 거기서 이득을 취하겠다는 전략입니다. 엔비디아는 앞으로 메타버스가 대세이고 모든 기업뿐만 아니라 개발자를 포함해 일반인들도 전부 이 분야에 뛰어들 것이라는 확신에 기반해 인프라 장악을 목표로 삼고 있습니다. 아무리 대기업이라도 처음부터 끝까지 전부 혼자서 만들 수는 없고 하청업체가 도맡는 부분이 있는데, 이들이 가상에서 한자리에 모여 손쉽게 업무를 진행할 수 있도록 돕는 것을 목표로 하고 있죠. 기업뿐만 아니라 일반인이 책상, 건물, 자전거 등 가상세계에서의 3D 사물을 쉽게 제작하고 이것을 다른 사람과 협업하고 수정할 수 있는 개인용 툴도 제공합니다. 최고를 노리지는

알아야 보인다

않지만, 실리는 확실하게 챙기겠다는 전략인 셈입니다.

우리나라의 네이버 아크버스도 비슷한 전략을 취하고 있습니다. 현실을 그대로 복제하는 디지털 트윈을 앞세우고 있는데, 단순 외관만 구현하는 것이 아니라, 건물 내부나 땅속까지 전부 스캔해 3D 모델링을 시도합니다. 이를 위해 바퀴로 이동하는 M시리즈, 계단과 같은 언덕을 이동하기 위한 T시리즈의 로봇을 개발하고 이를 기업에 유통하는 B2B2C 솔루션 제공을 목표로 삼고 있죠.

게임에서 출발한 메타버스 열풍은 조금씩 진화하고 있고, 글로벌 기업들은 서로 다른 해답을 내놓고 있습니다. 이들 중 누가 정답일까요? 만약 이조차도 과도기라면, 다음 진화 형태는 무엇이 될 거라고 생각하시나요?

메타버스의 의의

가상세계로 넘어가려면 많은 장비가 요구되기에 부담이 결코 적지 않습니다. 사람들을 어떻게 가상세계로 유도할 수 있을까요?

사람을 가상세계로 유도하기 위해서는 크게 세 가지 욕구가 작용한다고 봅니다. 재미만을 추구한 것이 지금의 게임입니다. 메타버스 개념의 시초라고 볼 수 있죠. 하지만 재미만으로는 부족합니다. 그래서 재화 창출 요소를 추가했고 그것이 P2E 모델입니다. 저는 '불편함'이 현재 가상세계로의 접근에 가장 큰 장애 요소가 아닐까 생각합니다.

2022년 6월 코버그대학, 케임브리지대학, 프리모스카대학 합동 연구팀과 마이크로소프트 리서치가 30대 직장인 16명을 대상으로 VR을 착용하고 일주일간 업무 실험을 진행했습니다.

실험 참가자는 VR 기기를 처음 접한 사람부터 숙련자까지 다양하게 있었지만, 모두 부정적인 답변을 했다는 점이 인상적입니다. 1~2시간의 게임 정도야 괜찮지만, 하루 8시간에 달하는 업무를 VR로 하기에는 너무 힘들다는 결론을 내렸죠. 그중 2명은 좁은 시야각으로 인한 고립감과 고정 초점으로 인한 피로감으로 테스트 첫날 포기 선언을 해버렸죠.

세계 최고의 컨설팅 회사라고 불리는 맥킨지 Mckinsey는 2022년 6월 〈메타버스에서의 가치 창출 Value creation in the metaverse〉이라는 보고서를 발표했습니다. 보고서는 메타버스의 10가지 레이어를 4단계로 분류했습니다. 1단계기반 기술는 온라인 결제, 개발 플랫폼, 개인정보 보안, 2단계인프라와 하드웨어는 디바이스와 OS, 주변기기, 3단계플랫폼는 크리에이터, 접속 및 검색, 마지막 4단계콘텐츠와 경험는 어플, 가상공간, 그리고 콘텐츠를 나타냅니다.

우리는 이미 충분한 기술력을 보유하고 있으니, 질 좋은 콘텐츠만 만든다면 메타버스가 흥행하리라고 생각했습니다. 이렇게 큰 기대를 품었던 시기가 2021년입니다. 하지만 내놓은 결과물은 너무나 형편없었죠. 핵심 이유는 데이터 소비량이 너무나 크기 때문입니다. '1인' 게임의 경우라면 플레이어가 바라보는 화면만 활성화하면 충분하죠. 가령 플레이어가 엘리베이터로 이동하고 있다면 엘리베이터 안의 화면만 출력하고 나머지는 전부 OFF, 내리고 이동하면 거리를 ON, 엘리베이터는 OFF 하는 방식입니다. 이렇게 데이터 소진을 최소화하고 그래픽이나 사운드 같은 질적 부분을 끌어올리는 거죠. 하지만 메타버스는 '세계' 기준입니다. 세계의 동시 접속을 수용할 수 있어야 하고 그들에게 현실과 비슷한 자유도를 보장해야 하기에, 게임에서 구현하지 않을 수많은 상호작용도 모두 활성화해야만 합니다. 그렇기에 비즈니스 모델이 성립하기 어렵죠. META의 호라이즌 월드에 접속해보면 아바타가 상반신만 있는 유령 형태입니다. 이는 하반신 데이터를 최소화하기 위한 꼼수테크라고 볼 수 있죠.

 게임에서 시작된 개념이라면 적어도 현재 게임과 엇비슷한 정도는 되어야 할 텐데, 20년 전에도 취급하지 않았을 수준의 그래픽과 불편한 인터페이스가 보이고, 심지어 접속은 불편함을 넘어 고통을 수반할 정도입니다. META는 2022년 10월 야심차게 VR 헤드셋 신제품을 공개했습니다. 분명 기능은 개선됐지만, 가격대는 기존 제품의 약 3배인 215만 원에 이릅니다. 새로운 VR 헤드셋에도 여전히 불편함은 존재했고, 디바이스를 통해 접속한 가상세계는 고객을 만족시키지 못했습니다. 시장의 반응은 냉담했죠. META의 주가는 2022년 말 고점 대비 60% 이상 추락했습니다. 이 사건을 바라본 《워싱턴 포스트》는 "메타버스는 여전히 손이 닿지 않는 곳에 있다"고 보도했으며, META 주식을 200만 주 보유한 알티미터 캐피털의 CEO는 인력의 20%를 줄이고 메타버스 투자를 연 50억 달러 이하로 줄이라는 공개서한을 보내 META의 야망에 대한 불신임을 여과 없이 보여줬습니다. 《월스트리트 저널》은 "호라이즌 월드 이용자는 꾸준히 급감하고 있고, 만들어진 공간 중 50명 이상이 방문한 곳은 전체의 9%에 불과하다"는 기사를 내놓았습니다. 이대로 가다간 20

년 전 세컨드라이프의 결과를 그대로 답습할지도 모릅니다.

2021년에 우리는 마지막 레이어인 콘텐츠를 바라보고 있었지만, 2022년에 들어서는 중간단계인 2단계 디바이스조차 해결하지 못한 수준임을 자각하게 됩니다. 이런 내용을 종합하면 '우리는 가상현실에 뛰어들 준비가 안 되어 있다'라는 결론에 도달합니다.

2000년도에 유사한 사태가 있었습니다. 인터넷 관련 사업의 등장으로 미국 등의 주식시장이 급격히 상승하다가 폭락한 닷컴버블입니다. 당시는 회사 이름에 '닷컴.com'만 붙이면 투자가 속출했습니다. 그 결과 관련 회사가 우후죽순 등장하고, 주가가 폭등했죠. 하지만 얼마 못 가 질 낮은 서비스로 인해 사업 자체에 대한 불신이 커지면서 대부분 파산하기에 이르렀습니다.

닷컴버블이 그래도 역사의 변환점으로 평가받는 이유는 99%가 죽었어도 살아남은 1%가 이후의 세상을 바꾸었기 때문입니다. 지금도 많은 이들이 다양한 시도를 하고 있습니다. 근육 팔찌를 착용해 사용자 동작을 바로 인식하는 기술, VR에서 초음파를 사용해 촉각을 추가하는 방법 등이 연구 중이죠. 다양한 시도가 이루어지고 있고, 그중 살아남은 누군가는 분명 세상을 바꿀 것입니다.

지금은 가상에서 무언가를 하기보다는 현실을 보충하는 것이 더 편합니다. 스마트폰이 아무리 고성능이라도 PC의 성능이 월등합니다. 하지만 편의성이 있기에 스마트폰 시장은 이미 오래전에 PC를 추월했죠. AR은 VR보다 제작이 어렵지만, 언제나 인터넷에 연결되어 있고, 손을 사용한다는 제약을 가진 스마트폰을 넘어 진정으로 IT 기반의 편리함을 제공할 수 있는 물건으로 평가받고 있습니다.

만약 100% 가상을 추구하는 VR을 대중화하려면 편리함 이상의 메리트를 우리에게 보여줘야 할 것입니다. 이것을 해결하려면 6G나 머리에 칩을 심는 뉴럴링크가 나타나야 할지도 모릅니다.

현재 메타버스라고 내놓은 결과물 대부분은 단지 디지털 전환의 한 형태에 불과하고, 지금까지 없던 새로운 경험을 선사하는 것은 아직 보이지 않습니다.

여러분은 지금 사람들이 말하는 메타버스에 실체가 있다고 판단하나요? 만약 그렇다면 그 실체가 무엇이라고 생각하나요?

메타버스 시대의 교육을 준비하며

메타버스가 뜬구름이 아닌 언젠가 다가올 미래라고 한다면 우리는 두 가지 전략을 취할 수 있습니다. 첫째는 메타버스 플랫폼을 구축해 굴지의 빅테크 기업들과 경쟁하는 것이고, 다른 하나는 그들이 구축한 메타버스에 없어서는 안 될 대단한 가치의 IP를 만드는 크리에이터의 길입니다. 여기서는 제 분야인 교육에서의 역할을 다뤄보도록 하겠습니다.

우리나라의 교육기관은 지금 많은 어려움을 겪고 있습니다. 여러 가지 원인이 있지만 가장 큰 이유 중 하나는 인구 감소입니다. 대학의 운영자금 중 학생들의 등록금이 가장 큰 부분을 차지합니다. 우리나라의 정책에 따라 등록금은 동결된 지 오래입니다. 반면 물가는 꾸준히 오릅니다. 여기에 인구 감소까지 겹치니 대학이 버티기 힘든 것입니다. 이 사태를 해결하기 위해 메타버스를 만들겠다고 발표한 대학이 여럿 있습니다. 코로나19의 영향으로 비대면 수업을 할 수밖에 없었던 상황에서 메타버스가 해결책으로 제시된 거죠.

우리나라는 2022년 4월, 엔데믹으로 전환되었습니다. 그리고 시작된 9월 학기에는 대부분의 대학이 비대면에서 대면으로 회귀하는 모습을 보였습니다. 코로나19라는 특수 상황에서 메타버스 수업을 하다가, 풀리자마자 다시 원상 복귀된다면 과연 지속성이 있다고 말할 수 있을까요? 코로나 상황과 관계없이 시행하든가, 한발 양보하더라도 대면과 비대면의 혼용 정도는 되어야 의미가 있지 않을까요?

대학은 지금 거론되는 메타버스의 개념에 어울리는 기관이 아닙니다. 교육 하나만으로 새로운 세상이 될 리가 없지 않겠습니까. 학습은 다소 진중한 면이 필요해 아바타 캐릭터보다는 실물을 그대로 본뜬 디지털 트윈 형태가 적절해 보입니다. 그럼에도 불구하고 아바타 캐릭터로 한 이유는 기술 문제가 아니라 돈 문제입니다.

뒤에서 OTT를 다룰 때 버추얼 휴먼에 대해 자세히 언급할 텐데, 버추얼 휴먼은 시청하는 사람에게 위화감을 느끼지 않도록 하기 위해 어마어마한 기술과 돈을 퍼부은 결과물입니다. 단 하나의 캐릭터에도 많은 돈을 써야 하는데 몇 백, 몇 천 명의 사람을 모두 실사로 구현하는 것은 수지가 맞지 않겠죠. 뿐만 아니라 보안, 버그 픽스 등의 유지에도 많은 재원이 필요합니다. 네이버 제페토나 META의 호라이즌 월드 등 빅테크 기업들이 아바타 캐릭터로 만드는 이유가 다 여기에 있습니다. 학령인구 감소의 타개책으로 메타버스를 만들었는데 등록금을 올릴 수도 없습니다. 투자비용의 회수가 불가능한 구조인 거죠.

무엇보다 대학의 메타버스는 '재미, 재화 창출, 편리함' 어디에도 해당되지 않습니다. 오히려 학생들이 등록금을 내고 고통을 감내하며 미래를 위해 지식을 배우는 곳입니다. 교육을 가상공간에서 진행하면 어떤 장점이 있을까요? 메타버스 체제를 유지하려면 현실에서의 교육보다 가상에서의 교육이 월등한 무언가가 있음을 증명해야 합니다. 이것을 제시하지 못했기에 2022년 9월 학기에 대다수 대학이 대면으로 회귀한 것입니다.

저는 관점의 전환을 제시하고자 합니다. 미래에 메타버스 시대가 정말로 도래하면 플랫폼끼리는 파트너십을 맺지 않는 이상 연결이 안 될 가능성이 큽니다. 네이버 제페토 유저와 META 호라이즌 월드 유저 간에 연락이 안 되는 것과 같죠. 게다가 VR을 착용하고 있으면 현실과 단절되어 소통이 어렵기 때문에 온 가족이 같은 플랫폼에 가입하는 형태가 될 것입니다.

여기에 교육이 추가되면 어떨까요? 우리가 여러 플랫폼 중 하나를 선택하고자 할 때, 한 플랫폼은 대학과 연계되어 있고 다른 플랫폼은 이 서비스가 없다면, 학부모 입장에서는 무조건 대학과 연계된 플랫폼을 고르겠지요. 물론 입학을 보장해주지는 않겠지만, 기회가 있는 것과 없는 것은 엄청난 차이일 테니까요.

노선을 다시 고려해야 합니다. 대학은 빅테크 기업들의 최우선 영입 대상입니다. 세계를 만드는 창조자 신분보다는, 각 기업이 어떻게든 영입해야 하는 Great IP라고 할 수 있죠. 물론 그렇다고 가만히 앉아 기업의 손길을 기다리고만 있어서는 안 됩니다. 다가올 교육 시장의 대격변에 충분한 경쟁력이 있음을 증명해 보여야겠지요.

만약 전 세계 사람들이 홀로렌즈 고글이나 AR글라스를 이용해 자기 방에서 해외 유학을 할 수 있는 세상이 온다면 어떻게 될까요? 디지털 전환과 플랫폼 구조는 승자 독식입니다. 대형 이커머스 Electronic Commerce가 수많은 소매상을 몽땅 흡수했고, 대형 온라인 학원이 동네 학원을 죄다 빨아들였습니다. 우리가 집 주변에서 중학교와 고등학교를 다니고, 국내 대학교에 진학하는 너무나 당연했던 일상이 변화합니다. 우리가 국경을 넘어 전 세계 교육기관을 자유롭게 선택할 수 있는 현실과 마주했을 때 과연 한국의 교육기관을 선택하는 학생이 얼마나 될지 진지하게 고민해야 합니다.

문화는 정체성입니다. 그리고 문화를 다음 세대에게 전달하는 방법이 교육입니다. 따라서 문화 침략보다 교육 침략이 훨씬 무서운 법입니다. 역사를 돌아봐도 세계 교육 시장이 모두 동시에 개방된 적은 단 한 번도 없었습니다. 지금 해결책을 생각하지 않으면 언젠가 우리는 이런 말을 하는 다음 세대를 보게 될지도 모릅니다. "내가 서류상 한국인이긴 한데, 그런 분류가 의미가 있나?"

교육 체계도 변화합니다. 수능, 대학 서열화 등 많은 문제가 오래전부터 지적됐지만 바꾸기 쉽지 않았습니다. 하지만 교육의 디지털 전환이 실현되면 바뀔 수밖에 없습니다. 학생과 학부모는 다른 나라의 교육기관과 비교해 좋은 쪽을 선택할 테니까요.

위기는 동시에 기회입니다. 승자 독식은 우리에게도 해당하는 말입니다. 타국에 우수 학생을 빼앗기는 게 아니라 우리가 글로벌 인재를 모조리 흡수해야 합니다. 그러기 위해서는 질 좋은 교육을 실행하고, 우수 연구진을 위한 지원을 이어가고, 교육을 마친 후 취업이 가능하다는 믿음을 줄 수 있어야 합니다. 우리나라의 문화는 전 세계에 그 가치를 인정받았고, IT 강국임과 동시에 이제는 우주 강국으로도 등극했습니다. 인구수 대비 성과를 따지면 우리나라가 단연 세계 최고입니다. 이 추세가 전방위로 꾸준히 이어지도록 생태계를 조성해야 합니다.

한국의 교육 시장은 계속 줄어들고 있습니다. 어느 순간 박사가 넘쳐난다는 표현이 등장했죠. 공급이 수요를 넘어섰고, 많은 고학력자가 생계를 걱정하고 있습니다. 하지만 디지털 전환의 관점에서 보면 오히려 부족합니다. 세계 교육 시장이 개방되고 전 세계의 학생들이 몰려오면 어떤 일이 벌어질까요? 지구의 한쪽이 낮일 때 다른 쪽은 밤입니다. 그 말은 수업을 24시간 열어야 한다는 걸 의미합니다. 그렇다면 교원은 단순 두 배가 아니라 열 배 이상이 필요합니다. 아무리 기계가 보조한다고 해도, 창의성과 창조성을 기르는 교육에 인공지능의 역할은 한계가 있습니다. 결국, 고등교육을 받은 우수 인력이 필요한 거죠.

수업 방식도 개선해야 합니다. 문법 번역식 교육보다는 토론식으로 많이 바뀔 것이고, 해외 여러 국가 학생이 몽땅 섞였을 때 문화적 차이를 어떻게 고려할 건지, AR 디바이스를 어떻게 수업에 효과적으로 접목시킬 것인지, 수업 인원이 지금의 십 단위가 아닌, 천 단위, 만 단위가 되면 어떻게 소화할 수 있을지, 교육 특화 인공지능을 위한 데이터는 어떻게 모을지 등을 구체적으로 고민할 때가 되었습니다. 법과 IT를 결합한 리걸테크, 농업과 IT를 결합한 애그테크와 같은 융합형 모델 중 가장 크게 성장할 것이 바로 교육과 결합한 에듀테크입니다.

'재미', '재화 창출', '편리함' 다음으로 추구되는 것이 '교육'이라고 생각합니다. 그러나 새로운 세상이라는 광대한 개념이 단지 네 개로만 요약될 리 없습니다. 현실에서 우리가 중요시하는 '무언가'를 가상세계에서도 하나하나 갖춰나가다 보면 어느 순간 진정으로 메타버스라는 용어를 사용할 수 있게 되지 않을까요?

당장은 기술이 부족하기에 현실과 가상의 조화를 추구하는 AR이 대세가 되겠지만 조금씩 가상의 비중이 높아져 마침내 VR이 재조명받는 시대가 오리라고 봅니다. 우리가 현실에서는 미처 이루지 못할 소망을 가상세계에서 해결할 수 있다는 점에서 무궁무진한 가능성이 있습니다. 이 책을 읽는 여러분도 그 한 축을 담당할 수 있기를 바랍니다.

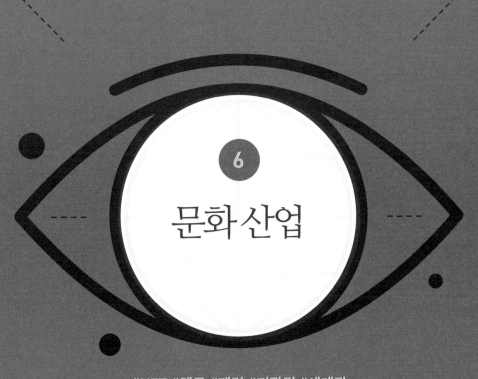

6

문화 산업

#NFT #웹툰 #팬덤 #저작권 #세계관
#유튜브 #커뮤니티 #디지털_전환 #K-POP
#원_소스_멀티_유즈

문화가 돈이 된다고?

지금과는 달리, 예전에는 문화를 돈으로 바꿀 기회를 잡을 수 있는 사람이 한정되어 있었습니다. 10~20년 전 문화를 주도한 이들은 TV에 나오는 연예인들이었습니다. 방송국과 PD는 대중을 선도할 수 있는 인물들을 선별했고, 우리는 거기에 이끌렸죠.

지금은 어떤가요. 활동 중인 크리에이터를 살펴보면 외모는 성공과 큰 상관이 없습니다. 게임을 기가 막히게 잘하든가, 입담이 정말 좋든가, 그림을 잘 그리든가, 음악을 즐길 줄 알든가 하는 '개성 있는 콘텐츠'만 가지고 있다면, 비록 정규 방송에 등장하기는 힘들지 몰라도 자신을 알리고 돈을 벌 수 있는 시대가 되었죠.

우리나라에서는 문화 산업이라는 용어가 1994년 문화산업국이 신설되며 처음 등장했습니다. 이후 2001년 문화콘텐츠진흥원이 설립되면서 '문화콘텐츠산업'이 문화 산업을 통칭하는 대표 용어로 쓰이고 있습니다. 국가가 문화 사업을 장려하고 지원하면서, 인터넷의 발달과 함께 한국 문화가 세계로 뻗어나가기 시작했죠. 특히 최근 명성을 크게 떨친 K-POP과 웹툰, 그리고 그 핵심가치인 IP에 대해 살펴본 후, 마지막으로 최근 블록체인 기술을 활용해 새롭게 등장한 NFT에 대해 알아보도록 하겠습니다.

K-POP

1980년대 우리나라 음악 시장에서는 아티스트가 계약한 방송국에만 출연할 수 있었습니다. 가령 K본부와 계약한 사람은 M본부 방송에는 못 나가는 식이었죠. 이 풍토가 90년대에 조금씩 사라지고 본인 인지도만 있다면 여러 방송국의 출연이 가능해졌습니다. 방송 장소와 일정이 다양해지니 스케줄을 체계적으로 관리할 필요성이 생겼는데, 이때 등장한 것이 우리나라 대표 3대 기획사로 불리는 SM, YG, JYP였죠. 기획사가 등장하면서 연예인의 체계적인 관리와 양성이 시작됩니다.

2000년대에는 글로벌 행보가 시작됩니다. 화려한 스타트를 끊은 보아부터 동방신기, 슈퍼주니어, 빅뱅, 소녀시대, 샤이니, 2ne1까지, 이제 아티스트들은 국내시장에만 머무르지 않았습니다. 국내시장이 1이라면 해외에 진출하면 10배 아니 100배 이상의 수익이 창출되었기 때문입니다. 초반에는 주로 일본에 진출하다가 점점 세계로 영역이 넓어졌고, K-POP이라는 단어도 이때 등장했습니다. 하지만 일부 걸출한 아티스트를 제외하면 문화 산업의 성장은 여전히 정체되어 있었습니다. 당시 수익 구조가 방송 시청률 아니면 음반 판매 정도에 한정되어 있었기 때문입니다.

인터넷의 발전으로 3G가 본격적으로 활성화된 2008년 즈음 디지털 음반 시장이 등장했고, 드디어 문화 산업이 날개를 폅니다. 이제 음반을 카세트테이프나 CD가 아닌 인터넷으로 손쉽게 팔 수 있게 되면서 시장 규모가 급격하게 커졌죠.

그리고 이 무렵 음악계를 뒤흔든 사건이 벌어졌습니다. 2007년 JYP의 원더걸스가 우리나라에서 연이은 히트를 치자, 박진영 대표는 빌보드 차트에 이름을 올릴 가수로 성장시키겠다는 원대한 포부를 밝히며 미국 진출을 발표했습니다. 하지만 넓고 넓은 미국 땅에 정착하는 건 쉽지 않았습니다. 일본과 다르게 당시 동양인 아티스트를 알게 모르게 무시하는 분위기도 있었고, 무엇보다 홍보 기회를 충분히 얻을 수 없었죠. 미국 방송에 나가기도 힘들었고, 설령 방송 기회를 얻어도 일부 주에서만 방송될 뿐이라 다른 주에서는 의미가 없었죠. 그래서, 각 주를 돌아다니는 강행 투어를 시도했지만 결국 실패하고 말았습니다.

그로부터 얼마 지나지 않은 2012년, 싸이의 〈강남스타일〉이 글로벌 대박을 터트립니다. 원더걸스와 어떤 차이가 있었을까요? 당시는 3G에서 4G로 넘어가기 시작하면서, 음성 서비스를 넘어 영상 서비스까지 가능해진 시점이었죠. 이런 흐름에 맞춰 유튜브가 출현했습니다. 유튜브는 2008년 1월 23일 우리나라에서 서비스를 시작했는데, 불과 2년 만에 한국 1위 플랫폼이 되었습니다. 싸이는 〈강남스타일〉의 뮤직비디오를 유튜브에 업로드했는데, 전 세계 사람들이 호응하기 시작했죠. '재미있는 한국 뮤직비디오'라는 입소문이 퍼지고 글로벌 히트로 이어졌습니다. 곡 발표 초반만 해도 싸이는

알아야 보인다

딱히 홍보에 큰 노력을 기울이지 않았습니다. 하지만 모든 힘을 다 쏟은 원더걸스도 해내지 못한 홍보 효과가 플랫폼을 통해 나타난 거죠. 굳이 힘들게 현지에 찾아가는 수고를 하지 않아도 그 이상의 효과를 얻을 수 있다는 사실이 증명된 순간이었습니다. 한동안 승승장구했지만, 후속 곡들이 연달아 부진하면서 싸이 신드롬은 서서히 잦아들게 됩니다.

기획사들은 고민에 빠졌습니다. 디지털 전환과 유튜브 활용이라는 수단은 학습했지만, 결국 아티스트를 알릴 핵심은 예전이나 지금이나 작품의 우수성입니다. 그러나 매번 훌륭한 작품을 지속해서 만드는 것이 쉽지는 않죠. 여기서 HYBE구 빅히트 엔터테인먼트는 다른 관점에서의 접근을 시도합니다.

아티스트를 평가하는 기준이 음악밖에 없다면, 음반이 좋으면 잘 나가더라도 안 좋으면 순식간에 잊히고 맙니다. 아티스트가 흥행하지 못하면 그들을 양성한 소속사도 덩달아 힘들어지죠. 한 번 반짝하는 것을 원 히트 원더One Hit Wonder라고 합니다. 그러나 음악에 세계관을 도입하고 가사에 순차적으로 메시지를 담아 팬들에게 전달하기 시작하자 기존의 구도가 변하기 시작했습니다. 모든 곡이 하나의 흐름으로 연결되어 있기에 중간에 곡을 들은 사람은 드라마를 중간부터 시청한 것과 같아서, 이전 스토리는 무엇이고 다음 스토리는 무엇인지 궁금증이 생깁니다. 그래서 앞뒤 곡을 전부 구매하게 되는 거죠. 음악이 언제나 좋을 수는 없고 다소의 굴곡은 있게 마련입니다. 그 굴곡조차 스토리가 되어 큰 흐름에서의 소통이라는 형태로 나타나면서 팬덤이 형성됩니다.

방탄소년단이 2016년에 발표한 〈Save ME〉부터 2021년에 발표한 〈Permission to Dance〉까지 유튜브 영상의 조회수를 살펴보면, 조회수가 높게 나올 때^{〈작은 것들을 위한 시〉나 〈Dynamaite〉} 도 있고, 상대적으로 조회수가 낮게 나올 때^{〈봄날〉이나 〈Life Goes On〉} 도 있었습니다. 하지만 거시적 관점에서 보면 전체적으로 꾸준한 인기를 누려온 것이 확인되죠.

원더걸스는 좋은 음악을 가지고 있었으나 홍보 수단이 부족했고, 싸이는 좋은 음악과 홍보 수단을 가졌지만 스토리텔링이 부족해 오래 이어지지 못했습니다. 방탄소년단은 앞선 시행착오를 개선해 플랫폼 활동, 꾸준한 팬들과의 소통, 그리고 좋은 음악을 선보이려는 노력을 통해 한국 가수 최초의 빌보드 차트 1위라는 성과를 이루어 냈죠.

유튜브로의 진출은 또 하나의 장점이 있었습니다. 이전에는 국내 가수가 글로벌 진출을 하려면 가사를 영어로 만들어야만 했습니다. 메시지를 전달해야 하는데 상대가 이해하지 못하면 안 되겠죠. 하지만 플랫폼을 통해 자막 등 언어 전달이 간편해지자 발표하는 음원이 한국어를 기본으로 삼는 경우가 늘었고, 전 세계 팬들이 한국어 노래를 듣고 자막을 보면서 한국어 자체에 관심이 높아지는 효과까지 발생했습니다. 문화와 플랫폼이 합쳐져 국위선양까지 이루어진 셈입니다.

방탄소년단이 연이은 대박을 터트리면서 HYBE의 시가총액이 YG, SM, JYP의 합보다도 더 커졌습니다. 성공의 이면에는 이런 평가도 있습니다. '방탄소년단이라는 걸출한 아티스트 덕분에 신생 엔터테인먼트가 크게 성장한 것이다'라든가 '방탄소년단이 언젠가

알아야 보인다

군대에 가면 HYBE의 거품은 빠질 수밖에 없다' 같은 평입니다. 절반은 맞고 절반은 틀렸습니다. 물론 방탄소년단 자체가 훌륭한 아티스트인 것은 분명하지만, 팬들과의 소통을 새로운 모델로 승화시킨 것은 방시혁 대표의 성과라고 볼 수 있습니다.

방시혁 대표는 언제까지나 유튜브에만 의지하는 게 아니라 스스로 홍보 문제를 해결하고자 했습니다. 유튜브가 홍보에 상당히 기여한 것은 분명하지만 IP를 생성하는 엔터테인먼트사의 입장에서는 플랫폼이 가만히 앉아 수수료를 챙겨가는 것에 불만을 가질 수밖에 없습니다. 그게 싫으면 다른 경로로 활동하면 그만이지만, 유튜브가 이미 구축해놓은 방대한 생태계와 글로벌 고객층을 직접 조달하기는 쉽지 않죠. 방시혁 대표는 이를 직접 해결하고자 했고, 결국 위버스라는 플랫폼을 제작했습니다.

아티스트 성공의 원천은 Great IP와 아티스트를 응원하는 팬덤입니다. 방시혁 대표는 방탄소년단과 같은 걸출한 아티스트를 양성하는 동시에 팬과의 소통을 매우 중요하게 여겼습니다. 지금까지의 팬클럽은 열성적인 누군가가 본인의 시간과 돈을 투자해, 팬클럽 카페를 만들고 자발적으로 운영해왔습니다. 방시혁 대표는 여기에 주목해 신곡 발표나 뮤직비디오 홍보를 정규 방송이 아니라 위버스 플랫폼에 먼저 올리고, 아티스트의 각종 굿즈를 판매하는 커머스 기능, 음악 스트리밍 기능, 팬들이 소통하고 활동할 수 있는 채팅방 등의 기반을 마련해주었습니다. 또한, 외국어 번역 기능 등을 추가해서 전 세계의 팬들이 함께 모여 소통하고 즐기는 글로벌 팬덤 생태계를 만들었죠. 이것을 커뮤니티 환경 조성이라고 합니다. 엔터테인먼트에 특화된 플랫폼은 지금껏 존재하지 않았고 유튜브와는 명확히 구별되는 새로운 모델이라고 할 수 있습니다. 앞으로 꾸준히 양성할 실력 좋은 아티스트와 이들을 지지하는 팬들을 한자리에 모은 플랫폼이 바로 위버스인 거죠.

언젠가 방탄소년단의 인기는 줄어들지도 모르지만, HYBE는 새로운 아티스트를 꾸준히 양성하고 위버스를 통해 팬들과 소통하며 계속 성장할 수 있겠지요. 이런 취지 아래 HYBE는 IT 인력을 대거 스카웃하고 "경쟁사는 SM이 아닌 네이버"라는 말을 남겼습니다. HYBE는 더 이상 엔터테인먼트 회사가 아니라 IT 기반 콘텐츠 업체라는 거죠.

방시혁 대표의 말은 업계에 대단히 큰 충격을 안겨주었습니다. 서로 연관이 없어 보이던 엔터테인먼트와 IT를 융합해 원 히트 원더의 고질적 한계를 넘어 기존의 플랫폼 구조를 한 단계 발전시켰다는 평가를 받고 있죠. 그 결과 2020년 미국 경제 매체 《패스트 컴퍼니》가 선정한 50대 혁신 기업에서 스냅, 마이크로소프트, 테슬라에 이어 4위로 선정되는 영광을 누리게 되었습니다.

위버스는 론칭 이후 1년 만에 누적 앱 다운로드 수 1천만을 돌파했고, 가입자 900만여 명을 모으는 실적을 보여 우리를 놀라게 했습니다. 이를 지켜본 다른 엔터테인먼트 회사들도 HYBE를 벤치마킹하여 각자의 방법으로 변화를 추구하기 시작했죠.

하지만 꾸준히 승승장구하던 HYBE도 2022년에 들어 다소 하락세를 보이고 있습니다. 방탄소년단은 2021년 하반기에 휴식기를 갖다가 2022년 6월 컴백한 후, 오랜 그룹 활동으로 개개인이 성장할 수 없었다는 판단 하에 단체 활동의 잠정 중단을 선언했습니다. 방시혁 대표가 놀라운 혁신을 이루긴 했지만 역시 방탄소년단의 존재감을 부정할 수는 없습니다. 잠정 활동 중단과 군 복무 이슈가 겹치자 주가가 하락하기 시작했죠. 그만큼 방탄소년단의 그림자가 크다는 얘기가 되겠고, 이를 어떻게 풀어나갈지는 HYBE의 숙제라고 할 수 있습니다.

경쟁사의 등장 역시 주가 하락에 영향을 끼쳤습니다. NC소프트가 게임 사업으로 다진 내공과 다양한 기술을 활용해 케이팝 엔터테인먼트 플랫폼 '유니버스'를 2021년 초에 오픈한 것입니다. 유니버스는 프라이빗 메시지, FNS 등 소통에 강점을 둔 기능과 자체 제작한 유니버스 오리지널을 중심으로 가파른 성장을 보여왔는데, 1년 만에 글로벌 2,100만 다운로드를 기록했습니다. 한국을 비롯해 미국, 일본, 인도네시아 등 전 세계 233개국에 출시했고 유저의 89%가 해외 이용자라고 합니다. 서로의 영역이 확장되고 충돌하는 빅블러 현상이 여기에서도 벌어지고 있는 것입니다.

음악 시장의 일대기를 통해 앞에서 언급했던 디지털 전환이 나타나고, 서로 다른 영역의 융합이 일어나고, 플랫폼이 출현하는 과정을 볼 수 있었습니다. 그리고 빅블러 현상으로 영역이 확대되다가 서로가 충돌하는 모습도 나타났습니다. 앞으로는 어떤 변화가 일어나리라 생각하나요?

웹툰

제가 어릴 때는 만화^{Cartoon}라는 단어를 주로 사용했습니다. 웹툰은 인터넷을 뜻하는 웹^{Web}과 만화^{Cartoon}의 합성어입니다. 센스 있는 독자분이라면 이것이 디지털 전환임을 눈치챘을 겁니다.

웹툰은 언제 나타났을까요? 정확한 파악은 힘들지만 1998년부터 연재된 〈스노우캣〉이 웹툰의 시초로 많이 거론됩니다. 〈스노우캣〉이 최초의 시도로 여겨지는 이유는 웹에서 연재되었다는 점도 있지만, 전형적인 만화의 구도를 벗어난 모습을 보여줬기 때문입니다. 사각형 틀에 장면 하나하나를 그려 넣는 방법에서 벗어나, 스크롤을 밑으로 내리면서 이야기가 진행되는 새로운 연출법이 등장한 거죠.

당시에는 웹툰 플랫폼이 없었고, 보통 작가가 개인 홈페이지를 만들어 연재했습니다. 2001년 스포츠 신문에도 웹툰이 등장했습니다. 인터넷의 발전으로 신문 판매 실적이 떨어지자 청년층에 어필하려고 웹툰을 넣은 겁니다. 2003년 강풀 작가의 〈순정만화〉가 어마어마한 대박을 터트리며 웹툰의 새로운 가능성이 발견됩니다. '한 이야기=한 화'의 구조로 꾸준히 오래 연재하는 모델도 성공할 수 있다는 것이 확인된 거죠.

2004년부터 2012년까지 다음, 파란, 네이트, 엠파스, 야후코리아 등의 포털사이트들이 경쟁적으로 웹툰을 연재했습니다. 당시 신문과 포털사이트는 고객이 오래 머물러 트래픽을 늘리는 데 중점을 두고 젊은 고객을 유치하기 위해 작가를 고용한 형태였기 때문에 독자는 웹툰 관람 비용을 일체 부담하지 않았습니다.

알아야 보인다

2013년 드디어 유료 웹툰이 등장했습니다. 유료 웹툰을 처음 시도한 레진코믹스는 일주일을 기다리면 무료로 볼 수 있는 미리보기 서비스와 돈을 내고 바로 보는 유료 서비스를 출시했습니다. 한창 재미있을 때 'See you next time'으로 궁금증을 유발하자 고객들은 기꺼이 돈을 지불했죠. 그리고 회사 취지에 맞게 웹툰을 덤으로 끼워 넣은 것이 아니라, 주 콘텐츠로서 작품의 질과 디스플레이도 깔끔하게 조정하는 등 많은 신경을 썼습니다. 그렇게 레진코믹스는 2014년 매출 100억, 2016년에는 400억을 달성하며, 새로운 비즈니스 모델을 정착시켰다는 평가를 받았습니다. 하지만 운영에 있어 몇몇 불공정 계약이 지적됐고, 자극적인 19금 작품의 수가 늘어나는 등의 이유로 인지도가 추락하게 되었죠.

당시 웹툰 플랫폼은 작가 풀을 많이 늘리기 위해 최소 급여를 주고 추가 수익에 대해 돈을 일정 비율로 나누는 방법을 주로 사용했습니다. 문제는 이 수익 모델이 그다지 좋지 않았다는 것입니다. 플랫폼은 각 작가에게 최소 급여를 지불해야 하는 입장이고, 작가가 히트 작품을 만들어야만 서로에게 추가 수익이 발생하는 구조입니다. 하지만 최소 급여를 넘어서는 실력 있는 작가의 비율이 높지 않아 적자가 속출했죠.

작가의 최대 장점은 IP를 꾸준히 생산한다는 점입니다. 하지만 웹툰 하나만으로는 수익이 부족하기에 여러 파생상품을 만들기 시작했습니다. 이를 원 소스 멀티 유즈OSMU : One source Multi use라고 하는데, 대박 터진 웹툰이 있으면 그것으로 드라마도 만들고, 영화도 만들고, 게임도 만들어서 추가 수익을 노리는 형태입니다. 해외의 마블이나 디즈니의 IP는 소설, 게임, 애니메이션 등 여러 가지 형태로 제작되고 있죠. IP가 다양한 형태로 확장되면, 플랫폼 생태계가 강화되고, 광고, 커머스, 금융 등의 서비스가 탄력을 받게 됩니다. 그리고 이제 고객의 클릭 수에만 의존하는 것이 아니라, 매달 꾸준히 일정 금액을 지불하는 구독경제로 전환되기 시작했습니다. 리메이크 판권을 파는 등의 다양한 IP 사업도 펼칠 수 있게 되었죠.

국내시장은 매우 작기에 어느 정도 성장하면 해외 진출로 자연스럽게 이어집니다. 그 결과 한국적 정서가 담긴 웹툰 콘텐츠가 해외에서도 호응을 받으며 다시 한번 도약하게 되었습니다. 지금은 국내 미디어 환경에서 자생적으로 발생하고 성장한 고유의 콘텐츠라는 점에서 차세대 한류를 이끌 창의적 콘텐츠로 주목받고 있죠.

QY리서치에서 조사한 '글로벌 웹툰 시장 전망'에 따르면, 2021년 34억 달러에서 2028년에는 227억 달러로 연평균 성장률이 약 30%에 근접할 것으로 보고 있습니다. 우리나라의 카카오와 네이버, 그리고 일본의 코미코가 글로벌 시장의 절반을 차지하고 있습니다. 이처럼 한국 웹툰은 지금 세계를 주름잡고 있고 앞으로도 그럴 것으로 보입니다. 20년의 변천사를 통해 기대 가치가 높은 부분 유료화를 채택했고, 플랫폼 중심으로 콘텐츠 수급 생태계도 빠르게 갖췄습니다. 과거엔 만화라고 하면 안 좋게 보는 시선도 있었지만, 지금은 인식이 바뀌어 유망 직종 중 하나가 되면서 신규 작가의 유입도 활발합니다. 일련의 과정이 유기적으로 결합한 결과 애니메이션 종주국인 일본조차 뛰어넘었습니다. 하지만 일본의 저력은 결코 무시할 수 없습니다. 그들은 DC, 디즈니, 마블의 IP에 버금가는《드래

곤볼》,《슬램덩크》,《원피스》 등 글로벌 대작 IP를 많이 가지고 있습니다. 우리나라도 〈미생〉, 〈열혈강호〉, 〈유미의 세포들〉, 〈나 혼자만 레벨업〉 등의 히트작이 많지만, 그들과 비교하면 아직 부족하다는 평가입니다. 비즈니스 모델뿐만 아니라 IP 영역까지 석권하는 것이 웹툰계의 숙제입니다.

여러분이 만약 그림을 배운다면 어떻게 배울 것 같나요? 이전에는 화방에 신입이 들어오면 온갖 허드렛일을 전부 떠맡깁니다. 신입이 단순 작업을 1~2년 정도 견디고 화방이 어떻게 돌아가는지 어느 정도 파악하면 그제야 조금씩 어려운 작업을 맡기죠. 3~4년 차가 되어야 본격적인 작업을 맡깁니다.

그러나 오늘날에는 이렇게 할 필요가 없습니다. 그림을 대신 그려주는 인공지능이 등장했기 때문이죠. 네이버의 웹툰 AI의 자동 채색 기능은 스케치에 마우스 터치만 하면 자동으로 영역을 구분한 후 색을 입혀줍니다. 단순 작업을 이제 사람이 아닌 기계가 진행하는 거죠. 지금은 베타버전이기 때문에 완벽한 채색이라 보기는 힘들고 채색 초기 작업에 가깝습니다. 인공지능이 단번에 작가의 요구를 100% 충족시켜주는 경우는 결코 없습니다. 반드시 사후 수정을 통해 자신이 원하는 결과물로 재창조해야만 합니다. 하지만 누구나 할 수 있는 기본 작업을 대신해준다면, 많은 시간과 노력을 절약할 수 있는 건 분명합니다. AI가 내놓은 결과물을 자신의 개성에 따라 수정하고 보완하기만 하면 되는 거죠.

사람마다 자신만의 스타일이 있습니다. 좋게 말하면 그만의 개성이고, 나쁘게 말하면 하나의 틀에서 벗어나지 못하는 거라고 볼 수도 있습니다. 하지만 이런 기능을 통해 지금까지 해보지 않았던 시도도 손쉽게 해볼 수 있습니다. 일련의 경험이 작가에게는 새로운 영감으로 이어지고 성장 기회가 될 수도 있습니다. 지금은 단순 채색만 가능하지만 앞으로 기능이 계속해서 늘어가면, 사람의 역할은 점차 줄어들 것입니다. 훗날엔 만화 작업실이 지금처럼 여럿이 함께하는 것이 아니라 메인작가 한 명과 인공지능만으로 충분한 날이 올 것이 분명합니다.

기본 스케치에 채색을 입히는 것과 달리, 문장을 입력하면 그 문장을 이해하고 그림으로 표현하는 인공지능도 등장했습니다. Open AI의 'Dall-e2'가 유명합니다. 그 밖에 카카오의 '민달리', 엔비디아의 '고갱2', 안라탄의 '노벨AI'등은 모두 텍스트를 그림으로 변환해주는데 그 성능이 정말 놀라울 정도입니다. 2022년 8월 미국에서 열린 '콜로라도 주립 박람회 미술대회'의 디지털 아트 부문에서 게임 기획자인 제이슨 M. 앨런이 AI로 제작한 작품 〈스페이스 오페라 극장Theatre D'opera Spatial〉이 1위에 선정되었습니다. 논란은 제이슨이 제출한 그림이 '미드저니'라는 AI로 제작했다는 사실이 알려지면서 시작됩니다. 해당 미술전 디지털 아트 부문은 창작 과정에서 디지털 기술의 활용을 인정하고 있습니다. 박람회 운영진도 제이슨의 행위에 문제가 없다는 입장을 밝혔죠. 하지만 단 한 번의 붓질도 없이 컴퓨터로만 제작한 그림이 1위에 당선되자 이것을 과연 예술로 인정할 수 있는지에 대해 갑론을박이 이어졌습니다. 예술적 가치와 기술적 가치의 경계가 모호해진 거죠.

그림 AI 기능의 빠른 성장세에 단편적인 그림을 제공하는 일러스트레이터들이 민감하게 반응하고 있습니다. 실제로 국내 한 재능 판매 플랫폼에서 일러스트를 제작해 판매한 이가 실제로는 AI로 제작한 그림을 판매했다는 사실이 알려지기도 했습니다. 하지만 대부분 사후 수정이 필요하며, 스토리와 함께 연속성을 지닌 웹툰에서는 주인공과 주변 인물처럼 고정적으로 출현하는 캐릭터를 인식하지 못하는 등 아직은 활용에 제한이 따른다는 인식이 지배적입니다.

또 다른 활용 사례는 번역 부문입니다. 웹툰이 글로벌 시장에서 판매되려면 그 나라의 언어로 번역되어야 합니다. 이 과정 역시 기계 번역기를 1차로 돌린 다음 2차 사후 수정에 들어가는 MTPE 과정을 거치죠. 웹툰은 특히 시장권 문화에 최적화된 번역이 요구되기에 직역보다는 의역이 선호됩니다. 소위 그림과 딱 일치하는 '말맛'을 넣어줘야 하는 거죠. 말풍선이라는 공간 제약이 있기에 텍스트를 길게 쓸 수도 없습니다. 짧고 간결하게 말의 맛을 어떻게 살릴 수 있는가가 웹툰 번역의 핵심입니다. 종사자는 어학 지식도 중요하지만, 무엇보다 어휘량이 많아야 하고, 문화 지식과 연출력도 좋아야 합니다. 당연히 기계에만 지나치게 의존해서는 안 됩니다. 편리하고 좋은 파트너일 수는 있어도 마지막 한 점을 찍는 것은 결국 사람입니다.

당장 그림을 그릴 줄 모른다고 웹툰 작가의 꿈을 포기할 필요가 없습니다. 어쩌면 이후의 웹툰 작가는 그림 스킬보다는 다양한 경험과 견식, 또는 끼와 유머감각이 훨씬 중요할지도 모릅니다. 가장 중요한 것은 Great IP를 만들어내는 창조적 인물이 되는 것입니다.

IP의 중요성

　문화 산업만큼 IP가 강조되는 분야가 또 있을까요.

　연예인은 문화 산업의 단골 소재입니다. 그들은 그야말로 살아 있는 IP입니다. 2021년 11월 방탄소년단의 미국 공연에서 멤버 뷔는 즉흥적으로 인터뷰를 하는 앵커의 차를 손으로 만지는 퍼포먼스를 보여줬습니다. 그 앵커는 SNS에 "방탄소년단 뷔의 지문이 내 차에 찍혔다"라며 행복함을 감추지 못했고, 해당 글은 조회수와 '좋아요'가 급격히 오르며, "절대 세차하지 마라", "제발 나한테 차를 팔아라", "너무 부럽다" 등의 댓글이 달렸습니다.

　기존 상품에 IP를 추가하는 경우도 있습니다. 2022년 초 중국에서는 KFC 1호점 개점 35주년을 기념해, 세트 메뉴를 구매하면 중국 장난감 제조사 팝마트Popmart의 인기 캐릭터 디무Dimoo 피규어를 랜덤 증정하는 이벤트를 열었습니다. 그러자 매출이 폭발했습니다. 거기다 72분의 1의 확률로 희귀 아이템이 들어가 있다는 소식이 들리자, 사람들이 세트 메뉴를 구매해 피규어만 갖고 음식은 먹지도 않고 버리는 현상까지 벌어졌습니다.

　2022년 초 우리나라에서 포켓몬 빵 띠부띠부씰이 부활했습니다. 코흘리개였던 어린 시절, 돈이 없어 씰을 모으지 못했던 아쉬움을 삼사십 대가 되어 풀어낼 기회를 만난 것입니다. 그래서 백화점 명품런과 비교될 정도의 '편의점 오픈런' 현상이 벌어졌습니다. 편의점에 납품 트럭이 오는 걸 기다렸다가 바로 전부 구매하는 거죠. 그리고 자기가 원하는 씰을 모두 모을 때까지 동네 편의점을 배회합니

알아야 보인다

다. 재미있는 점은 포켓몬 빵을 편의점에서 개당 1,200원에 팔았는데, 거기에 포함된 띠부띠부씰은 중고장터에서 2~4배 가격에 팔렸고, 심지어 희귀 씰은 몇 만 원의 가격에 거래되기도 했다는 사실입니다. 지금은 인기가 다소 시들해졌지만 20년 전의 향수가 얼마나 사람을 자극할 수 있는지 보여주는 좋은 사례입니다.

2022년의 히트작인 드라마 〈이상한 변호사 우영우〉의 제작사 에이스토리는 넷플릭스와 계약할 때 자사가 IP를 보유하기로 했습니다. 그 덕분에 리메이크 요청이 들어온 미국, 프랑스, 터키, 중국, 일본 등의 러브콜에 직접 계약이 가능했으며, 웹툰과 굿즈로의 확장 권한도 손에 쥘 수 있었죠. 만약 IP까지 넘겼다면 모든 부가 수익 사업의 권한이 넷플릭스에게로 넘어갔을 것입니다.

게임에서도 IP를 활용한 원 소스 멀티 유즈의 사례가 여럿 확인됩니다. 크래프톤Krafton은 2021년 10월부터 네이버 웹툰 〈100〉, 〈침묵의 밤〉, 〈리트리츠〉를 선보였습니다. 세 작품 모두 '배틀그라운드' 게임의 세계관을 공유하고 있습니다. 게임과 웹툰이 연계되어 웹툰을 재미있게 본 독자는 게임에 흥미를 갖게 되고, 반대로 게임 유저는 애정을 가지고 웹툰을 보게 되는 거죠.

'리그 오브 레전드'를 제작한 라이엇 게임즈Riot Games도 이런 흐름에 진심을 다하고 있습니다. 'K/DA 팝스타'는 게임 미디어믹스 역사에 한 획을 그었고, 'RISE'는 프로게이머 헌정 영상 원톱으로 꼽힙니다. 특히 6년이라는 긴 제작 기간을 거쳐 넷플릭스에서 방영한 애니메이션 〈아케인Arcane〉은 당시 〈오징어 게임〉의 1위를 빼앗았을 뿐만 아니라 2022년 '최우수 애니메이션상Outstanding Animated Program'을 수상하며 작품성을 입증했죠. 라이엇 게임즈는 이 기세를 몰아 〈아케인〉 시즌 2의 제작에 돌입하고, 작품성 높은 OST와 영상을 꾸준히 제작하는 등 단순 게임이라는 구조를 초월한 커뮤니티 형성에 전력을 다하고 있습니다.

모바일 시대로 접어들면서 게임의 수명이 짧아짐에 따라 업계는 IP를 활용한 콘텐츠 제작에 박차를 가하고 있습니다. 자사의 기존 IP를 강화하고 수명을 늘리는 동시에 다양한 소비자들이 콘텐츠를 통해 게임으로 유입될 수 있는 전략을 세우고 있죠. 2021년 10월 3일 나스닥에는 '영화와 음악 시장을 합친 것보다 더 큰 시장에 투자할 기회This Opportunity for Investors Is Bigger Than Movies and Music Combined'라는 제목의 기사가 실렸습니다. 여기서 말하는 더 큰 시장이 바로 게임 시장으로, 약 2천억 달러 규모로 영화와 음악과 같은 전통적인 엔터테인먼트 산업을 능가한다고 합니다. 액센추어Accenture에서는 글로벌 게임 산업의 가치를 3천억 달러직접매출 2천억 + 간접매출 1천억로 측정했습니다.

문화체육관광부의 2020년 조사에 따르면 국내 콘텐츠 수출액 중 게임이 68.7%를 차지해, 각각 5~8%에 불과한 캐릭터, 음악, 방송 등의 나머지 항목들을 규모 면에서 압도했습니다.

메타버스를 이야기할 때 언급했지만 주 콘텐츠가 무엇이 되는가는 통신기술과 밀접한 관계가 있습니다. 기술이 발전함에 따라 전송 데이터가 늘어나고 이전에 할 수 없었던 일들이 가능해집니다. 지금 추세로 봐서는 5G에서의 주 콘텐츠는 게임이 될 가능성이 높습니다. 따라서 각종 IP가 게임과 연관되는 것은 자연스러운 현상이라고 볼 수 있습니다.

알아야 보인다

웹툰, 웹소설 등 시리즈 콘텐츠와 최신 트렌드를 접목한 밈 콘텐츠, 콜라보레이션 콘텐츠 등이 게임과 융합하고 있습니다. 이는 브랜드 이미지 개선뿐만 아니라 세계관을 효율적으로 확장하고, 기존 사용자의 몰입도를 높이고, 새로운 소비자들을 유입시키는 전략으로, 짧아진 게임 IP 수명에 생명력을 불어넣어 새로운 생태계를 만들어내고 있죠. IP, 정말 대단하지 않나요?

한편 기능과 퀼리티가 나날히 발전함에 따라 AI가 발명가 또는 창작가가 될 수 있는가에 대한 논쟁이 뜨겁습니다. 2022년 10월 우리나라 특허청은 미국의 AI 개발자 스티븐 테일러가 '다부스 DABUS'라는 이름의 AI를 발명가로 표시한 국제특허 출원을 무효 처분했습니다. 한국의 특허법과 관련 판례는 자연인만을 발명가로 인정하고 있으며, 이런 원칙은 모든 나라의 특허법이 동일하게 규정하고 있습니다. 테일러 박사는 다부스가 음식 용기와 램프 등의 발명품을 자체적으로 개발했으며 자신에겐 해당 발명품과 관련한 지식이 전혀 없다고 주장했지만, 특허청은 인공지능이 직접 발명한 것인지를 논하기에 앞서 인공지능을 발명가로 기재한 것 자체가 오류라고 대답했죠. 테일러 박사는 한국을 포함해 16개국에 출원하였으나, 전 세계의 주요 특허청들이 동일한 결론을 냈고, 미국과 영국의 법원들도 이 결론을 지지했습니다. 반면 '최초의 로봇 예술가'로 불리는 휴머노이드 '아이다'가 영국 국회 청문회에 증인으로 등장해 창작가로서의 권리를 인정해달라고 호소한 사건도 있었습니다. 언젠가 인간과 AI의 경계가 모호해지는 세상이 올까요? 만약 그때가 온다면 AI도 발명가나 창작가로 인정될지 모릅니다. 여러분은 어떻게 생각하나요?

앞서 언급한 그림 AI의 데이터 법적 분쟁도 뜨겁습니다. 2022년 10월 17일 국회 국민동의청원 게시판에, 'AI로 그림을 그리는 경우가 많은데, 저작권이 있는 그림을 무단으로 가져다가 AI에 학습시키는 것을 자제시켜달라'는 내용이 올라왔습니다. 작가는 수년의 노력을 거쳐 자신만의 화풍을 만들어가는데 AI가 자신의 그림 몇 장을 가지고 순식간에 화풍을 복제해간다는 거였죠. 이들은 AI가 저작권을 세탁하는 도구로 악용되는 것을 걱정하고 있습니다. 여러 창작가의 작품을 뒤섞어 저작권을 희석시키면 학습에 기여한 창작가들은 아무런 대가를 인정받지 못하기 때문입니다. 실제로 이미지 공유 사이트 게티이미지가 최근 AI 프로그램으로 만든 이미지를 전면 금지한 배경도 여기에 있습니다. 하지만 현재 뾰족한 대응 방법이 없는 상황입니다. '화풍'은 저작권으로 인정되지 않으며 설령 된다고 해도 명확히 구분하기가 쉽지 않습니다. 그리고 자신의 작품을 인터넷에 올렸다는 것은 '타인이 사용해도 된다'라는 창작가의 암묵적인 태도가 있다고 해석될 수도 있기에 구체적인 사례로 판단할 수밖에 없죠. 참고로 2021년 저작권법 개정안 발의에 인공지능 학습과 빅데이터 분석을 위해서 인터넷에 공개되어 있는 저작물을 사용할 때는 저작권자의 이용 허락을 받지 않아도 된다는 내용이 포함되었습니다. 하지만 저작권이 없는 자료만으로는 높은 퀄리티의 결과물을 낼 수 없는 것 역시 사실입니다. 결국, 기술의 발전으로 나타난 새로운 문제는 모두의 관심과 합의로 해결해야 할 듯 보입니다.

알아야 보인다

NFT

요즘 새롭게 떠오른 분야가 바로 '대체 불가능한 토큰NFT'입니다. 간단히 설명하자면, 블록체인 기술로 등록된 디지털 등기권리증으로 복사가 가능한 디지털 세상에서 원본임을 증명해주는 수단입니다.

현실에서 미술품의 위작이나 위조지폐 등은 원본과 분명한 차이가 있기에 구별이 가능합니다. 하지만 디지털 세상에서는 복사 기능을 통해 원본과 100% 똑같은 물건을 마음껏 만들어낼 수 있기에 원본과 복사본의 구별이 별 의미가 없었습니다. 하지만 NFT 기술이 등장하면서 원본의 구별이 가능해졌죠.

어째서 NFT는 대체 불가능하다고 말하는 걸까요? NFT는 원본 파일의 제작자, 소유자, 판매 기록 등의 정보를 전부 블록체인에 저장합니다. 블록체인은 거래 기록을 저장한 데이터베이스로, 데이터를 여러 개로 나누고 분산해 저장합니다. 한 장소에 모든 정보가 보관되어 있으면 그 저장소를 해킹해 정보를 빼갈 수 있습니다. 하지만 작게 나누고 그걸 여러 장소에 흩어버리면 어디에 있는지도 모르는 조각들을 하나하나 찾아 이어 붙여야만 하죠. 이 작업이 사실상 불가능에 가까워, 위조나 변조가 어렵다고 말하는 것입니다.

NFT는 2015년 이더리움 개발자 회의인 데브콘Devcon에서 최초로 공개되었습니다. 당시엔 큰 관심을 받지 못했습니다. 이후 2017년 맷 홀Matt Hall과 존 왓킨슨John Watkinson이 NFT의 가능성을 파악하고 라바랩스Larva Labs를 창업한 후 크립토펑크Cryptopunk 프로젝트를 진행합니다.

크립토펑크는 간략하게 말하자면 24×24픽셀의 초상화 모음입니다. 이것이 특별한 이유는 NFT 이더리움 블록체인에 저장되어 있고 오직 1만 개만 제작한 한정판이라는 점입니다. 처음에는 애들 장난 같은 픽셀을 누가 돈을 지불하고 구매하겠느냐는 목소리가 컸습니다. 하지만 복사가 안 되는 대체 불가능한 희귀품이라는 점에다 NFT 시장을 열었다는 역사적 의미까지 더해져 가격이 천문학적으로 뛰고 경매까지 진행되었죠.

그럼 NFT가 어떤 장단점이 있는지 살펴볼까요.

초창기

이전에는 아티스트가 작품을 판매하려면 회사를 경유해야만 했습니다. 주변 지인들에게 알음알음 판매하는 것이 아니라면, 사람들에게 널리 알리고 정당한 평가를 받을 루트가 없었기 때문입니다. 그래서 회사에 의뢰하여 구매자를 찾고, 회사는 중간에서 수수료를 챙깁니다. 대표적인 것이 갤러리죠. 하지만 NFT가 등장하면서 아티스트가 자신의 물품을 직접 자유롭게 파는 길이 열렸습니다. 자신의 작품을 간단하게 NFT화 할 수 있는 프로그램이 배포되어 누구나 시도할 수 있고, 오픈씨OpenSea, 솔라나트Solanart와 같은 NFT 마켓이 많이 등장했기 때문에 간단한 절차만 밟으면 판매가 가능합니다.

예술 작품은 불법복제 문제로 디지털 시장 활성화가 어려웠습니다. 현실에서의 〈모나리자〉는 천문학적 가치가 있지만, 가상세계에서의 복제본은 거의 가치가 없습니다. 설령 원작과 100% 동일하더라도 말입니다. 그러나 NFT의 출현으로 이 문제가 해결되었습니다.

아티스트는 자신의 작품을 NFT화 하여 진품임을 보장합니다. 작품 구매자는 소유권을 다른 상대에게 재차 판매할 수 있고, 여기서 원작자는 판매가 일어날 때마다 일정 로열티를 받습니다[보통 10%]. 그리고 작품 거래 내역과 작품 보유자 모두 블록체인에 저장되어 확인이 가능합니다. 따라서 창작자는 이제 자신의 디지털 작품이 인터넷에서 복제되어 유포되는 것을 막을 필요가 없고, 오히려 재판매를 권유하는 입장이 되었죠. 마치 게임 시장 초창기에 콘솔 게임 복제 문제가 인터넷 게임으로 전환되며 해결되었던 경우와 비슷하지 않습니까? 그렇다면 NFT는 문화 산업의 디지털 전환 형태가 아닐까요?

문화 산업은 NFT 출현 이후 크게 도약합니다. 카카오는 인기 웹툰 〈나 혼자만 레벨업〉의 마지막 화 명장면을 100개 한정 NFT 작품으로 만들어 팔았습니다. 10초짜리 애니메이션을 개당 80만 원에 판매했는데, 재미있는 점은 굳이 NFT를 구입하지 않아도 카카오페이지 들어가면 언제든지 해당 장면을 볼 수 있다는 것입니다. 하지만 판매 개시 1분 만에 매진되었죠. 100개 한정판이라는 가치와 작품에 대한 팬심이 결합되어 나타난 성과입니다. IP의 힘이 실로 놀랍죠?

나이키의 행보도 주목할 필요가 있습니다. 나이키는 가상패션 전문 NFT 스튜디오 'RTFKT'를 인수했습니다. 머리 스타일이나 고글 이미지를 변형할 수도 있고, 타노스 건틀렛을 끼고 신발을 들어 올릴 수도 있으며, 신고 있는 신발을 본^{Bone} 스타일로 변형할 수도 있습니다. 모두 스마트폰 AR 필터를 통해 볼 수 있죠. NFT 구매자는 AR 필터를 제공받고, 변경한 사진을 인스타그램 등에 올려 친구들과 소통합니다. 게다가 구매자가 요청하면 나이키는 그 제품을 실물로 만들어 배송해주기도 합니다. 요즘 MZ세대의 성향을 잘 파악한 전략이라고 할 수 있습니다. 나이키는 원재료를 사용하지 않는 가상 이미지만으로 현물 이상의 수익을 창출하고 있고, 훗날 메타버스 세상이 오더라도 패션업계에서 꾸준히 인지도를 유지할 수 있을 것이라는 평가를 받고 있습니다.

NFT 분석 사이트인 논펀지블닷컴$^{NonFungible.com}$의 조사 결과에 따르면, NFT는 2020년부터 1년 사이에 엄청나게 성장했다는 것을 알 수 있습니다. 영국의 사전 출판사 콜린스는 2021년 '올해의 단어'로 NFT를 선정했습니다. 이렇듯 본래 상품이 아니었던 것에도 무형의 가치를 더하면 상품이 되는 세상이 왔습니다. 그야말로 가치를 발굴하는 시대입니다.

반면, 단점도 있습니다. 우선 거품이 많이 끼었습니다. 실물이 아닌 JPG 파일 하나가 엄청난 가격에 팔렸다는 사례가 너무 많습니다. 물론 원본이라는 고유가치가 존재하지만 그것 말고는 원본과 복제본이 100% 동일한데 과연 이렇게까지 비싸야 하는지 묻는 사람들이 늘고 있습니다. NFT는 원본임을 보장하는 디지털 인증서일 뿐입니다. 그런데 NFT가 붙었다는 점 하나만으로 가격이 지나치게 오른다는 건 새로운 기술이라는 환상에 취해 원작의 가치를 훨씬 넘어서버린 것일지도 모릅니다. NFT여서 높은 가치가 형성되는 것이 아니라, 원본이 가치가 있을 때 NFT도 가치가 있다는 점을 명심해야 합니다.

2021년 등장한 〈이더락EtherRock〉은 아무 기능도, 예술적 가치도 없는 돌 그림입니다. 하지만 NFT 기술이 접목되어 있죠. 홈페이지의 소개 글을 보면 한정품이고 가진 사람은 강한 자부심을 얻을 수 있다고 소개되어 있습니다. 세계 77억 인구 중 오직 100명만 소유 가능하다고 하니 역시 경매가 진행됐고 매우 비싼 가격에 낙찰됐습니다. 여러분이 그 돌을 구매한다면 얼마를 지불하겠습니까? 우선 속으로 생각해본 후 낙찰 가격을 검색해보기 바랍니다.

두 번째 단점은 완벽한 안전을 보장해주지 않는다는 것입니다. NFT를 보다 정확히 말하면, 원본 IP 저장 주소, 소유자, 거래 내역 세 가지를 정리한 스마트 컨트랙트를 블록체인에 기록하는 행위입니다. 하지만 스마트 컨트랙트 이외의 정보는 블록체인 밖의 외부저장소에 저장되죠. 만약 누군가가 이 외부저장소를 공격하는 데 성공한다면, 그곳의 정보를 빼갈 수 있습니다. 물론 모든 정보를 다 블록체인에 넣을 수도 있지만, 그러면 수지타산이 안 맞기 때문에 작품 보호를 위한 최소한의 정보만 넣는 형태가 된 거죠. 따라서 거래 플랫폼이 내 원본 파일을 안전하게 보호해줄 수 있는지 아닌지를 꼼꼼하게 살피는 것이 대단히 중요합니다.

또 하나의 단점은 창작자의 사실 여부를 알아보기 어렵다는 점입니다. 가령 제가 〈모나리자〉를 NFT화 했다면, 그 NFT 파일에는 원작자가 저라고 표기되어 있을 것입니다. 하지만 실제 〈모나리자〉를 만든 사람은 레오나르도 다 빈치이고 현재 진품의 소유권을 가진 사람은 따로 존재합니다. 이렇게 타 IP를 무단으로 사용하는 행위를 페이크 민팅 Fake minting 이라고 합니다.

2021년 11월 박서보 화백은 자신의 SNS에 그 누구도 자기 작품을 NFT화 해서 상업적인 용도로 사용할 수 없다고 선을 그었습니다. 해외에서도 피카소의 손녀 마리나 씨가 피카소의 작품 1천 점을 NFT로 출시할 거라고 언급했는데, 다른 유족들이 금시초문이라며 거부한 사건이 있었죠.

거래 플랫폼은 소수의 창작자만 플랫폼과 협의해 NFT를 발행할 수 있는 큐레이션 마켓과 누구나 NFT를 발행할 수 있는 오픈마켓으로 분류됩니다. 전자는 입점 시 철저하게 검증하기 때문에 위작 NFT가 유통될 위험이 거의 없습니다. 우리나라의 국내 거래소들은 대부분 큐레이션 마켓입니다. 반면 오픈씨 같은 오픈마켓은 높은 접근성으로 다양한 작품이 거래되는 장점이 있지만, 판매자와 구매자 간의 일대일 거래이기 때문에 페이크 민팅은 구매자 스스로가 확인해야만 합니다. 오픈마켓의 성격 자체가 탈중앙화이고 약관에 '이용자는 NFT와 컬렉션의 진위와 합법성을 확인할 모든 책임을 스스로 진다. 우리는 NFT 계정의 신원, 합법성에 대해 어떠한 보장도 하지 않는다'라고 명시되어 있기 때문에, 설령 판매자에게 속아도 배상받기가 어렵습니다. 페이크 민팅은 엄연한 범죄이니 절대로 해선 안 되고, 자신이 구매할 때도 판매자의 IP가 정당한지 꼭 상대의 거래 내역을 확인해보아야 합니다.

현재 법적 규제가 애매합니다. 지금의 NFT 구매는 저작권 구매가 아닌 소유권의 성격이 강합니다. 예를 들어 손흥민 카드를 상대에게 팔았다면 그 카드의 소유권만 넘긴 것이지, 손흥민 캐릭터를 자유롭게 사용하는 저작권을 넘긴 게 아니듯이 말입니다.

우리나라도 NFT에 대한 매뉴얼을 만들고자 노력하고 있습니다. 저작권과 소유권, 위작 행위, 가상자산에서의 업권법 적용 여부 등이 거론 중입니다. 올바른 매뉴얼도 중요하지만, 우리 역시 올바른 윤리 의식을 가지고 NFT를 바라볼 필요가 있습니다.

이처럼 여러 문제점이 부각되자, 2022년 들어 거래량이 크게 하락했습니다. 재미있는 점은 NFT 미술 시장이 시들하니, 현물 미술 시장에 호황이 찾아왔다는 점입니다. 미술품 공동 구매 플랫폼이 속속 생겨나는 등 거래 장벽이 낮아지며 MZ세대의 재테크 수단으로 새로이 주목받고 있죠. 예술경영지원센터의 〈2021년 한국 미술 시장 결산〉에 따르면 경매, 화랑, 아트페어 등 국내 미술 시장은 9,223억 원 규모로 집계됐으며, 전년 대비 2.8배 늘었다고 합니다. NFT의 거품이 빠진 데다, 유일한 거래 수단인 가상화폐가 불안정하고 가격이 하락하니 안정적인 현물로 복귀한 거죠.

신기술이란 기존의 한계를 넘어서는 과정에서 출현합니다. 막 등장했을 때는 대단히 유용하게 평가되고 높은 기대치가 따르지만, 뒤이어 여러 단점이 지적되는 침체기에 들어섭니다. 그리고 다시 연구를 통해 이를 차츰차츰 개선하는 회복기를 거쳐 안정기를 맞이하게 됩니다. 그러면 이어서 또 새로운 신기술 사이클이 시작되는 거죠.

현재 NFT는 거품 시기를 거쳐 단점이 주목되는 침체기에 이르렀습니다. 지금의 문제점을 어떻게 해결할 것인지, 앞으로의 회복기와 안

정기가 어떤 모습일지 여러분도 고민해보기 바랍니다.

최근의 추세

발 빠른 이들은 침체기에서 회복기로의 개선을 이미 시도하고 있습니다. 단순히 원본 인증을 넘어 특별한 가치를 추구하기 시작했죠. 그 결과물이 커뮤니티 구축입니다.

NFT로 커뮤티니를 구축할 수 있는 이유는 거래 내역이 남기 때문입니다. 이 사람이 정말로 구매했는지, 그리고 구매한 것이 어떤 버전인지 모두 확인 가능합니다. 지금까지는 작품을 팔아도 내 작품을 어떤 컬렉터가 구매했는지도 모르고, 그 컬렉터가 소장한 다른 작품이 뭐가 있는지도 몰랐습니다. 하지만 디지털 세상에서는 간단한 클릭만으로 확인할 수 있으며, 컬렉터끼리도 서로를 확인하고 소통할 수 있습니다. 특정 작가의 작품, 그중에서도 원본/리미티드 에디션을 보유한 컬렉터끼리는 동일한 취미와 가치관을 지녔다는 해석이 가능하죠. 이들이 모여 커뮤니티를 구축하는 겁니다.

특히 음악 시장에 관련 움직임이 보입니다. 지금까지는 소비자가 직접 앨범을 구매하거나 음원을 내려받아 '듣는 권리'만 가졌다면, 음악 NFT는 블록체인 인증서를 통해 특정 음악에 대한 소유권을 주장할 수 있습니다. 팬들은 원하는 음악 NFT에 직접 투자하고, 아티스트는 수익원을 확보할 수 있어 창작자의 권리를 보장받게 됩니다. 아티스트는 자신의 작품을 구매한 이들을 확인하고 그들에게 연락해 감사 인사나 팬 서비스를 제공할 수 있고, 이를 통해 '특별한 커뮤니티'가 생성되기도 합니다.

요식업계에서도 나타나고 있습니다. 뉴욕의 플라이 피시 클럽^{Fly Fish} Club은 오직 회원만 고객으로 받는 프라이빗 다이닝 클럽입니다. 이 식당이 특별한 이유는 회원권 구매가 가상화폐인 이더리움으로 이루어지고, 회원권은 NFT로 발행된다는 점입니다. 최상류층을 타깃으로 삼았고 가격 역시 상상을 초월합니다. 진품 확인 기능이 있기에 회원들은 서로를 존중하며 교류합니다. 더 재미있는 것은 이 레스토랑이 아직 완공되지도 않았다는 사실입니다. 계획만 발표한 상태인데 NFT 기술을 활용하여 크라우드 펀딩과 유사하게 대규모 투자와 회원을 이미 확보한 거죠. 마찬가지로 승마장이나 골프장 등에도 유사한 모델을 적용할 수 있지 않을까요?

스타벅스도 NFT 참여를 선언했습니다. 스타벅스는 이번 코로나19 사태를 겪으며 오프라인 매장의 중요성이 줄어들고 있다고 판단하고 '제3의 공간^{Third Place}' 계획을 발표했습니다.

제1의 공간은 사적 공간, 제2의 공간은 공공장소, 제3의 공간은 외부에서 개인적 시간이나 취미를 보내는 공간입니다. 스타벅스는 각자가 외부에서 바쁜 생활을 보낼 때 커피와 함께 잠시 쉬어가며 새로운 사람과 취미로 엮일 수 있는 디지털 공간을 마련하겠다고 밝혔습니다. 오프라인 매장은 굳이 커피를 사지 않아도 입장이 가능하지만, 제3의 공간에서는 NFT 멤버십을 발행해 이를 구매한 이들에게만 입장을 허락하고 다양한 교류 활동을 할 수 있도록 지원한다는 것입니다. 또한, 리워드 시스템의 발전도 엿보입니다. 고객은 홈페이지에 접속해 다양한 도전 과제를 수행하며 NFT 포인트를 적립할 수 있습니다. NFT 포인트로는 사은품 교환, 한정판 제공, 예술가들과의 협업 제품에 대한 독점 구매권, 바리스타 강좌 수강, 특별 이벤트 초대 등 단순 물질적 보상을 넘어 스타벅스만의 특별한 경험을 누릴 수 있도록 할 계획입니다. NFT 포인트는 고객끼리 거래도 가능하고요.

 NFT를 이력서에 접목시킨 사례도 등장했습니다. 지금까지 정해진 포맷에 한정적인 자료를 기입했던 이력서에서 내가 배운 것, 잘하는 것, 일한 것, 수상 이력, 만들어왔던 것, 후기 댓글 등 증명하기 어려웠던 재능이나 전문성에 블록체인 기술로 크레딧을 부여한 모델입니다. 기업 입장에서는 블록체인 기술에 기반하여 구직자가 자신의 이력서를 어떻게 몇 차례 수정했는지 추적 가능하니 이력 위조를 판별할 수 있고, 기존 포맷보다 폭넓은 정보가 기입되어 있기에 원하는 인재를 발굴해내는 데 용이합니다. 구직자 입장에서는 자신의 NFT 이력서를 여러 기업이 다운받아가면 판매비용이라는 소소한 수익을 얻을 수 있으며, 디지털화된 자료는 자동으로 세계 각국 언어로 번역되기에 해외 기업에 취직할 기회도 노려볼 수 있습니다. 마지막으로 단순 구직을 넘어 자신을 재능을 알리고 투자자를 모집하는 크라우드 펀딩으로의 역할도 수행할 수 있다는 점에서 새로운 가치 창출이라고 볼 수 있죠.

 최근 문화 산업이 주목받는 이유는 여러 아티스트와 크리에이터가 새로운 가치를 만들어내고 있고, 그것이 확장될 무대가 본격적으로 갖춰졌기 때문입니다. 디지털 작품은 특히 무단 복제가 만연했었는데, NFT의 등장으로 창작자의 권리와 수익이 보장되어 재도약의 기회를 얻게 되었죠. 하지만 새로운 키워드에 대한 선망 때문

알아야 보인다

일까 많은 거품이 나타났고, 이제 다시 조금씩 회복하는 중입니다. 결국은 얼마나 질 좋은 IP를 생성할 수 있는가가 관건입니다. 원본을 보장해주든 말든, 가치가 있어야 구매하지 않겠어요?

NFT는 초창기에는 단순 진품 인증 수단이었지만, 지금은 무형의 가치를 추가한 커뮤니티 형성 매개체로 활용되고 있습니다. 하지만 과연 이것뿐일까요? 앞으로 더 색다른 활용도는 없을까요? 어쩌면 곧 현실로 다가올 디지털 세상에서 누가 '창조적' 인물인지 알려주는 것이 NFT의 새로운 역할일지도 모르겠습니다.

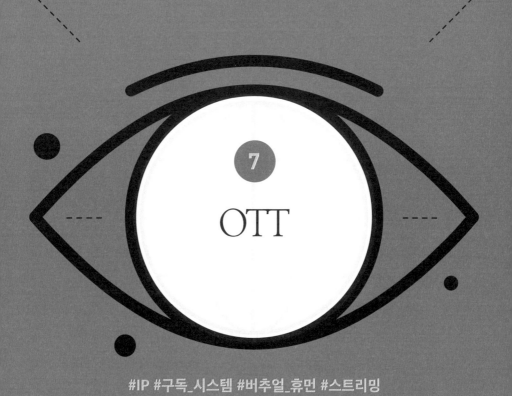

7

OTT

#IP #구독_시스템 #버추얼_휴먼 #스트리밍
#넷플릭스법 #망_사용료

불타오르는 OTT

OTT$^{Over The Top}$는 기존의 통신사와 방송사가 아닌 새로운 사업자가 인터넷으로 드라마나 영화 등 다양한 미디어 콘텐츠를 제공하는 서비스를 말합니다. 정해진 방송 전용망으로 콘텐츠를 전송하는 방송사와 달리, OTT는 불특정 다수의 접근이 가능한 범용 인터넷으로 스마트폰과 태블릿 PC 등 다양한 기기를 통해 원하는 콘텐츠를 즐길 수 있죠. 정규 방송은 채널과 시간이 정해져 있지만, OTT 서비스는 우리가 원하는 콘텐츠를 원할 때 틀어보고 돌려보고 재시청도 가능하니 훨씬 편리합니다. 세계 OTT 시장은 우리에게도 친숙한 넷플릭스가 선두주자로 있습니다.

넷플릭스는 우리나라에서 2017년에서부터 가파르게 성장했는데 특히 2019년에서 2021년까지의 상승세가 남다릅니다. 어떤 일이 있었는지 처음부터 살펴볼까요.

알아야 보인다

흥행부터 대항마 출현까지

OTT 성장의 일등 공신은 코로나19입니다. 우리나라에서 첫 확진
자가 나오기 한 달 전인 2019년 크리스마스에 전국 극장에는 200만
명 이상의 관객이 몰렸습니다. 반면 1년 후인 2020년 크리스마스의
관객은 14만 명에 불과했습니다. 영화뿐만 아니라 뮤지컬, 클래식
공연 등도 마찬가지였죠. 그래서 대응책으로 OTT가 주목받게 됩
니다. 재택근무로 출퇴근 시간이 절약되면서 여유 시간이 생기자 이
참에 못 봤던 영화나 드라마를 정주행하려는 사람들이 늘어났죠.

넷플릭스는 1997년에 리드 헤이스팅스Reed Hastings와 마크 랜돌프Mark
Randolph가 공동으로 설립한 회사입니다. 넷플릭스는 인터넷Net과 영
화를 뜻하는 플릭스Flicks의 합성어로, '인터넷을 통해 영화를 유통
한다'는 의미를 가지고 있습니다. 처음엔 DVD 온라인 대여 및 판매
사이트로 시작했습니다. 저렴한 월정액으로 고객층을 확보해 구독
자의 취향을 분석했죠. 수집한 데이터를 기반으로 알맞은 콘텐츠
추천 시스템을 채용해 미국에서 입지를 조금씩 키워갔습니다. 2012
년 라틴아메리카를 비롯해 유럽 국가들로 서비스를 확대하고 2016
년에는 아시아 시장으로 진출했습니다.

미국은 OTT 문화가 코로나 이전부터 유달리 발전했습니다. 정
규 방송의 시청료가 매우 비싸기 때문입니다. 어지간한 유료 방송
이 우리나라 돈으로 10만 원을 넘습니다. 그런데 한 달 구독비용이
2만 원에서 5만 원 사이인 OTT가 등장하자 이참에 케이블방송을
끊고 OTT로 갈아타는 '코드 커팅Cord Cutting' 현상이 나타났죠.

2020년의 시장조사에 따르면, 아시아-태평양 지역의 가입 비율은 전체 9% 정도이고 나머지는 전부 서양 국가입니다. 그쪽은 이미 어느 정도 뿌리를 내린 거죠. 아시아-태평양 지역이 단 9%라는 것은, 바꿔 말하면 이곳에서의 성장 가능성이 매우 크다는 얘기이기도 합니다. 아시아-태평양 지역의 국가들은 서양보다 방송 요금이 상대적으로 저렴해 미국처럼 돈 문제로 OTT에 가입할 이유는 적습니다. 하지만 IT의 발전으로 TV 시청 시간은 줄고, 휴대폰으로 영상을 보는 이들이 늘어나고 있습니다. 지금도 TV 없는 집이 점점 늘어나고 컴퓨터나 휴대폰만 있어도 큰 불편함 없이 지내는 사람들이 많아지고 있죠. 넷플릭스에게는 이 지역이 최고의 시장으로 여겨지게 됩니다.

넷플릭스는 특히 우리나라를 주목했습니다. 우리나라는 콘텐츠 영향력이 거의 세계 원톱입니다. 롤드컵도 해외 본선보다 국내 예선 수준이 훨씬 높고, 드라마와 영화도 우리나라에서 흥행하면 해외에서도 먹힌다는 인식이 널리 퍼지고 있죠.

특히 원 소스 멀티 유즈로 웹툰의 영상화가 많이 진행되고 있습니다. 알짜배기 시장에서 치열한 경쟁을 거쳐 성공한 작품은 대중의 호응을 받을 수 있는 보증수표가 되었죠. 성공한 웹툰으로 드라마나 영화를 만들면 흥행이 보장되어 있으니 안 할 이유가 없습니다.

이처럼 아무리 좋은 마케팅을 펼쳐도, 아무리 좋은 UI를 만들어도, 결국 보고 싶은 콘텐츠가 없으면 사용자를 끌어올 수 없습니다. 즉, 콘텐츠가 바로 OTT 플랫폼의 경쟁력이기 때문에, Great IP를 만들어낼 저력이 있는 우리나라에 공을 많이 들이는 거죠.

알아야 보인다

〈오징어 게임〉이 공개된 지 4일 만에 22개국에서 1위를 기록하고, 4주 만에 전 세계 1억 4천만 가구 이상이 시청하며 역대 넷플릭스 오리지널 중 최고 흥행작으로 등극했습니다. 영화 〈기생충〉으로 뜨거웠던 한국 콘텐츠 열풍이 2021년에는 신드롬 이상으로 타올랐죠. 그리고 2021년 11월 넷플릭스에서 공개된 연상호 감독의 〈지옥〉 역시 공개 첫날 전 세계 넷플릭스 순위 1위에 올라 〈오징어 게임〉의 바통을 이어받았고, 〈수리남〉, 〈이상한 변호사 우영우〉 등 우리나라 콘텐츠가 꾸준히 강세를 보이고 있습니다.

이 모습을 지켜본 애플TV 플러스, 디즈니 플러스, 아마존 프라임, 원더 미디어, NBC 유니버설 등도 전부 아시아-태평양 지역으로 진출을 시도했습니다. 해외 기업뿐만 아니라 국내 OTT 업체인 티빙, 왓챠, 웨이브, 쿠팡 플레이 등도 참전했고요. 정말 쟁쟁한 기업들이 한순간 몰려들면서 OTT 시장이 과열되기 시작했죠.

IP 확보에 혈안이 되고 오리지널 콘텐츠 제작이 무한 경쟁에 들어서자, 서로 경쟁하듯 유명 작가와 배우를 섭외합니다. 그리고 기존 콘텐츠는 상대가 더 나은 조건을 제시하면 언제든 빼갈 수 있으니 각자 오리지널 콘텐츠를 만들기 시작했습니다. 그 결과 작가와 배우의 몸값이 천정부지로 치솟고, 상대보다 월등한 작품을 만들어야 하니 제작비용도 눈덩이처럼 불어나게 되었죠.

회사 운영에 경고음이 울리기 시작했습니다. 투자비용이 오른 만큼 더 많이 회수해야 하는데 경쟁자가 확 늘어나니 쉽지 않습니다. 서로 힘든데 제작비용만 계속 올라가는 상황인 거죠. 혹시나 조금 저렴하게 만들었다가 상대 플랫폼보다 질이 낮은 작품이 나오면 주도권을 완전히 뺏길까봐 제작비용을 내리지도 못해 진퇴양난의 상황이 펼쳐지고 있습니다.

회사뿐만 아니라 구독자도 지치기 시작했습니다. 독점 시절에는 웬만한 콘텐츠는 전부 넷플릭스에 있어서 하나만 가입하면 충분했죠. 그러나 대항마가 나타나고 각자 오리지널 콘텐츠를 제작하니 여기저기 볼거리가 분산됩니다. 게임 초창기의 콘솔 시장 경쟁과 똑같은 현상이 나타난 거죠. 가령 티빙 가입자가 원하는 콘텐츠가 넷플릭스 오리지널 작품일 경우 추가 가입 외에는 볼 방법이 없습니다. 과거 게임 시장에서는 게임기를 서로 교환하는 방법으로 해결했었는데, OTT는 각자 계정으로 구독하는 스트리밍 서비스이니 서로 맘 편히 교환하기도 힘듭니다. 그렇다고 보고 싶은 걸 보자고 여기저기 전부 가입하면 월 구독료로 나가는 돈이 부담스럽죠.

'콘텐츠 전쟁'으로 불리던 경쟁이 나중에는 '콘텐츠 거품'으로 명칭이 바뀝니다. 투자비용은 계속 올라가고, 덩달아 구독비용도 올라갑니다. 하지만 이미 치킨게임이 시작되어 포기는 곧 시장 퇴출을 의미합니다. 이제는 쩐의 전쟁으로 변질되었습니다. 구독자의 입장에서도 콘텐츠가 여기저기 쪼개져 있으니 오히려 이전보다 볼 작품이 없다는 불만이 나옵니다. 정상적인 시장이 아니게 된 것입니다.

다소 거품이 끼었다 하더라도 투자비용 증가 속도보다 가입자 및 매출 증가 속도가 빠르면 장기적으로는 이득입니다. 하지만 또 변수가 나타났습니다. 코로나19로 과열되었던 시장이 엔데믹으로 전환되자 가입자 수가 감소하기 시작한 것입니다.

알아야 보인다

생존을 위한 몸부림

지금의 어려움을 극복하기 위한 정석은 대박 콘텐츠를 제작하는 것입니다. 하지만 그걸 모르는 것도 아니고, 이미 콘텐츠 제작비에는 거품이 잔뜩 끼어 있는 상황입니다. 그래서 생존을 위한 색다른 시도가 하나둘 나타나기 시작했습니다.

양질의 번역

OTT의 작품들도 웹툰처럼 각 나라의 고객들에게 효과적으로 전달되려면 자막 번역이 중요합니다. MTPE, 기억하고 있죠? 수백 페이지나 되는 영화 시놉시스를 처음부터 사람이 붙잡고 번역하면 힘들고 지칩니다. 1차로 번역기를 돌리고, 다음으로 장면에 알맞게 수정되었는지, 조금 더 적합한 표현은 없는지, 앞뒤 연결은 자연스러운지 등등을 고려해 수정하고 마무리하는 거죠.

넷플릭스는 번역을 대단히 중요하게 여기는 기업입니다. 'Language Reactor'라는 확장 프로그램을 설치하면 넷플릭스 콘텐츠의 자막 다운이 가능합니다. 다운받은 자막 끝에 보면 '번역자'가 표기되어 있습니다. 사람이 충분히 검수를 한다는 표시입니다. 실제로 넷플릭스 콘텐츠에는 자막 관련 클레임이 거의 없다고 합니다.

반면 어떤 업체의 번역은 정말 형편없습니다. 사람이 번역했다면 도저히 나타날 수 없는 오류가 확인되기도 하죠. 번역기를 돌린 결과를 자막에 그대로 입힌 것입니다. 지금은 이런 오류가 잘 보이지 않지만, 이런 사례들이 누적되면 기업 가치가 떨어질 수밖에 없죠.

수익 구조의 변화와 병합

OTT 플랫폼 누적 가입자 수는 2022년에 들어서 마이너스로 전환됩니다. OTT 플랫폼의 수익은 회원 구독료가 가장 큰 부분을 차지하는데 회원 수가 줄어드니 경영에 적신호가 켜졌죠. 회원 구독료로 질 좋은 오리지널 콘텐츠를 만들고, 그것을 시청하려는 신규 회원을 유치하고, 또 질 좋은 오리지널 콘텐츠를 만들어서 성장하는 선순환 구조를 지향하는데, 반대로 회원이 줄어들면 콘텐츠를 만들 자본이 부족해져 오리지널 콘텐츠를 제작하지 못하게 되고, 회원은 볼 게 없다며 떠나는 악순환 구조가 발생하게 됩니다. 이를 해결하고자 수익 구조의 다양화를 선언합니다.

우선 광고를 도입합니다. 2021년까지 광고가 없는 OTT는 넷플릭스와 디즈니 플러스 둘뿐이었습니다. 그러나 2022년 경영이 어려워지자 둘 모두 광고 도입을 선언했죠. 넷플릭스 CEO 리드 헤이스팅스는 2020년에 "우리는 광고 없이 더 나은 비즈니스, 더 가치 있는 비즈니스를 구축할 수 있다는 믿음이 있다"고 말한 바 있는데, 2022년에는 말이 바뀝니다. "소비자들이 저렴한 가격으로 원하는 것을 얻는 대신 광고를 보도록 하는 것은 의미가 있다." 살아남기 위한 자구책을 모색한 거죠. 하지만 광고가 도입되고 말끔한 시청이 방해받자 차라리 유튜브를 보겠다는 불평도 나오고 있습니다.

다음은 콘텐츠를 쪼개서 올리는 방식입니다. 넷플릭스의 경우, 드라마 한 시즌을 1화부터 완결까지 통째로 올리는 것으로 구독자를 만족시켜왔습니다. 하지만 구독자의 만족이 반드시 운영자의 만족으로 이어지지는 않습니다. 구독자가 정주행을 마친 후 만족하여 떠나가면 또 다른 콘텐츠를 제시하지 못하는 한, 붙잡을 수단이 없습니다. 구독자들이 원하는 시리즈가 나오면 가입하고, 다 보면 탈퇴하고, 또 보고 싶은 게 나오면 가입하기를 반복하다 보니 수입이 안정적이지 않았죠. 그래서 시즌 콘텐츠를 나눠서 조금씩 올리는 정책을 세웁니다. 구독자가 다음 화를 기다리는 동안 다른 콘텐츠를 보며 오래 머무르게 한다는 계산입니다. 이 방법은 효과적으로는 보이지만, 구독자의 원성을 자아냈으며 넷플릭스만의 장점을 스스로 희석시킨다는 평판도 따랐습니다. 그러니 정말로 경영에 도움이 되는 것인지는 좀 더 지켜봐야겠죠.

계정 공유 금지 정책도 발표했습니다. 일반적으로 스탠다드는 2명, 프리미엄 회원은 4명까지 공유가 가능한데, 이는 같이 사는 가족을 배려한 시스템입니다. 하지만 실상 가족끼리만 공유하는 게 아니라 친구끼리도 계정과 비번을 공유하는 것이 현실이죠. 이를 OTT는 사실상 묵인하고 있었습니다. 실적이 좋을 때는 괜찮았는데 지금은 경영이 어려워졌으니, 친구 공유가 의심되면 본인인증절차 등을 시행해 막으려는 거죠.

굿즈 판매도 시작했습니다. 온라인 쇼핑몰과 협업해서 인기 콘텐츠의 등장인물이 사용했던 소품, 입은 옷 등을 제작해서 판매하는 거죠. 지금까지는 소상공인이 알음알음으로 제작해서 팔았었는데, 이제는 IP를 보유한 OTT가 직접 제작하고 판매해 추가 수익을 노리는 것입니다.

넷플릭스는 콘텐츠 뉴스 전용 웹사이트 '투둠'도 개설했습니다. 참고로 투둠은 넷플릭스 콘텐츠의 영상이 시작할 때 나오는 그 배경

음입니다. 앞으로 공개할 작품을 선보이기도 하고, '저 배우, 이름이 뭘까?', '저 촬영 장소, 너무 멋있다. 어디지?' 등과 같은 궁금증, 출연진 인터뷰, 촬영과정 소개, 비하인드 스토리 등을 정리해서 소개합니다. 구독자는 빠져든 작품에 대한 뉴스로 궁금증을 풀고 여운을 즐기면서 커뮤니티를 형성하게 되죠.

최근 대세인 게임에도 손을 뻗쳤습니다. OTT는 본래 클라우드를 기반으로 한 스트리밍 서비스입니다. 집에서 PC로 보든, 태블릿으로 보든, 이동하며 휴대폰으로 보든, 언제 어디서나 그 위치에서부터 이어서 볼 수 있다는 것이 장점이죠. 모든 정보는 클라우드에 저장되어 있고, PC, 태블릿, 휴대폰은 단지 출력기기일 뿐입니다.

글로벌 기업은 5G에서의 주요 산업을 게임으로 바라보고 있습니다. OTT 기업들도 각자의 플랫폼을 통해 게임 스트리밍 서비스를 시작했죠. 관련 기술을 이미 보유하고 있었기에 이들이 영상을 넘어 게임 산업에 뛰어드는 것은 자연스러운 흐름이라 볼 수 있습니다.

이런 여러 가지 노력에도 불구하고 여전히 쉽지 않았죠. 그래서 등장한 것이 통합론입니다. 워너미디어와 디스커버리는 2022년 4월 합병계약을 마치고 '워너브라더스 디스커버리'를 출범했습니다. 국내 기업과 손을 잡은 케이스도 있습니다. 파라마운트 플러스는 5월 국내의 티빙과 손을 잡았습니다. 전략적 파트너십의 결과물이 OTT 시장의 새로운 강자로 떠올랐고, 이에 따라 시장 개편이 이뤄질 전망입니다.

알아야 보인다

인공지능과의 융합

OTT 활성화로 새로 떠오른 산업이 바로 인공지능과의 융합입니다. 시각효과기술^{VFX : Visual FX}이라고 하는데 존재할 수 없는 영상이나 촬영 불가능한 장면 또는 실물을 사용하기에는 문제가 있는 장면을 촬영하기 위해 이용되는 기법과 영상물을 의미합니다. CG^{Computer Graphic} 역시 여기에 포함되는 개념으로 볼 수 있습니다. 과거 〈터미네이터〉나 〈트랜스포머〉 시리즈에 나오는 로봇이 VFX의 대표적인 사례입니다. 몇 년 전만 해도 VFX 작업은 배경을 합성하거나 불필요한 것을 지워주는 역할 정도였습니다. 작업 전반에 참여하는 핵심 인력이 아니라, 후반 서포트 인력이었죠.

이 기술이 최근 인공지능과 접목하면서 엄청나게 발전했습니다. VFX가 활용되지 않은 영화나 드라마를 찾는 것이 더 어려워진 지금, VFX 인력에 대한 인식도 180도 바뀌었습니다. 배경이나 사물을 대체하는 정도에서 이제는 배우를 대체하는 수준에까지 이르렀죠. 그래픽으로 배우를 제작하는 것이 훨씬 어려운 이유는 자연스러운 움직임을 표현하는 것이 어렵기 때문입니다. 1998년 등장한 국내 1호 사이버 가수 아담을 아는 분도 있을 겁니다. 첫눈에 어설픈 그래픽이 분명했던 아담은 시대를 앞서갔음에도 불구하고 성공하지 못했죠.

'불쾌한 골짜기'는 1970년 일본의 로봇공학자 모리 마사히로^{森政弘}가 소개한 이론입니다. 우리는 기본적으로 인간과 닮은 대상에게 호감을 느낍니다. 비슷한 정도에 따라 친근하게 느끼는데, 꾸준히 상승하다 어느 순간 급격히 하락하는 구간이 존재합니다. 이것이 불쾌한 골짜기 이론입니다. 아예 사람이 아니든가, 완벽히 사람과 같든가 하면 괜찮지만 어설프게 비슷하면 오히려 비호감이 되는 거죠.

동물의 몸에 사람의 얼굴을 합성한다거나 하면 왠지 모를 불쾌감을 느끼게 됩니다. 자연스럽지 않기 때문이죠. 반면 〈트랜스포머〉의 로봇들은 우리처럼 팔다리가 달려 있지만 명확하게 로봇임을 알 수 있으니 오히려 멋있다는 느낌을 받습니다. 사이버 가수 아담이 탄생할 당시에는 불쾌한 골짜기를 벗어날 기술이 없었습니다. 따라서 시각효과는 인간과 관계없는 배경이나 로봇에만 주로 사용했죠. 하지만 최근 딥러닝을 통해 인공지능이 발전하면서 그 단계를 넘어서는 데 성공합니다.

이제는 어떠한 사전 정보를 제공하지 않는다면 사람인지 버추얼 휴먼인지 구별할 수 없을 정도입니다. 버추얼 휴먼은 이미 가수, 모델, 영화배우, 크리에이터 등의 다양한 영역에 진출해 있습니다. 지금은 디지털 화면으로만 볼 수 있지만, 머지않아 AR 글라스로 우리의 일상에 바싹 다가올 것입니다. 안내데스크나 가게 같은 서비스업에 특히 유용하겠죠. AR 글라스를 끼면 버추얼 휴먼이 다가와 안내해주고, 라이브 커머스에서 상품을 판매할 것입니다. 뉴스 앵커나 대변인 같은 전문직에도 활용할 수 있겠죠. 어쩌면 내 이상형과 100% 일치하는 연인이 버추얼 휴먼으로 구현될지도 모릅니다.

버추얼 휴먼 그룹을 전문적으로 관리하는 엔터테인먼트 기획사도 등장했습니다. 콘셉트에 맞는 그룹을 다양하게 만들고 연예 활동과 팬과의 소통을 체계적으로 관리하는 역할을 하죠. 게임과 메타버스 영역에서도 이 기술이 활용될 수 있다는 기대감이 큽니다. 길가에 서 있는 NPC^Non-Player Character가 정해진 대사만 하는 것이 아니라, 그날의 뉴스나 연예 소식 등 일상의 대화를 자유롭게 나눌 수 있는 존재가 되는 겁니다. 비록 지금은 일부 업무에만 특화되어 있지만, 미래에는 이런 세상이 올 것이고 엄청난 몰입도를 선사할 것입니다.

우리 요구에 100% 부합하는 인물을 창조해낼 수 있다는 것이 버추얼 휴먼의 최대 장점입니다. 영화감독이 작품에 딱 맞는 배우를 캐스팅하기 위해 수천 명이나 면접을 봤다는 이야기가 예전엔 정말 많았습니다. 또한, 최근 화제작 〈이상한 변호사 우영우〉의 문지원 작가와 유인식 감독은 박은빈 배우가 아니면 안 된다는 마음으로 〈연모〉 촬영 스케줄이 끝날 때까지 1년 가까이 그녀를 기다렸고, 결국 박은빈 배우가 출연해 훌륭한 연기를 선보였죠. 하지만 이제는 작품에 부합하는 인물을 찾는 것이 아니라 만들게 될지도 모릅니다.

소재도 다양해지고, 투자비용도 커지고, 현실에 존재하지 않는 비주얼에 대한 수요도 급격히 늘어났습니다. VFX가 단순 보조에서, 지금은 콘텐츠의 기획, 개발 단계에서부터 참가하는 주도적인 역할로 전환되고 있습니다. 감독과 콘텐츠 제작자가 작품 초기 단계부터 전문 컨설팅을 원하고, 시각효과 분야 종사자들의 결정에 따라 콘텐츠 제작의 방향성이 결정된다고 해도 과언이 아닙니다.

우리가 가상의 인물인 캡틴 아메리카나 스파이더맨을 좋아하는 것도 평범했던 그들이 어떤 계기로 인해 슈퍼히어로가 되어 사람들을 구하는 스토리를 본인에게 투영하길 원하기 때문입니다. 거기서 내적 친밀감이 생기고, 인격을 부여받은 가상 인물은 우리의 정신

속에 존재하게 됩니다. 만약 여기서 한 발짝 더 나아가 가상의 히어로와 꾸준한 소통이 가능하다면 어떨까요? 스파이더맨과 영상통화를 하고 둘만의 서사가 생기면 더욱 빠져들 수밖에 없습니다. 이렇게 커뮤니티가 형성됩니다. 지금까지의 스파이더맨은 영화가 끝나고 관객이 굿즈나 사면 끝이었습니다. 하지만 인공지능 스파이더맨은 나에게 주도적으로 연락하고, 내 고민을 들어주고, 공감해줍니다. 스파이더맨은 나에게만 전화하는 게 아니라 전 세계의 수억 명에게 동시에 전화해 팬덤을 유지하고 커뮤니티를 형성하는 겁니다. 흥미롭지 않나요? 이러니 수많은 회사가 눈에 불을 켜고 이 분야에 몰두하고 있는 거죠.

반면 부정적인 측면도 있습니다. 실제와 구분하기 어려울 정도로 정교한 가짜 영상과 음성을 만들어내다 보니, 성인물이나 가짜뉴스 등에 악용되는 경우가 우려됩니다. 그래서 전문가들은 악용을 모니터링하는 사회적 감시망, 강력한 법적 규제, 탐지기술의 고도화 등을 강조합니다. **가장 중요한 것은 이를 활용하는 우리 모두의 윤리적 태도가 아닐까 싶습니다.**

법적 분쟁 요소

OTT 산업이 빠르게 성장하면서 새로운 문제가 나타나기도 했습니다. 어떤 문제가 있고 어떻게 해결해야 할지 함께 고민해보면 좋겠습니다.

계정 공유

　OTT 플랫폼의 숫자가 늘어나고 콘텐츠가 쪼개지자 계정 공유의 움직임이 나타났습니다. 하지만 개인정보 때문에 타인과의 공유는 아무래도 꺼려지고 가족끼리만 사용하는 경우가 많죠. 여기서 타인과의 공유를 전문적으로 중개하는 서비스가 등장했습니다.

　구독자 입장에서는 일반 구독료 비용으로 플랫폼 3~4개를 이용할 수 있으니 다양한 콘텐츠를 볼 수 있습니다. 문제는 이것이 약관 위반이라는 점입니다. 티빙과 웨이브, 넷플릭스의 약관에는 가족, 지인 외의 타인과 계정을 공유하거나 재판매하는 행위를 금지하는 내용이 담겨 있습니다. 각 기업들은 아직 강력하게 대응하고 있지는 않습니다. 계정이 늘진 않지만, 구독료는 들어오고 이용자 풀이 넓어지는 효과도 있으니까요. 혹시나 강하게 제재하면 구독자 이탈이 일어날지도 모르고요. 그러나 만약 이 문제가 심각해질 경우, 서비스 중단이나 이용 제재 등에 머무르지 않고 민사적으로 위약금 등의 금전적인 배상 책임을 져야 할 소지가 발생할 수도 있습니다.

　게다가 아무리 중개업체가 절차를 마련한다고 해도 문제는 발생하게 마련입니다. 공유하는 계정이 네이버, 카카오, 구글, 페이스북 등 SNS에 연동된 계정인지 확인해보아야 합니다. 만약 연동 계정일 경우, 개인정보가 유출될 가능성이 있고, 다른 사이트에서도 일반적으로 사용하는 아이디와 비밀번호를 공유하는 행위는 대단히 위험합니다.

쪼개 팔기

 계정 공유가 순한 맛이라면 플랫폼의 심기를 크게 건드린 매운맛도 있습니다. 2022년 5월에 등장한 페이센스는 넷플릭스, 웨이브, 티빙, 왓챠, 디즈니 플러스, 라프텔의 하루 이용권을 400~600원 가격에 판매했습니다. 업체가 직접 4인 이용 계정을 확보한 뒤 이를 쪼개서 되파는 방식이었죠. 하루를 더 쪼갠 n시간 대여도 있었습니다. 이용자는 돈을 지불하고 보고 싶었던 드라마를 1화부터 완결까지 재빨리 정주행한 후 손을 터는 식입니다.

 구독자 입장에서는 정말 편리한 서비스입니다. 일단 페이센스가 계정을 확보하고 제공하는 것이기 때문에 개인정보 유출에 대한 불안이 없습니다. 또한 경제적입니다. 물론 하루 치 가격을 계산하면 정식 구독이 훨씬 저렴하지만, 매일 OTT를 이용하는 사람은 거의 없습니다. 구독료를 꼬박꼬박 내고도 한 달에 드라마나 영화 두세 편 볼까 말까 한 라이트 구독자가 매일 부지런히 서비스를 이용하는 헤비 구독자로부터 발생하는 손해를 떠받치는 구조입니다. 예를 들면 뷔페 식당에 씨름선수가 몇 명쯤 와도, 우리 같은 일반인은 본전을 뽑지 못하기 때문에 이윤이 남는 것과 같습니다.

 OTT 플랫폼은 매우 강하게 반발했습니다. 영화나 드라마를 제 돈 주고 구입하면 적게는 몇 천 원에서 비싼 건 몇 만 원 하는 것을 한 장소에 모아두고 월정액이라는 형태로 무제한 제공하는 것이 구독 서비스입니다. 이렇게 노력으로 구축된 플랫폼을 단건으로 제공하는 건 비즈니스 모델 자체를 망가뜨리는 행위로 계정 공유와는 차원이 다른 문제입니다. 여러 OTT가 수익 다각화로 어떻게든 구독자 이탈 방지와 신규 유입을 위해 노력하는 반면, 페이센스는 이탈을 장려하는 듯한 모델을 선보인 것이니까요. 페이센스의 서비스가 가능한 이유는 단지 계정 확보 후 불특정 다수에게 넘길 뿐, 콘텐츠 확보에 아무런 노력을 기울이지 않기 때문입니다.

플랫폼들의 약관을 보면 대부분 제3자 계정 양도·증여·담보 제공을 금지하는 조항이 있습니다. OTT 기업들은 계정 재판매로 수익화하는 것은 저작권법과 정보통신망법을 위반한 행위로 간주하고 법적 대응을 선언했습니다. 페이센스가 승리할 경우 구독자 입장에서는 잠깐 좋을 수 있겠지만, 작가와 배우의 수입이 줄어 결과적으로는 콘텐츠의 질적 하락으로 이어지게 됩니다. 생태계가 붕괴되는 거죠. 2022년 8월 8일 페이센스는 웨이브·티빙·왓챠에 재발방지 약속을 담은 확약서를 제출하고 관련 서비스를 중단했으며, 9월 넷플릭스와 디즈니 플러스 서비스도 중단하면서 1일권 사업 모델을 사실상 폐기하게 됩니다. 페이센스는 향후 OTT를 포함한 음원, 게임, 웹툰, 웹소설 등 다양한 분야에서 제휴 방식을 통해 디지털 콘텐츠를 제공하겠다고 밝혔습니다.

망 사용료

계정 공유와 쪼개 팔기가 소비자 시장에서 나타난 문제라면, 망 사용료 분쟁은 플랫폼과 통신사 사이에 발생한 문제입니다.

우리가 소위 인터넷이라고 부르는 것은 세계에 깔린 컴퓨터 통신망을 말합니다. 통신망은 해저 케이블을 통해 물리적으로 연결되어 있으며, 지금 이 순간에도 새로운 케이블 신설로 조금씩 늘려가고 있습니다. 망 사용료를 이해하기 위해서는 ISP Internet Service Provider, 인터넷 서비스 제공자와 CP Contents Provider, 콘텐츠 제공자를 이해해야 합니다. 전자는 우리나라의 KT, SK, LG U+가 해당되며, CP는 구글, 트위치, 넷플릭스, 크리에이터 등입니다. 우리 같은 일반인이 인터넷을 사용하기 위해서는 ISP를 통해야 합니다. CP 또한 마찬가지죠.

우리는 국내 콘텐츠만 이용하지 않습니다. 해외 뉴스도 보고, 넷플릭스의 OTT 서비스도 사용하고, 유튜브를 통해 해외 크리에이터의 방송도 보고 온라인 게임도 합니다. 가령 미국 데이터를 가져오기 위해서는 미국 CP에서 미국 ISP로, 미국 ISP에서 한국 ISP로, 마지막으로 한국 ISP에서 우리 개인에게 도착합니다. 반대의 경우도 마찬가지입니다. 이렇게 국내 CP는 국내 ISP에게, 미국 CP는 미국 ISP에게 망 사용료를 지불합니다.

그런데 위 과정에서 누락된 부분이 있습니다. 바로 미국 ISP에서 한국 ISP로 이동하는 과정의 비용입니다. 지금까지 미국 CP는 이를 지불하지 않고 있었습니다. 이들의 파급력이 크다 보니 한국에서 서비스를 시작하면 국내 ISP의 이득도 증가했기 때문에 사실상 묵인해왔던 거죠.

초창기에는 큰 문제가 없었습니다. 콘텐츠 자체 데이터도 적었고 해외 데이터 요구량 자체도 많지 않았습니다. 하지만 최근 상황이 달라졌습니다. 콘텐츠 규모도 커졌고 이용자 역시 기하급수적으로 늘어났죠. 또한, 사업 구조의 변화도 하나의 이유입니다. 과거에는 ISP의 규모가 압도적으로 컸고, CP는 영세에 불과했습니다. 이제는 Great IP의 가치가 그야말로 하늘을 뚫을 기세입니다. 반면, ISP의 단순 통신망 제공으로는 더 이상 새로운 가치를 창출할 수 없죠. 이를 덤 파이프 Dumb Pipe 현상이라고 합니다. 서로의 위치가 역전된 거죠.

왕래하는 데이터가 늘어가자 원활한 서비스 제공을 위해 국내 ISP는 추가로 통신망을 설치해야 했습니다. 반면 미국 CP는 다각화된 콘텐츠 사업으로 꾸준히 수익을 취하며 지금까지의 균형에 균열이 발생했습니다. 시간이 지나자 과도한 트래픽을 유발하는 미국 CP가 한국 통신망에 무임승차한다는 논란이 벌어졌고, 국내 ISP의 부담이 커졌으니 미국 CP가 일정 부분을 부담해달라고 요청하기에 이르렀죠.

미국 CP는 이를 완강히 거부했습니다. 그들은 ISP에 대한 접속료를 이미 자국에 지불했고, 국가 간 상호 접속료 지불 의무는 없다고 주장합니다. 또한, 넷플릭스는 2016년 한국 시장에 진출하면서 한국 근처 일본,홍콩에 트래픽 문제를 해결할 수 있는 캐시 서버를 설치했는데, 한국 ISP에게 이를 무료로 사용할 수 있도록 해줄 테니 앞으로 망 사용료를 요구하지 말아달라고 주장합니다. KT와 LG U+는 받아들였지만, SK는 거절했습니다. 앞으로 더 고용량 데이터 콘텐츠들이 늘어날 텐데 이 제안을 받아들이면 눈덩이가 크게 굴러갈 것으로 판단한 거죠.

결국 법정까지 갔습니다. 법원은 "신용카드사가 소비자에게서 연회비를 받는 동시에 가맹점에서도 수수료를 받듯이 넷플릭스도 망 사용료를 낼 의무가 있다"라는 판결을 내려 SK의 손을 들어주었습니다. 다만 얼마를 내라고는 명시하지 않았습니다. 이는 당사자끼리 해결할 문제라는 거죠. 넷플릭스는 인정할 수 없다며 항소했고요.

법정 다툼이 커지자 우리나라 국회가 나섰습니다. 판결에 수긍하지 않을 경우, 망 사용료 지급을 강제하는 법을 만들겠다고 경고했죠. 이 과정에서 탄생한 것이 2020년 12월 10일 발의된 '넷플릭스법'입니다. 넷플릭스는 이에 항소했고 분쟁은 지금까지 이어지고 있습니다.

국회가 본격적으로 움직이자 관망하던 트위치와 유튜브도 가세했습니다. 트위치는 2022년 10월 동영상 최고 해상도를 1080p에서 720p로 낮춰버렸습니다. 이때 전 세계 게이머들의 축제인 '리그 오브 레전드 LoL 월드 챔피언십'이 한창이었는데 화질이 낮아져 엄청난 원성을 샀죠. 트위치 측은 "한국에서 고화질 동영상 서비스를 제공하기 위한 비용이 증가할 것으로 보여 새 해결책이 필요하다"라고 해명했죠.

유튜브도 가세했습니다. 2022년 10월 유튜브는 한국에서 사업하기가 점점 어려워진다며 불만을 드러냈습니다. 이대로 가면 한국 시장에 대한 투자를 줄일 수밖에 없고, 그러면 국내 유튜브 크리에이터들의 활동도 지장을 받을 것이라며 공개 서명을 받았고, 10월 20일 기준 약 26만 명이 이에 응답했습니다.

이 논란은 세계의 주목을 받고 있습니다. 미국 CP는 우리나라만이 아닌 전 세계가 사용하고 있습니다. 만약 우리나라가 이런 법안을 만들고 실제 적용하는 선례가 된다면 다른 나라들도 이 흐름에 합류할 것입니다. 이것이 미국 CP가 가장 염려하는 사태입니다. 참고로 전 세계 750여 통신사업자가 참여하는 세계이동통신사업자 연합회 GSMA: Global System for Mobile communications Association 에서도 유사한 결론이

나왔는데, 차이점은 망 이용 대가를 지불하라는 것이 아니라 앞으로의 망 투자비용을 분담해달라는 쪽으로 의견이 모였다는 점입니다.

미국 측은 최대한 방어하려고 합니다. 2022년 5월 20일 한국을 찾아온 미국 바이든 대통령은 한미정상회담에서 자국 기업 보호를 위해 '망 중립성 원칙'을 보장하는 내용을 합의문에 넣자고 제안했죠. 윤석열 대통령이 반대해 결국 '망 중립성 원칙'은 합의문에 실리지 않았습니다.

그리고 이 논쟁은 10월 국정감사에서도 뜨겁게 달아올랐습니다. 《포브스》의 시니어 칼럼니스트이자 통신 전문가인 로슬린 레이튼 교수를 포함한 국내외 여러 전문가가 참여하여 이에 대한 의견을 표출했습니다. 그리고 국회는 기존의 '넷플릭스법'을 개정한 '망 사용료법'의 발의를 논의 중입니다.

이 분쟁은 아직 진행 중입니다. 여러분은 어떻게 생각하나요? 누군가는 이 법이 통과되면 크리에이터와 같은 개인 CP에게도 발생 트래픽만큼의 이용료가 청구되어 앞으로의 창작 활동에 크게 영향이 갈 것이라고 주장합니다. 그리고 누군가는 국내 CP와 비교해 미국 CP의 트래픽이 압도적으로 높은 원인이 넷플릭스와 유튜브와 같은 4G 영상 스트리밍 서비스에 있는 건 분명하며, 이미 ISP와 CP 사이의 균형에 금이 갔는데 앞으로 이를 넘어선 5G 게임 스트리밍, 그리고 6G에서의 메타버스 시대에 돌입하면 전 세계 모든 ISP가 지금의 구조로 버티는 것은 불가능하다고 주장합니다.

누가 잘못한 걸까요? 아니 잘못이란 게 있긴 한 것일까요? 어쩌면 인터넷 초창기에 만들어진 룰이 지금의 변화한 세상을 따라오지 못한 것이 원인일지도 모릅니다. 미국 CP도 나름의 이유가 있고, 국내 ISP도 나름의 이유가 있습니다. 세상이 바뀌었고, 이제 적합한 합의점을 다시 찾을 시기가 온 거죠.

정작 문제는 누가 이기든 결국 그 부담이 우리에게 돌아온다는 점입니다. 미국 CP가 이기면 우리나라 ISP가 부담을 덜기 위해 인터넷 비용을 올릴 것이고, 반대로 우리나라 ISP가 이기고 법안이 통과되면 해외 CP가 망 사용료를 지불해야 하니 그만큼 열악한 서비스를 받거나 아니면 구독비용이 올라갈 것입니다.

한 가지 말씀드리고 싶은 것은 국내 ISP든 해외 CP든 그들의 성공은 정말 작고 작은 개인 구독자와 크리에이터 CP들이 뒷받침하고 있다는 점입니다. 하지만 어느 누구도 이들에게 베푸는 모습은 보이지 않고 갈취하는 모습만 보입니다. 누구는 화질을 떨어뜨리고 있고, 누구는 사업을 철수한다고 하고, 누구는 정책을 변경하면서까지 자신의 이득을 고수하려고 합니다. 정작 그들 모두를 존재하게 만드는 우리들은 도대체 어디 있나요?

플랫폼 시대에서 가장 중요한 전제조건은 충성고객의 확보입니다. 국내 ISP와 해외 CP는 지금 충성고객 확보를 위해 노력하고 있나요? 앞으로 꾸준히 지속 가능한 경영을 목표로 하고 있나요?

알아야 보인다

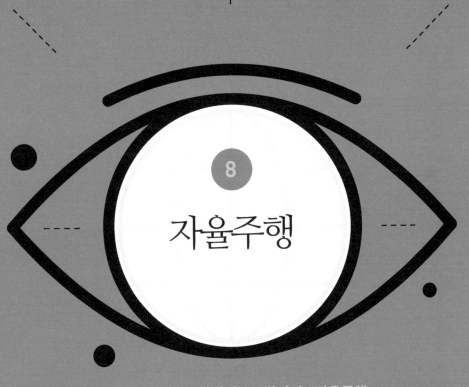

8

자율주행

#GPS #레이더 #라이다 #모빌리티 #자율주행
#자동차_구독경제 #UAM #MaaS

자동차의 역사

모빌리티Mobility를 사전에서 찾아보면 '이동성·유동성'이라고 나옵니다. 간단하게 생각하면, 이동에 관한 도구나 방법이 됩니다. 여기서는 우리에게 가장 익숙한 자동차를 중심으로 살펴보도록 하겠습니다.

자동차에는 여러 동력원이 사용되어 왔습니다. 1705년 토마스 뉴커먼Thomas Newcomen이 개발하고 제임스 와트James Watt의 개량으로 완성된 증기기관은 가축이나 인력이 아닌, 완전히 기계화된 동력을 제공함으로써 생산 효율을 크게 끌어올리는 데 성공합니다. 영국을 시작으로 유럽 각지로 이런 움직임이 확대되는데 이것이 1차 산업혁명이죠. 이 흐름을 이동 수단에 적용해보려고 고민한 결과, 1769년 프랑스의 니콜라 조제프 퀴뇨Nicolas Joseph Cugnot가 바퀴 세 개짜리 자동차 제작에 성공합니다. 당시에는 주로 대포 운반 용도로 쓰였습니다.

시간이 흐르고 석유와 전기를 동력원으로 하는 2차 산업혁명이 일어납니다. 동력원이 증기에서 석유로 바뀌자 자동차 성능도 함께 발전했습니다. 최초의 내연기관 자동차는 1886년 독일 카를 프리드리히 벤츠^{Karl Friedrich Benz}가 제작한 '페이턴트 모터바겐'입니다. 여기서 발전한 회사가 우리에게 익숙한 메르세데스 벤츠입니다. 당시엔 '자동차'라는 단어가 없었고 '휘발유가 발생하는 힘으로 움직이는 탈 것'이라고 표현했다고 합니다.

가솔린 자동차를 사용하다가 1897년에 로너 포르쉐^{Lohner Porsche}가 최초의 전기자동차를 개발했습니다. 하지만 축전지가 무겁고 운전 거리가 짧은 데다 충전도 오래 걸려서 대중화에 실패했습니다. 1936년 컨베이어 벨트 시스템이 등장하고 공장에서 빠르게 대량생산이 이뤄지면서 일반 사람들도 자동차 구매가 가능해졌습니다. 이때가 자동차가 본격적인 이동 수단으로 자리 잡는 시기입니다.

우리나라에서는 1967년 현대자동차가 설립되면서 자동차가 만들어지기 시작했고, 1990년에 등장한 소나타를 기점으로 대중화가 이뤄졌습니다. 2000년에는 배터리와 내연기관을 동시에 가진 하이브리드 자동차가 등장했고, 요즘은 친환경 중시로 인해 전기와 수소가 동력원으로 사용되기도 합니다. 그리고 이제는 자동차가 단순한 이동 수단을 넘어 라이프 스타일 복합 공간으로 진화하고 있습니다.

자율주행 기술

요즘 자동사 산업에서 가장 핫한 기술은 단연 자율주행입니다. 자율주행은 2004년 3월 미국 캘리포니아에서 열린 그랜드 다르파 챌

린지에서 태동했습니다. 이 경기의 참가 조건은 운전자 없이 완주하는 것이었습니다. 240km의 사막을 이동해야 하는데 어떤 차는 출발조차 못 했고, 어떤 차는 시작하자마자 거꾸로 뒤집혔습니다. 첫 시도는 완전한 실패였고 완주한 차는 단 한 대도 없었죠. 1년 후인 2005년에 다시 다르파 경기가 열렸습니다. 작년보다 훨씬 많은 팀이 참가했고 실력도 상승했죠. 스탠퍼드대학의 스탠리Stanley가 6시간 54분 만에 결승선에 도착하면서 본격적인 자율주행의 시대가 열렸습니다.

자율주행은 어떻게 만들어질까요? 첫 번째 다르파 대회에서는 참가 팀 대부분이 로봇공학자로 구성되어 있었고, GPS에 따라 정해진 길을 가는 것에만 집중했었죠. 그랬더니 차가 장애물을 인식하지 못하는 문제가 발생했습니다. 사막 길 앞에 선인장이 있든, 낙타가 지나가든, 큰 돌멩이가 있든 GPS가 인도하는 길을 따라 이동하다 충돌하기 일쑤였습니다. 두 번째 대회에서 우승한 스탠퍼드대학은 지도나 경로 탐색보다는 지형을 인식하는 기능이 훨씬 더 중요하다는 점에 주목했죠. 그래서 하드웨어가 아닌 소프트웨어에 집중했습니다. 그리고 2004년에 참가한 대부분의 팀이 채택했던 규칙 기반 모델 대신 데이터로부터 규칙을 찾아내는 머신러닝 모델을 도입했죠. 사람이 운전하면서 장애물을 위험 요소로 보고 피하는 과정을 수차례 반복하며 데이터를 모으고, 기계가 이를 학습해 스스로 법칙을 찾아내도록 했습니다. 이것이 자율주행의 원리입니다. 인공지능의 원리를 자동차에 접목했기 때문에, 자율주행 차를 단순 기계가 아닌 '이동하는 컴퓨터'라고 말하는 사람도 많습니다.

그렇다면 데이터가 가장 중요하다는 말이 됩니다. 데이터는 어떻게 모을까요? 아무래도 공간을 인식해야 하니, 난이도가 훨씬 높고 필요한 장비도 많습니다.

우선 레이더Radar가 필요합니다. 전쟁 영화를 보면 상대 전투기를 파악하는 장비로 자주 등장하죠. 전자파를 방사해 물체에 맞고 돌아오는 반사파를 통해 사물을 인식하는데, 낮이든 밤이든, 날씨가 좋든 안 좋든 사물을 잘 인식할 수 있다는 장점이 있습니다. 대신 전자파의 파장이 커서 작은 물체는 측정하기 어렵고 전자파가 부딪혔다 돌아올 때까지의 시간 차가 있으며, 부딪히는 과정에서 각도가 휘어지기도 합니다.

레이더를 보조하는 것이 바로 라이다LiDAR입니다. 선루프 위치에서 뱅글뱅글 돌아가는 형태를 하고 있습니다. 레이더는 전자파를 쏘는 반면, 라이다는 레이저를 발사해 반사되는 것을 통해 측정합니다. 라이다는 레이더에 비해 훨씬 정밀하고 입체적으로 파악합니다. 다만 레이저이기 때문에, 비나 안개가 끼면 빛이 휘어 정상 인식이 어렵고, 무엇보다 인식 범위가 30m 정도로 매우 짧습니다.

마지막 보완 장치가 카메라입니다. 카메라는 라이다의 30m를 훨씬 초월한 범위의 측정이 가능합니다. 라이다는 근거리의 장애물 여부를 정밀하게 체크하고 카메라는 먼 장소를 확인해 경로를 지정합니다. 이처럼 각 장비는 서로의 단점을 보완하죠.

여기까지가 자율주행의 기본 원리인데, 당연히 지금은 훨씬 발전했습니다. 테슬라의 CEO 일론 머스크는 연구를 거듭한 결과 라이다를 제외하고 레이더와 카메라만으로 충분히 자율주행이 가능하다고 말했고, 최근에는 레이더도 제외하고 카메라만으로 가능하다고 선언했습니다. 나중에는 카메라조차 제외하고 인공위성의 수신 정보만으로 주행이 가능한 시대가 열릴지도 모르겠습니다.

국토교통부는 2019년 12월 세계 최초로 레벨 3 자율주행 안전기준을 제시했습니다. 자율주행 기술은 레벨 0^{비자동화}에서 레벨 5^{완전 자동화}까지 여섯 단계로 나뉘는데, 레벨 0에서 레벨 2^{부분 자동화}까지는 사람이 직접 운전하고 기계는 보조를 맡습니다. 가령 급브레이크, 차선 변경, 자동 주차, 앞차와의 간격 조절 같은 간단한 작업을 시행하는 거죠. 레벨 3^{조건부 자동화}부터는 기계가 본격적으로 운전을 책임집니다. 우리는 앞을 보고 있을 필요도 없습니다. 책을 봐도 되고 스마트폰으로 게임을 해도 됩니다. 하지만 긴급상황이 발생하면 직접 운전할 필요가 있습니다. 어딘가에서 사람이 튀어나올 위험이 있는 복잡한 주택가나 골목에서는 활용하기 힘들고, 사실상 고속도로에서 사용하는 기능이라고 이해하셔도 무방합니다. 레벨 4^{고도 자동화}와 레벨 5 모두 인간의 조작이 필요 없습니다. 전자는 특정 구간에서만 가능하고, 후자는 어디에서나 가능하다는 차이가 있죠.

자율주행은 지금 반드시 필요한 기술입니다. 현재 우리나라 인구 문제가 정말 심각합니다. 물론 전 세계가 다 그런 추세이지만, 우리나라는 특히 정도가 심합니다. 인구문제는 12장에서 보다 자세히 다루겠습니다.

경찰청에서 제공한 자료^{65세 이상 고령 운전자 면허 소지자 대상 조사}에 따르면, 고령 운전자 교통사고가 2016년 249만에서 2020년 358만으로 크게 증가했다는 걸 알 수 있습니다. 만약 자율주행이 상용화되면 안타까

알아야 보인다

운 사고를 피할 수 있겠지요. 또한, 교통수단을 이용하기 어려운 어린이, 장애인, 영유아 동반자, 임산부도 보다 자유롭게 움직일 수 있게 될 것입니다. 무엇보다 소멸 위험에 처한 지방 교통망을 살릴 수 있는 계기가 될 수 있습니다.

2022년 3월 전북 남원 고속버스터미널이 적자로 폐쇄되고 시외버스터미널로 통합해 운영하는 것으로 결정됐습니다. KTX의 영향도 있긴 하지만, 인구가 빠르게 감소해 이용객이 줄어드니 적자를 막을 수 없었던 거죠. 교통 소외 지역의 대중교통 운행 횟수 감소는 인건비가 큰 부분을 차지합니다. 자율주행이 실현되면 인건비 절약이 가능하니 개선을 시도해볼 수 있겠죠.

우리 정부는 2027년까지 세계에서 가장 먼저 레벨 4를 상용화한다는 원대한 목표를 세웠습니다. **자율주행이 얼마나 중요하고 기대받는 기술인지 느껴질 겁니다.**

빅블러와 비즈니스 모델

요즘 빅테크 기업들은 서비스로서의 모빌리티를 의미하는 MaaS_{Mobility as a Service}를 추구하고 있습니다. 다르파 경기 첫 대회에 참가한 로봇공학자들은 자동차를 포클레인이나 엘리베이터와 같은 하드웨어로 보았습니다. 하지만 두 번째 대회부터는 머신러닝으로 데이터를 학습하고 이를 통해 주행하는 방법을 채용했죠. 즉, 자동차를 하드웨어가 아닌 소프트웨어의 시각으로 바라보았기에 성공한 것입니다. 이제 세계의 모든 기업이 자동차를 소프트웨어의 영역으로 분류합니다. 패러다임의 전환이 일어난 거죠. 언제 어디서든 들고 다니는 스마트폰으로 인해 스트리밍 시간이 확 늘어났는데, 여기에 이동 기능까지 추가된 자동차는 스마트폰 이상의 혁신을 일으킬 것이라는 관측이 나오고 있습니다.

레벨 4 이상의 자율주행이 등장하면 운전자는 탑승자에서 이용자로 역할이 바뀌고 자동차는 '탈것'에서 '개인 공간'으로 변하게 됩니다. 지금까지의 자동차는 성능, 크기, 개성적인 디자인 등이 중시되었습니다. 하지만 이제 MaaS를 제공하는 플랫폼 회사의 서비스 품질, 안정성과 신뢰도가 경쟁 요인이 될 것입니다.

애플은 2022년 6월 'WWDC 2022'에서 차세대 카플레이CarPlay를 소개했습니다. 차 안에 대형 디스플레이를 설치하고 계기판을 아이폰과 같은 사용자 인터페이스UI : User Interface로 바꿀 수 있는 신형 차량을 2023년 하반기에 선보이겠다고 발표했죠. 운전석 앞에 있는 지금의 계기판이 휴대폰 화면으로 바뀌고, 각종 앱, 도서, 영상물, 인터넷 쇼핑, 자동차 전용 콘텐츠 등을 전부 차 안에서 이용할 수 있게 됩니다. 출근할 때 휴대폰으로 자동차를 주차장에서 빼서 현관 앞에 대기시켜 놓을 수 있고, 퇴근할 때는 회사 정문에 대기시킬 수도 있습니다. 이동 도중 음성으로 "이 근처에 맛집 뭐 있어?"라고 물으면 자동차가 검색한 후 그리로 이동하고, 밥 먹고 돌아오는 길에 체했으면 자동차가 알아서 근처 병원으로 찾아가는 생활이 펼쳐지게 되는 겁니다.

자동차를 제작하기 위해서는 반도체, 배터리, 소프트웨어, 플랫폼, 이 네 가지가 요구됩니다. 애플은 소프트웨어와 플랫폼은 이미 보유하고 있고 최근 반도체에도 손을 뻗었습니다. 직접 M1 반도체를 만들었고, 2022년 4월 업그레이드 버전인 M2 반도체를 발표했습니다. 자동차 시장에서의 4개 영역 중 3개를 스스로 하겠다고 선언한 것입니다.

물론 다른 기업들도 가만히 있지는 않았죠. 지금 전기차 세계 1위는 테슬라입니다. 처음부터 자율주행을 목표로 삼았고, 전 세계의 수많은 테슬라 차량이 실시간으로 주행 데이터를 차곡차곡 쌓고 있어 자율주행 기술은 가장 앞서 있다는 평가를 받습니다. 하지만 신생 기업이라 아직 플랫폼 생태계도 없고, 플랫폼과의 연결 수단도 없습니다. 2022년 봄, 테슬라 파이Tesla Pi 스마트폰이 핫이슈로 떠올랐습니다. 테슬라 자동차를 원격 조종하고, 14장에서 이야기할 스타링크와 연동해 다양한 서비스를 제공할 수 있는 기기라고 합니다. 테슬라는 스마트폰 제작에 관한 공식 발표는 아직 하지 않았습니다. 다만 지금의 행보로 봐서는 상당히 신빙성이 있다는 것이 다수의 의견입니다.

서로 다른 회사라고 여겨졌던 두 회사의 행보가 이렇게 비슷해졌습니다. 각자가 영역을 넓히다 보니 그 영역이 겹치고 충돌하게 된 거죠. 빅테크 기업들과는 달리 일반 기업이 모든 걸 스스로 다 하기는 사실 쉽지 않습니다. 하지만 한 명의 강자보다는 상대적으로 약할지라도 여럿이 뭉쳤을 때 더 좋은 결과를 만들 수도 있습니다.

자동차 시장을 세밀하게 살펴보면 많은 분야가 있습니다. 미국 라스베이거스에서 열린 2019 국제 전자제품 박람회에서 현대모비스는 자율주행 차의 인테리어 콘셉트를 공개했습니다. '윈드실드 디스

플레이 기술'을 통해, 수동으로 운전할 때는 투명한 상태로 밖을 확인할 수 있고, 자율주행 모드로 전환하면 디스플레이 화면으로 변한 창으로 영상물을 볼 수 있습니다. 180도 스크린으로 영화를 보거나 게임을 한다면 몰입감이 엄청나겠죠? 지금의 계기판이 디스플레이가 된다면 보기 좋은 스킨을 제작해 판매할 수도 있을 테고, 자동차용 게이밍 의자와 마우스, 안에 열선을 넣어 이동할 때 편안한 숙면을 제공할 수 있는 매트리스도 상품화 할 수 있습니다. 게다가 누워서 조작할 수 있도록 모션 인식을 통한 가상 터치 기술도 개발 중이라고 합니다. 차 안에서 즐거움과 새로운 경험을 누리게 해줄 수 있는 무언가를 찾아내는 것이 떠오르는 시장이 되고 있습니다. 일본에서는 엔터테인먼트 기술을 보유한 소니가 대형 자동차 업체인 혼다와 손을 잡고 이 새로운 시장에 뛰어들 준비를 하고 있습니다. 우리나라도 좋은 성과를 내길 기대해봅니다.

자동차가 스마트폰과 똑같다면 OS 업그레이드도 가능해집니다. 다양한 서비스를 추가해주는 대신 매월 돈을 받는다면 구독경제가 성립하겠죠. 가장 먼저 구독 서비스를 적용한 건 테슬라로, 2021년 7월 독자적인 자율주행 기능Full Self Driving을 월 199달러에 서비스하기 시작했습니다. 차를 팔 때 옵션으로 제공하던 기능을 연 단위 혹은 월 단위로 돈을 내고 구독할 수 있도록 바꾸고 있는 거죠. 당연히 매장을 방문할 필요 없는 무선 업그레이드입니다. 하드웨어가 아닌 소프트웨어이기 때문에 가능한 구조라고 할 수 있죠.

앞에서 게임 스트리밍 서비스의 한계 중 하나로, 무제한 플레이를 보장해봐야 게임할 시간이 없다는 점을 언급했었는데 자율주행 덕에 이동시간을 활용할 수 있게 된다면, 비로소 게임 스트리밍 시장이 본격적으로 활성화될 거라고 기대하는 이들도 많습니다.

반면 단점도 존재합니다. 생태계에 발을 들이면 이탈하기가 쉽지 않습니다. 가령 차가 테슬라이면 타 기업 서비스는 제휴가 되어 있지 않은 이상 이용하기 어렵습니다. 타사 서비스를 위해 새로 차량을 구매하는 것도 비현실적이죠. 차량은 게임 콘솔이나 OTT 계정 같이 손쉽게 교환하거나 공유할 수 있는 물건이 아닙니다.

또 다른 문제는 경제적 부담입니다. 2022년 BMW의 구독 기능에 대한 논란이 있었습니다. 조수석 시트 온열 기능 이외에 열선 핸들, 하이빔 어시스턴트, 드라이빙 어시스턴트 플러스 등이 BMW 홈페이지에 게시되었는데, 이 기능들을 사용하려면 매월 추가 비용을 지불해야 합니다. 지금까지는 고객이 자동차를 한번 구매하면 끝이었습니다. 하지만 소프트웨어로 변환하고 구독경제를 도입하자 회사는 차량 판매 이후에도 지속적인 이윤 창출이 가능해졌죠. 반면 고객 입장에서는 적지 않은 부담이 됩니다. 무엇보다 '차량에 이미 탑재된 기능을 추가로 돈을 지불해야만 사용이 가능하다'라는 발상은 반대로 뒤집으면 '이미 탑재된 기능을 고객이 사용하지 못하게 막았다'로 해석할 수도 있습니다. 논란이 일자 BMW는 이 서비스를 한국에서 철회했습니다. 벤츠의 서비스도 재미있습니다. 뒷바퀴가 본래는 4.5도 회전하는데 구독 비용을 지불하면 10도까지 회전할 수 있게 되어서 주차가 매우 편리하다는 겁니다. 이 역시 차량에는 이미 관련 기능이 탑재되어 있지만 추가 비용을 지불해야만 사용이 가능하도록 되어 있죠.

우리가 휴대폰 앱에서 음악, 게임, 금융 등의 서비스를 이용하는 대가로 추가 비용을 내듯이, 차량에서도 추가 서비스를 이용하기 위해 금액을 지불한다고 생각하면 그럴듯해 보입니다. 반면 주행, 주차, 코너링 등과 직결된 서비스는 '안전'과 이어져 있습니다. '안전'을 돈으로 파는 개념으로 볼 수도 있는 걸까요? 여러분은 자동차 구독경제에 대해 어떻게 생각하나요?

자동차가 하늘을?

최근 날아다니는 자동차가 나온다는 소식 들어보셨나요? 이것을 UAM^{Urban Air Mobility} 이라고 합니다. 비행기는 활주로를 따라 이동하면서 가속도를 붙여 하늘로 솟아오릅니다. 반면 UAM은 도심에서의 활용성을 추구하기 때문에, 활주로 없이 제자리에서 날 수 있어야 하는 것이 조건입니다. 저희는 이미 이러한 기체의 존재를 알고 있습니다. 바로 드론입니다. 큰 드론을 만들어 사람이 타고 이동하는 것이 바로 UAM의 원형이 됩니다. 전 세계 어느 도시나 교통체증은 골칫거리입니다. 이 부담을 덜고자 지하로 이동하는 지하철을 만들었지만, 교통체증은 해결될 기미가 보이지 않습니다. 그러다 이제는 하늘길이 열리는 겁니다. 새로운 도로가 등장하면서 동시에 새로운 시장과 가능성이 펼쳐지는 거죠.

우리나라 정부는 대단히 적극적입니다. 국토교통부가 발표한 내용에 따르면 2025년부터 5년 단위로 단계별 계획을 추진한다고 합니다. 계획표에는 '버티포트'라는 생소한 용어가 나오는데, Airport

와 Heliport의 혼합 용어로 UAM 여러 대가 이착륙이 가능하고, 동시에 충전과 정비도 가능한 시설을 말합니다. 1단계에서는 건설 숫자가 많지는 않습니다. 아무래도 접근성이 좋아야 하니 여의도, 용산, 잠실운동장 등이 후보지로 거론되고 있습니다.

버티포트가 터미널 급이라면 버스정류장 급도 있어야 이용이 용이하겠죠. 정말 재미있는 아이디어가 많이 등장했습니다. GS칼텍스가 주유소 지붕을 이착륙장으로 활용하고 그 아래에 간단한 정비와 충전 시설을 구비하겠다는 아이디어를 내놓았고, 롯데그룹은 롯데마트나 롯데백화점 지붕을 이착륙장으로 활용해 내린 고객이 자연스럽게 자사 서비스를 이용하도록 유도한다는 계획을 세웠습니다. 여러 기업이 혈안인 이유는 버티포트나 이착륙장이 바로 '신역세권'이 될 가능성이 크기 때문입니다. 이제 땅으로 다니는 지하철만 역이 아니고 하늘의 역이 새로 출현하는 거죠. 앞으로 지어질 신도시는 버티포트나 이착륙장 부지를 미리 계획해 건설한다고 합니다.

UAM의 장점은 빠른 속도입니다. 2025년 인천공항~여의도 노선이 유력하게 떠오르고 있는데 20분 안에 도착 가능하다고 합니다. 반면 가격이 약 11만 원 정도로 부담스러운 수준이죠. 아무래도 초창기에는 전문 교육을 받은 조종사가 반드시 있어야 할 테니 인건비가 많이 들어가지만, 2035년에는 조종사 없이 자율비행이 가능하도록 진행하여 일반 택시 수준인 2만 원대로 낮춘다는 계획이 발표되었습니다.

앞서 언급한 자율주행의 발전사를 UAM도 똑같이 밟게 될 것입니다. 언젠가는 1인 1 UAM을 바라보는 시대도 올 것이라고 봅니다. 그때는 카카오T와 같은 UAM 교통 플랫폼도 등장하겠죠.

 도심 상공 수백 미터 위에서 사람과 물자를 수송하는 기술인 만큼 5G 망을 가진 통신 3사, 기존 항공사, 하드웨어 몸체를 만드는 한화와 현대, 버티컬 에어로스페이스 등이 참여를 선언했습니다. 이들이 서로 연합해 어떤 결과물을 만들어낼지 기대가 됩니다. 앞서 언급한 버티포트나 신역세권의 주변 인프라 구축과 관광을 책임질 건설사와 관광사도 빼놓을 수 없겠죠. 현재 부의 상징 중 하나가 요트라면, 앞으로는 호화로운 개인 UAM이 부의 상징이 될 가능성이 큽니다. 마켓츠 앤 마켓츠Markets and Markets의 보고서에 따르면 UAM은 2030년 36조 원의 시장이 될 전망이고 연간 34.3% 성장할 거라고 합니다.

 정말 멋진 MaaS 시장이라고 생각되지 않나요? 곧 상용화가 될 텐데, 여러분도 여기서 어떤 역할을 맡고 싶지 않나요?

선박도 자동화다

 자동차가 하늘을 날았으면 이제 바다의 차례입니다. 바다는 육지보다 상대적으로 접근성이 떨어집니다. 따라서 자율운항 기술은 일반인용 요트가 아닌 상업용 선박에 먼저 적용되고 있습니다.

 국제해사기구가 규정한 자율운항 선박의 등급은 총 4단계로 이루어져 있습니다. 레벨 1과 레벨 2는 사람이 승선하고 기계가 보조하는 형태이고, 레벨 3과 레벨 4가 진정한 자율운항이라고 볼 수 있

알아야 보인다

죠. 자율운항 선박이 상용화되면 연료 효율성이 높아지고, 인건비도 줄일 수 있으며, 지역 방위산업과 해양조사에도 높은 활용도가 예상됩니다.

선박 강국들 사이에서는 이미 본격적인 경쟁에 들어섰습니다. 2021년 11월 노르웨이가 개발한 120TEU급 완전 자율운항 전기 화물선이 첫 시험 운항에 나섰습니다. 하지만 만일의 상황에 대비해 선원이 탑승했기 때문에 완전 자율운항은 아니라는 평가를 받았죠. 섬나라 일본이 이 분야의 강국입니다. 일본 선박 미카게는 2022년 1월 선원이 한 명도 타지 않고 위성항법시스템과 라이다 센서를 이용해 스스로 출항과 운항부터 입항과 항만 접안까지 성공적으로 마쳤습니다. 일본은 이미 레벨 4 기술에 근접했다고 평가받고 있습니다.

우리나라는 경상남도를 무인선박 규제자유특구로 지정하고 있습니다. 많은 실험이 진행 중인데 성공 소식이 꾸준히 들려오고 있죠. 2022년 6월에는 순수 우리 기술로 개발된 대형 선박 '프리즘 커리지'호가 세계 최초로 태평양 횡단에 성공했습니다. 전체 운항 거리 2만 킬로미터 중 절반인 1만 킬로미터는 현대중공업의 자회사 아비커스가 독자 개발한 자율운항 솔루션 '하이나스 2.0'을 활용한 결과, 인공지능이 알아서 날씨와 파도 등을 파악해 배를 운전하며 다른 선박과의 충돌 위험을 100여 차례나 회피했습니다. 프리즘 커리지호는 아직 자율운항 레벨 2의 기술이지만, 앞으로 꾸준한 발전을 기대하고 있습니다.

글로벌 시장조사 기관 리서치 앤 마켓Research and Market에 따르면, 전 세계 자율운항 선박 시장의 규모는 2021년 896억 달러^{약 113조 원}에서 2027년 1,329억 달러^{약 168조 원}까지 성장할 전망이라고 하니, 역시 성장 가능성이 무궁무진한 블루오션이라고 볼 수 있습니다.

여기에는 또 다른 시장도 있습니다. 항만에서의 자동화 부문입니다. 네덜란드의 로테르담 항은 완전 자동화에 성공한 세계적인 스마트 항만으로 꼽힙니다. 아시아 최초로 자동화 항만을 구축한 중국 칭다오 항은 2020년 기준 컨테이너 물동량이 부산항보다 많았습니다.

항구에 가보면 컨테이너를 싣고 나르는 다양한 기체를 볼 수 있습니다. 크게 야드 트랙터^{Yard Tractor}, 야드 샤시^{Yard Chassis}, 야드 크레인^{Yard Crane} 이 세 가지가 있는데, 지금까지는 자격증을 지닌 사람이 직접 운전해서 항구에 컨테이너를 옮겼습니다. 여기에 자율주행을 접목해야 하는데, 야드 크레인은 성공했지만, 나머지는 아직 수동으로 진행하고 있습니다. 나머지도 전부 성공한다면 인력난, 산업재해, 단순 업무 반복 등의 다양한 문제를 해결할 수 있을 테고, 항만을 24시간 가동할 수도 있어 효율을 더욱 끌어올릴 수 있을 것입니다.

우리나라는 무역의존도가 매우 큰 국가입니다. 선박과 항만이 무역의 중요 부분을 담당하는 만큼 서둘러 해결해야 할 숙제 중 하나입니다.

자율주행의 문제 요소

세계는 2024년 이후를 자율주행 상용화 시점으로 잡고 있습니다. 다만, 여러 가지 문제가 존재합니다. 만약 여러분이 친구와 게임하

알아야 보인다

는데 승리 확률이 99%, 패배 확률이 1%라면 어지간하면 시도해보겠죠. 하지만 목숨과 관련된 문제라면 어떨까요? 99% 안전하지만 1%의 확률로 사고가 난다고 하면, 선뜻 구매하기가 쉽지 않을 것입니다. 설령 본인이 구매하지 않는다고 해도 상대 자율주행 차가 여러분을 들이받을지도 모릅니다. 그래서 자율주행은 완벽에 가까워야만 합니다. 세계 1위 테슬라조차도 자율주행 사망사고 기록이 있습니다. 차에서 제공하는 옵션 이름은 완전 자율주행Full Self Driving 이지만 실제로는 아직 레벨 2에서 레벨 3 수준에 불과합니다. 게다가 60km 이하의 속도에서만 그 기능을 쓸 수 있다는 제약도 있죠. 2022년 출시한 벤츠의 자율주행 역시 레벨 3 수준입니다.

2016년 자율주행 최초의 사망사고가 벌어졌습니다. 반대편에서 트레일러가 다가왔는데, 마침 트레일러의 컨테이너 색깔이 파란색이었죠. AI가 그 파란색을 하늘로 인식하고 전방으로 직진하는 바람에 사고가 나 운전자가 사망했습니다. 누구의 책임일까요? 미국 법원의 판결을 주목할 필요가 있습니다. 법원은 자동차 제조사와 개발자 모두 전혀 책임이 없으며, 사망한 운전자의 100% 과실이라고 판단했죠. 근거는 자율주행의 레벨입니다. 사고 차량의 자율주행 레벨은 3으로, 조건부 자동화였습니다. 비록 AI가 운전 일부를 보조하기는 하지만, 돌발사태가 발생하면 사고 위험을 인지하고 통제할 책임은 인간에게 있다는 거였죠. 현재 우리나라에 돌아다니는 자율주행 차의 레벨 역시 2.5~3 수준이기에 사고가 나면, 유사한 결론이 도출될 가능성이 높습니다.

사실 레벨 0에서 5까지의 기준은 전문가의 기준이고, 우리 같은 일반인 입장에서는 단순히 '손 놓고 딴짓해도 되는지 아닌지' 딱 두 가지일 것입니다. 운전하지 않으면서 긴장하고 있기는 대단히 어렵습니다. 게임도 하고 싶고, 유튜브도 보고 싶고, 음악도 듣고 싶고, 채팅도 하고 싶고, 잠도 자려고 하는데 긴급상황이 발생하면 얼른 핸들을 잡고 브레이크를 밟으라니 지나친 요구가 아닐 수 없죠.

우리나라 현대자동차는 2023년 레벨 4 자율주행 차의 출시를 예고했습니다. 레벨 4 고도 자동화와 앞으로 등장할 레벨 5 완전 자동화에서의 사고는 다른 결론이 날 것입니다. 다만 사고가 날 때마다 제조사에게 책임을 묻는다면 창의성 규제로 이어질 테고, 운전자 책임으로 간다면 시장 자체가 형성될 수 없겠죠. 시대 변화와 기술 발전의 과도기에 나타난 사태이기에 법과 제도를 정비할 필요가 있습니다.

심리적 딜레마의 문제도 있습니다. 기술이 해결되어 안전 확률이 99.9999999%라고 한다면, 자율주행 차를 구매할 수 있겠죠. 그럼에도 불구하고 해결해야 할 큰 문제가 남아 있습니다.

광차가 길을 따라 이동하는 중에 문제가 생겨 제어 불능 상태가 되었습니다. 선로에는 5명이 묶여 움직이지 못하는 상황입니다. 다행히 당신은 선로를 변경하는 레버 앞에 있습니다. 선로를 변경하면 5명이 살지만, 반대쪽 선로에 있는 또 다른 1명이 죽게 됩니다. 레버를 당겨야 할까요?

위 문제는 세계적으로 유명한 광차 문제 Trolley Problem 입니다. 여러분은 저 질문에 어떻게 대답하겠습니까? 2018년 MIT 대학은 광차 문제를 자율주행에 적용해 전 세계를 대상으로 설문 조사를 진행했습니다. 4천만 개 이상의 답변을 분석한 결과를 세계적인 학술지 《네이처》에 발표했죠.

논문에서는 광차 문제를 몇 가지 패턴으로 설정했는데 두 개만 소개하겠습니다. '자율주행 차 경로 왼쪽에는 5명이 있고, 오른쪽에는 1명이 있습니다. 전진해야 할까요, 아니면 오른쪽으로 꺾어야 할까요?', '5명이 자율주행 차를 타고 가고 있는데 앞에 5명을 발견했습니다. 그대로 전진할 경우 행인 5명은 사망하지만, 행인을 피하면 탑승자 5명이 사망합니다. 어떻게 해야 할까요?'입니다. 물론 성별, 국가별, 인종별 등 여러 요인에 따라 제시한 대답은 상이했지만, 다수는 '5명보다는 1명을 희생해야 한다'고 말했고, '운전자가 희생하는 것보다는 행인을 희생해야 한다'고 답변했습니다. 이 답변이 어떤 관점에서는 조금 더 합리적이라거나 실리적이라고 말할 수 있을지도 모릅니다. 그러나 마지막으로 '그런 판단을 하는 자율주행 차를 당신은 구매할 건가요?'라는 질문에는 오직 19%만 구입하겠다고 답했죠. 참 재미있지 않습니까? 이성적으로 답을 내놓은 사람들이 정작 본인 또는 가족에게 권하지는 못하는 모순이 나타난 거죠. 이런 딜레마 때문에 자율주행 차의 보급은 늦어질 수밖에 없고, 그 이전에 사회적 합의가 필요합니다.

자율주행 차량은 카메라로 전방위를 스캔하며 데이터를 모으기 때문에 사적 영역 침해의 소지도 있습니다. 만약 여러분이 모르는 사이에 자율주행 차가 지나가면서 자신을 포착한다면 어떻게 처리해야 할까요. 이 문제가 최근 여러 번 지적됐습니다. 자율주행 차의 시험 주행이 활발하게 이뤄지고 있는 샌프란시스코에서 경찰이 자율주행 차를 이동식 감시카메라 용도로 활용하고 있는 것이 드러났고, 경찰 조직 안에서는 이 데이터를 수사에 어떻게 활용하면 되는지 매뉴얼까지 발급됐다고 합니다. 2022년 6월 중국에서는 공산당 최고 지도부 회의가 열리는 지역에서, 테슬라의 통행을 차단한 일도 있었습니다. 테슬라가 운전 중 수집한 영상을 외부로 유출해 적대 세력의 '스파이' 역할을 할 수 있다고 판단했기 때문이죠. 그리고 2022년 10월 디지털 트윈을 실현 중인 구글 스트리트 뷰에 국내 한 가정집의 내부가 노출된 사건도 있었습니다.

모든 정보를 네트워크를 통해 자유롭게 주고받고 활용하기 위해서는 대중교통은 물론 자동차, 킥보드 등의 서비스를 하나로 연결해야 합니다. 여기에 특별한 서비스를 추가한 것이 MaaS입니다. 문제는 차 외부만이 아니라 내부 데이터도 수집해야 한다는 것입니다. 주행 중 탑승자가 갑자기 쓰러지면 맥박도 측정하고, 병원에도 가야 합니다. 하지만 평소에 식사한다든가, 작업한다든가, 편하게 누워 잔다든가, 친구랑 대화한다든가 하는 장면이 전부 기록된다면 스스로 집에 감시카메라를 달고 외부에 공개하는 것과 무슨 차이가 있을까 싶습니다.

운전은 차에 맡겨두고 그 안에서 식사를 하고 일을 하고 영화를 보고 친구와 대화를 나누는 편리한 일상을 모두가 기대하고 있습니다. 하지만 데이터 제공은 별개의 문제입니다. 물론 익명 처리라든가 보안에 특히 신경을 쓰겠지만, 데이터를 보유한 플랫폼 운영자가 악용할 수 없도록 하는 강력한 안전조치가 반드시 필요하다고 생각합니다.

UAM은 주택가와 인접한 장소를 왕복하는 과정에서 소음 발생의 우려도 있습니다. 또한, 비행 중 혹시나 기기 고장을 일으키거나 다른 UAM과의 충돌이 벌어져 땅으로 추락하면 재앙이 따로 없습니다. 그리고 지나다니며, 일조권이나 조망권 등을 침해할 가능성도 높죠. 자율운항도 지금은 비록 상업 용도로 쓰이지만, 훗날 일반인의 참여가 많아지고 복잡해지면 해양생태계를 오염시키는 등의 문제가 발생할 수도 있습니다.

2022년 9월 국토교통부는 자율주행 차와 UAM의 상용화 계획, 로봇 배송, 모빌리티 특화 도시 조성 등의 내용이 담긴 '모빌리티 혁신 로드맵'을 발표했습니다. 2027년 레벨 4 상용화와 2035년까지 레벨 5 대중화^{보급률 50%} 달성, 2025년 도심과 공항을 오가는 UAM 도입, 2030년 주요 권역별 서비스 확대 등의 내용이 담겨 있습니다. **이처럼 자율주행, 자율비행, 자율운항 개발은 세계적 추세이고 분명 우리 생활에 곧 다가올 것입니다. 피할 수 없는 미래라면 가능한 적은 시행착오로 모두가 납득할 수 있도록 준비해 세계를 선도해야겠습니다.**

모빌리티 시장

하늘과 바다를 넘어 이제는 우주를 향한 자동차 회사들의 레이스가 시작됐습니다. 미국과 일본, 중국의 주요 자동차 기업들이 속속 우주 프로젝트를 발표하고 있습니다. 자동차와 우주 장비는 액체연료의 효율적인 연소와 가볍고 튼튼한 소재 개발, 복잡하게 연결된

전자장치의 정밀한 운영과 통제, 이동과의 연관성 등 공통점이 많습니다. 그러므로 이들이 우주산업에 진출하는 것은 자연스러운 흐름이라고 할 수 있습니다. 자율주행이든, 자율비행이든, 자율운항이든 모두 위성항법시스템^{GPS}이 있어야 하고, 이 시스템은 인공위성으로부터 데이터를 받아 처리합니다. 일론 머스크가 테슬라와 스페이스X를 동시에 운영하는 것도 같은 이유입니다. 서로 연관성이 있는 거죠. 일본 혼다^{Honda}는 2021년 9월 재활용이 가능한 소형위성 발사용 로켓을 포함한 네 가지 프로젝트를 발표했고, 중국 민영 자동차회사 지리^{Geely}도 2021년 9월 자동차의 자율주행을 도울 저궤도 통신위성의 시제품을 공개했습니다. 인공위성으로 자율주행용 고정밀 위성항법 네트워크를 구축하는 것을 목표로 삼고 있죠. 현대자동차도 뛰어들었습니다. 4족 보행과 네 바퀴 주행이 모두 가능한 '엘리베이트'와 '타이거'를 개발하고 있죠. 외양 디자인을 보면 지구보다는 달이나 화성에서 사용할 용도임을 알 수 있습니다.

하늘과 바다, 게다가 우주까지 진출한다니 더 이상 우리가 떠올리는 자동차가 아닌 것 같고, 차라리 비행기, 선박, 우주선이라는 표현이 더 어울릴 것 같습니다. 자동차는 '사람이나 말과 같은 생물이 아닌 자체 동력원을 가지고 스스로 움직이는 물체'를 의미합니다. 지금은 기술의 발전으로 '자동차'라는 단어로 부르기 애매해졌습니다. 그래서 우리는 이제 모빌리티^{Mobility}라는 큰 개념을 사용합니다.

모빌리티 시장은 엄청난 성장 가능성이 있습니다. 지금껏 집은 개인 휴식 공간, 회사는 업무 공간으로 명확히 구분되었지만, 자율주행이 활성화되면 이 공식이 처음으로 깨지게 됩니다. 모빌리티가 휴식 공간이 될 수도 있고, 동시에 업무 공간이 될 수도 있는 거죠. 우리가 거주지를 선택할 때 역세권을 찾는 건 이동 시간을 줄이고 워라벨을 추구하기 위해서죠. 그러나 자율주행이 보급되면 회사에서 멀리 살아도 아무 문제가 없습니다. 오히려 밀집된 도심이 아니라 한적하고 자연환경 좋은 곳이 거주지로 선호될 것입니다. 우리 생활이 큰 변화를 맞겠죠.

2022년 6월 세종에서 BRT 자율주행 유료 버스 서비스를 시작했고, 레벨 4 자율주행 차가 서울 테헤란로와 강남대로 한복판에서 시범 주행을 성공적으로 마쳤습니다. 여러 테스트를 거쳐 2027년에는 대부분의 도로에서 레벨 4 자율주행을 이용할 수 있도록 할 계획이라니, 정말 기대됩니다.

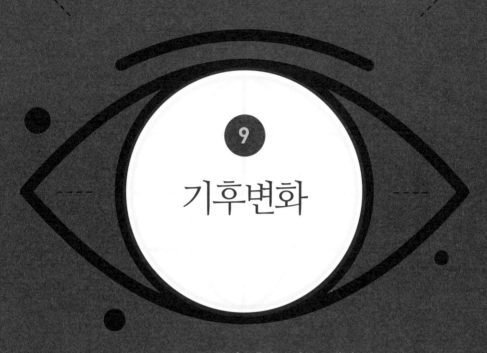

9

기후변화

#1.5℃ #IPCC #폭염 #홍수 #산불 #대멸종
#임계점 #지구온난화 #해수면_상승
#우리의_자세

목숨이 달린 문제

요즘 지구를 지켜야 한다는 말이 TV에 자주 나옵니다. 물론 제가 어릴 때도 그랬으니 요즘 갑자기 나온 말은 아닙니다. 찾아보니 지구온난화라는 단어가 나온 지 50년이나 됐다고 합니다. 하지만 해결되기는커녕 오히려 심각해졌죠.

알래스카는 대단히 추운 지역인데 2021년 12월 겨울, 우리나라보다 따뜻한 19.4℃를 기록했습니다. 미국에서는 2022년 5월, 서부에는 늦은 함박눈, 동부에는 이른 폭염이 동시에 나타나는 기현상이 벌어졌습니다. 땅덩어리가 크다는 걸 감안하더라도, 이렇게 극단적인 차이라니 이상 현상이 아닐 수 없습니다.

미국 국립해양대기청 산하 국립환경정보센터는 2022년 7월을 지구가 역사상 6번째로 더웠던 7월로 기록했습니다. 유럽은 유례없는 대홍수가 터졌고, 그로부터 한 달 후 산불과 폭염이 나라 전체를 덮쳤습니다. 유럽의 동맥으로 불리는 라인강의 수위가 낮아지면서 배의 출항이 어려워져 물류에 차질을 빚었고, 이탈리아에서 가장 큰

알아야 보인다

호수인 가르다호가 사상 최저 수위를 기록했죠. 터키도 30년 만의 최악의 산불이 일어나 나라 전체가 불탔고, 기온이 50℃까지 올라갔습니다. 인도는 122년 만에 가장 더운 4월을 맞이하여 한낮 온도가 50℃까지 치솟는 바람에, 주민들이 농작물이 메말라 죽는 모습을 지켜봐야 했습니다.

2022년 9월 파키스탄에서는 몬순 폭우로 인구의 7분의 1인 3,300만 명의 이재민이 발생했고, 국토의 3분의 1이 물에 잠기는 대참사가 벌어졌습니다. 외신에서는 파키스탄이 '큰 호수'로 변했다고 표현하기도 했죠.

우리나라도 다를 게 없습니다. 2020년 우리나라 대표 전통시장인 화개장터가 32년 만에 침수되었습니다. 2021년엔 유달리 산불 소식을 많이 들었죠. 2022년 8월에는 기록적인 폭우가 와서 전국 각지가 침수되고 한바탕 난리가 벌어졌습니다.

어느 곳은 역사적 폭우나 홍수, 어느 곳은 극한의 가뭄, 산불, 고열로 시달리고 있으니 이제 중간이 없습니다. 우리도 언젠가부터 봄과 가을은 없고 여름과 겨울만 있는 듯한 느낌을 받은 지 오래되었죠. 앞으로 이런 극단적인 기후가 훨씬 심해진다고 합니다.

기후가 변하면 생태계도 변합니다. 급격한 변화를 따라가지 못한 식물들이나 동물들이 멸종당하고 있습니다. 먹이사슬은 서로가 서로에게 영향을 줍니다. 한두 개체쯤 빠져도 별 영향은 없을 거라 생각할 수도 있겠지만, 데미지가 누적되면 사슬 전체가 붕괴됩니다. 그러면 최상위 포식자인 인간의 생존도 불가능해지겠죠.

가뭄, 홍수, 산불 등이 나면 식량 생산이 불안정해지고 물가가 오롭니다. 물가 상승으로 가장 먼저 피해를 보는 건 가난한 나라의 사람들입니다. 시리아를 예로 들어보죠. 시리아 사람들은 수입의 대부분을 식량 구매에 사용합니다. 2010년 러시아에 극심한 가뭄이 찾아와 밀 생산량이 줄어든 적이 있습니다. 시리아에 밀 공급이 불안정해지자 물가가 올랐고, 먹고살기가 힘들어지자 결국 2011년 내전이 일어나 수많은 시리아 사람들이 자기 나라를 등지고 떠나게 되었습니다. 농사는 안 되고, 물가는 오르고, 돈은 없어 먹고살 수가 없는데, 자기 집 주위에 총알과 포탄까지 떨어지니 고향을 떠날 수밖에 없었던 거죠. 이들은 생존을 위해 살기 좋고 가까운 유럽으로 이동했습니다. 유럽연합EU이 이들을 분산해서 맡기로 결정했는데, 영국은 여기에 반대하고 EU에서 탈퇴합니다. 이것이 브렉시트입니다. 물론 다양한 이유가 복합적으로 얽혀 나타난 현상이지만, 러시아의 가뭄이 시리아 내전으로, 난민 발생으로, 브렉시트로 눈덩이가 굴러간 셈입니다. 지구의 온도가 지금보다 더 오르면 지구 곳곳에서 난민이 폭발적으로 증가할 것입니다. 안보 문제가 발생해 국제 질서를 무너뜨리고 생존권을 위협하는 상황이 전 세계적으로 펼쳐질 가능성이 크죠.

기후변화는 우리 모두의 생존과 직결된 문제입니다. 그렇지만 여전히 개선의 여지가 보이지 않습니다. 이제 인류가 지구의 다음번 대멸종을 자처하고 있다는 우려가 나오고 있습니다.

지구 대멸종

　지구가 탄생하고 약 45억 년 동안 생물은 총 다섯 번의 대멸종을 맞았습니다.

　첫 번째는 오르도비스기 말에 나타났습니다. 대략 4억 8천만 년 전에서 4억 4천만 년 전까지로, 이때는 바다에만 생물이 있었습니다. 지구 역사상 가장 다양한 생물이 있었던 시기라고 전해집니다. 하지만 빙하기가 찾아와 대부분이 멸종하게 되죠. 빙하기가 찾아온 이유로는 두 가지 설이 있는데, 첫 번째는 대규모 지각 운동입니다. 수천 킬로미터에 달하는 용암이 지각 운동에 의해 솟아오르자 공기 중의 이산화탄소가 당시 지면의 칼슘이나 마그네슘과 결합합니다. 결국, 이산화탄소가 줄어들고 빙하기가 찾아왔다는 가설입니다. 다른 가설은 식물의 육상 진출입니다. 식물이 육상으로 진출해 단단히 굳어 있는 토양에 뿌리를 내리자 토양의 풍화가 일어났고, 풍화된 토양은 바다로 흘러갑니다. 바다로 떠내려온 토양으로 인해 세균이 증식하는데, 증식한 세균은 물의 산소를 마구 먹어 치워 녹조 현상을 불러옵니다. 녹조를 세균이 분해하는 과정에서 산소를 다시 먹어 치워 물에 산소가 부족해지고, 탄소는 이산화탄소로 결합하지 못하게 됩니다. 결국 물에서 대기로 방출되는 이산화탄소가 감소해 빙하기가 찾아왔다는 가설이죠.

　빙하기가 끝나고 지구는 다시 조금씩 회복해 4억 3천만 년 전 실루리아기가 시작됐습니다. 이때 육상생물이 최초로 출현합니다. 거미와 전갈 같은 생물체도 나타났고 최초의 양서류로 불리는 엘피

스토스테갈리아^{Elpistostegalians}도 등장했다고 합니다. 하지만 다시 대멸종이 찾아와 1차 때와 같이 빙하기가 도래하면서 지구 생명체의 약 70%가 사라집니다. 역시 여러 가설이 있는데 식물들을 보호하는 오존층이 일시적으로 감소하여 자외선 같은 해로운 광선이 지상에 더 많이 도달하게 되면서 생명체를 죽이거나 치명적인 돌연변이를 일으켰기 때문이라는 설이 유력합니다. 이것이 페름기 말에 나타난 2차 대멸종입니다.

긴 멸종기 이후 다시 지구에 안정기가 찾아옵니다. 숲이 본격적으로 활성화되고, 바다에서는 낮은 해수면을 중심으로 해양생물들이 번식하고, 육지에는 곤충이나 단궁류 같은 육상생물이 엄청나게 늘어납니다. 하지만 96%에 달하는 생물이 멸종하는 최악의 사태가 벌어지는데, 이것이 3차 대멸종입니다. 당시에는 모든 육지가 단 하나의 대륙으로 존재했는데, 이 대륙을 판게아라고 부릅니다. 지구 안에 맨틀이 있는데, 이 맨틀의 열이 판게아로 전부 감싸여 있으니 분출이 어려웠죠. 오랫동안 땅이 부글부글 끓다가 한계를 넘어서자 터져버립니다. 판게아의 여러 위치에서 용암이 터져나왔는데, 분화가 2백만 년 가까이 지속됐다고 하니 규모를 짐작하기도 어렵습니다. 화산 폭발은 어마한 양의 탄소를 공기 중에 뿜어냈고, 동시에 연기가 모든 대기를 감싸고 오존층도 파괴했습니다. 그러자 극심한 지구온난화가 벌어졌죠. 이때 지구의 온도가 평균 6℃나 올랐다고 합니다. '용암이 2백만 년 동안 터져나왔는데 겨우 6℃?'라고 생각할 수도 있지만, 이것은 실로 엄청난 수치입니다.

96%에 달하는 생물이 죽어나간 3차 대멸종에도 끝까지 견뎌낸

생물이 있었는데, 바로 파충류입니다. 그리고 시간이 흘러 서서히 공룡이 출현합니다. 하지만 얼마 지나지 않아 또 화산 폭발이 일어납니다. 앞서 3차 대멸종 때 판게아 대륙은 느리지만 조금씩 벌어지고 있었습니다. 그 틈에 용암지대가 형성되면서 대규모 용암이 또다시 터져나온 거죠. 다시 하늘이 연기로 덮이고 이산화탄소 농도가 확 올라가서 지구가 찜통이 됩니다. 이 상태가 8백만 년 동안 지속됐다고 하는데, 엎친 데 덮친 격으로 우주에서 날아온 소행성까지 충돌합니다. 그러자 육상생물의 80%가 멸종하고, 바다는 그나마 조금 나아서 20%가 멸종했습니다. 이것이 4차 대멸종입니다.

여기서 살아남은 종이 공룡입니다. 초기 공룡은 몸집이 작고 몸놀림이 빨라 재난을 피할 수 있었죠. 판게아는 이제 로라시아 대륙과 곤드와나 대륙으로 완전히 갈라지고 사이에 바다가 들어섭니다. 대륙이 갈라지고 해안선이 길게 늘어지니까 고온 다습한 지역이 늘어나 식물이 번창할 수 있는 조건이 마련됩니다. 해안가를 따라 육상 식물이 번성하니 초식공룡도 번성했고, 또 이들을 먹는 육식공룡도 자연스럽게 번성했죠. 공룡은 최상위 포식자로 승승장구하며 개체 수를 꾸준히 늘려나갔습니다. 하지만 6,600만 년 전의 어느 날, 하늘에서 소행성이 떨어집니다. 소행성이 충돌한 인근 지역의 공룡들은 순식간에 사라졌고 불과 몇 시간 만에 지구 전체가 먼지로 뒤덮였죠. 먼지로 뒤덮이자 햇빛이 완전히 차단됐고 지구는 거대한 얼음덩어리가 되었는데, 이것이 5차 대멸종입니다. 공룡의 멸종에 대해서는 기후변화나 거대화산 폭발 등 다양한 원인이 언급되고 있지만, 과학계에서는 대형 소행성 충돌이 핵심 원인이라고 보는 시각이 많습니다.

5차 대멸종으로 인한 빙하기가 끝나고 지구는 서서히 회복되기 시작합니다. 녹지 않는 얼음이 있는 남극과 북극이 있고, 강이 흐르고 숲이 우거지고 따뜻한 날씨에 생명체로 가득한 시기가 찾아왔죠. 해수면 변화도 적고, 마실 물도 풍족하고, 깨끗한 공기에 먹을 양식도 풍부한 시기가 된 것입니다. 그리고 인간이 출현합니다. 환경이 안정된 덕분에 인간은 쌀과 밀 등의 농사를 짓고 문명을 탄생시킵니다. 역사가 시작되고 현대 문명까지 이룩하게 된 일등 공신은 안정적인 기후입니다.

산업혁명 이후 인간의 영향력은 극도로 강해졌습니다. 세계 서식지의 절반을 개간해서 작물과 가축을 기르고, 인류가 운반하는 퇴적물과 암석이 그 어떤 자연현상보다 많아 지구의 모든 것을 변화시킬 정도가 되었죠. 세계자연기금과 영국 런던동물학회가 공동 제작한 〈지구생명보고서 2022〉는 최근 50년 동안 전 세계 야생동물의 개체군 수가 70% 가까이 줄어들었으며, 그 원인은 급격한 도시화의 진행으로 인한 서식지 황폐화와 감소, 과도한 자연 자원 이용, 환경오염, 기후변화, 외래종 침입, 질병 등으로 분석했습니다. 2022년 2월 국제 학술지 《바이오로지컬 리뷰Biological Reviews》에 게재된 연구 결과에 따르면 약 200만 종에 달하는 지구 생물 중 이미 15만~26만 종이 환경파괴로 사라졌다고 합니다. 기후와 생물 다양성이 상호 연결된 위기가 우리 눈앞에 다가왔습니다. 그리고 우리는 스스로 만들어낸 오염된 공기를 마시고 있습니다. 이 논문은 인간을 외부 영향 속에서 진화하는 존재가 아니라, 생물권을 조작할 수 있고 지금의 위기를 초래한 당사자로서 미래에 대한 선택을 할 수 있는 유일한 종이라고 표현했습니다. 그리고 6차 대멸종의 징조가 나타나고 있다고 말했습니다. 앞선 다섯 번과의 차이점은 지각변동이나 운석 같은 자연현상 때문이 아니라, 환경파괴라는 인위적 행위의 결과라는 것이죠.

어째서 1.5℃인가?

세계기상기구^{WMO}와 유엔환경계획^{UNEP}이 1988년 공동 설립한 국제 협의체 IPCC$^{Intergovernmental\ Panel\ on\ Climate\ Change}$가 2022년 4월 6차 보고서를 발표했습니다. 이 보고서는 67개국 270명의 전문가가 참여했고, 3만 4천 건의 연구를 모았기에 현재 가장 신빙성 있고 참고 가치가 높은 자료로 평가받습니다. UN 사무총장은 이 보고서를 "실패한 기후 리더십에 대한 고발이자 인간 고통을 보여주는 지도"라고 평가했죠.

두 권의 보고서 중 하나는 현재 인류의 생태계에 대한 정보를, 다른 하나는 어떻게 이를 해결해야 하는지에 관한 정보를 담고 있습니다. 여기서는 전자의 내용을 중점적으로 다루고, 후자는 10장에서 다루겠습니다.

기후변화로 인한 영향은 우리 생각보다 훨씬 심각합니다. 지구는 1차 산업혁명 시점을 기준으로 기온이 급격하게 오르기 시작했습니다. 2022년 현재, 산업혁명 전보다 1.1℃가 올랐죠. 언뜻 들으면 별 것 아닌 것 같지만, 자연에서는 1.1℃의 상승만으로도 파괴적인 홍수와 폭풍우, 가뭄, 산불, 전염병 등의 피해가 발생합니다. 중요한 점은 1.5℃ 지점입니다. 보고서는 우리의 행동이 지구 기온을 어떻게 바꿀지 다섯 가지 시나리오로 나누어 설명했는데, 지금 확실히 조치하지 않으면 모두 공멸한다는 점을 분명히 했습니다.

기후학자들은 1.5℃가 우리가 되돌아갈 수 없는 임계점Tipping Point이라고 말합니다. 사람도 가벼운 병은 조금 지나면 자연히 낫지만 큰 병은 스스로 회복하기 힘든 것과 마찬가지로, 지구도 가벼운 변화는 곧 원래대로 돌아가지만 어느 지점을 넘어서면 다시 원상태로 돌아가기 힘들고, 그 지점부터는 설령 인류가 온도를 올리지 않는다 하더라도 지구 스스로 온도가 계속 올라가게 됩니다. 그게 바로 1.5℃ 상승 지점입니다. 20년 전쯤엔 1.5℃ 상승에 도달하는 시기를 2050년으로 예측했습니다. 그러나 10년 전쯤엔 2040년으로 정정했고, 이번 2022년 보고서에서는 다시 2030년으로 당겨졌습니다. 점점 임계점 도달 시점이 빨라지고 있는 거죠. 그리고 지금까지는 온도 상승이 자연적 원인에 따른 것인지, 아니면 인간이 자행한 것인지에 대해 전문가들의 의견이 엇갈렸습니다. 하지만 이 보고서는 인간이 원인이라는 것을 확실히 하고 있습니다.

위험은 기온 상승과 함께 빠르게 증가합니다. 글로벌 목표인 1.5℃를 넘어서면, 육상생물의 14%가 멸종위기를 맞이하고, 더 강한 폭풍우, 더 긴 폭염과 가뭄, 더 극단적인 강우가 나타납니다. 산호초는 이미 멸종위기에 처했고, 조개류 생산은 98% 감소하게 됩니다. 남극과 북극의 빙하는 거의 녹아 해수면이 상승하고 대부분의 섬나라는 물에 잠기게 되죠. 우리나라의 땅 대부분도 물에 잠기고 식수가 부족해집니다. 폭염과 가뭄으로 농사가 힘들어져 생산량이 바닥을 치고 물가는 미친 듯이 오를 것이며, 극단적인 강우가 오는 지역에서는 전염병이 발생합니다. 그런데 방금 설명한 내용을 이미 경험하고 있다는 생각이 들지 않나요? 지난 3년간 코로나로 엄청나게 고생했는데, 겨우 끝나나 싶었더니 원숭이두창이란 병이 또 나타난다고 하고, 물가는 엄청나게 올라 갈수록 밥 한 끼 사 먹기도 부담스러워지고 있습니다. 지금도 힘든데 더 힘들어질 거라는 예측이 우세합니다. 그것도 몹시 급격하게 말이죠.

기후 위기는 식량 생산량 감소와 물 부족, 거주지 파괴로 이어져 난민을 양산하고, 사회·정치적 갈등도 증폭시킵니다. 가장 먼저 고통받는 대상은 앞서 언급한 시리아와 같은 취약 지역의 사람들이지만, 결국 우리 모두가 고통받게 될 것입니다. 시간문제일 뿐이죠. 힘든 환경에서 나타나는 불평등은 더 큰 혼란을 부르는 악순환으로 이어질 테고요.

보고서는 현재의 국가 정책으로는 지구의 온도 상승을 1.5℃ 아래로 억제하기 어렵다는 점을 분명히 했습니다. 화석에너지 기반 산업에서 배출되는 이산화탄소가 너무 많기에 화석에너지의 사용 금지 또는 대체 에너지로의 전환을 이루지 못하면 모두 파멸할 수밖에 없다고 주장하고 있죠. 정말로 위기 상황입니다.

2022년 10월 UN은 세계 각국이 기후변화에 대처하기 위한 약속을 제대로 지키지 못하고 있다는 내용의 보고서를 발표했습니다. 보도에 따르면 2021년 기후변화에 대한 조치를 강화하기로 동의한 193개국 중 26개국만이 관련 계획을 이행했으며, 특히 세계 최다 온실가스 배출국인 미국과 중국은 파리기후변화협약의 목표 달성에 협력한다는 공동 선언을 발표했지만, 2022년까지 구체적인 진척 상황이 보이지 않았고, 2021년보다 진전된 공약 발표도 없었다고 비판했습니다. 그리고 만약 온실가스 배출량을 획기적으로 줄이지 않으면 2100년까지 산업화 이전 수준보다 평균 2.1℃에서 2.5℃ 정도 올라갈 것으로 전망했습니다. 정말로 위기입니다.

지금은 행동해야 할 때

전 세계가 탄소 배출을 획기적으로 줄인다고 해도, 지금껏 꾸준히 축적되어온 이산화탄소는 사라지지 않습니다. 하지만 앞으로의 악화를 개선할 수는 있을 테고, 지구의 탄성으로 인해 느리지만 조금씩 예전 환경으로 회복될 수도 있습니다. 하지만 탄소 배출을 포기하는 것은 문명을 포기하는 것과 같습니다. 물건을 만들고, 전기를 사용하고, 기계를 작동시키는 모든 것에서 탄소가 배출됩니다. 즉, 발전하고 풍요를 누리려면 이산화탄소를 배출해야 한다는 말이죠. 차도 안 타고, 플라스틱도 안 쓰고, 휴대폰도 안 쓰고, 고기도 안 먹는 일을 모두가 할 수 있을까요? 설령 우리나라가 안 해도 다른 국가에서 하면 상대적 박탈감을 느끼고 파워 게임에서 밀리게 되니 그럴 수도 없습니다. 우리는 지구온난화에 관심을 가지고 필요성에 공감하지만 정작 이를 위해 해야 할 일은 하고 싶어 하지 않습니다. 알면서도 스스로 파멸을 향해 달려가는 어리석은 생물이 인간입니다. 전 세계 77억 명이 함께 하는 조별 과제, 어떻게 모두를 참여하게 할 수 있을까요?

인간은 이기적입니다. 그 이기심 덕분에 우리가 지금과 같은 발전을 이뤄왔죠. 당장 편할 수만 있다면 미래에 더 큰 불행이 온다고 해도 고민하지 않습니다. 누군가는 언젠가 과학 기술이 이 사태를 해결해줄 거라고 말합니다. 저 역시 그럴지도 모른다고 생각합니다. 하지만 그 기술, 지금 어디에도 없습니다. 지구 파멸 전에 등장할 수도 있지만, 반드시 그렇다는 보장도 없습니다. 나타날지조차 불확실한 과학 기술 하나만 기대하며 지금처럼 나아가는 것은 대단히 어리석은 행위입니다.

우리가 할 수 있는 일은 정말 작습니다. 비닐 하나 안 쓴다고 온난화 못 막고, 고기 한 번 안 먹는다고 온난화를 멈추지는 못합니다. 하지만 그 작은 변화가 모여 속도를 조금이나마 늦출 수는 있습니다. 이번 IPCC 보고서는 우리 같은 일반인의 수요 측면을 강조합니다. 수요를 잘 관리하면 상당량의 온실가스 감축이 가능하다는 내용이 이번에 처음 담겼습니다. 개개인의 작은 행동들이 모여 화석연료 기반 산업에 변화를 준다면 온실가스 감축이 가능하다는 것을 과학적으로 증명했습니다.

우리가 변하지 않는다면 기술이 개발될 때까지, 친구와 놀았던 추억의 장소, 나를 반겼던 동네 고양이, 그리고 새로 태어나는 아이들과 같은 소중한 것들이 많이 사라질지도 모릅니다. 전부 사라진 후에 온난화를 막은들 무슨 소용이 있을까요?

그래서 우리는 지금 행동해야 합니다. 정책에 관심을 가지고 기후 위기를 막기 위해 노력하는 사람에게 투표해야 합니다. 그 사람이 기후 개선에 관심을 가졌는지, 어떤 대책을 내놓았는지 잘 따져보아야 합니다. 제품도 신중히 선택해야 합니다. 우리는 자본주의 사회에 살고 있습니다. 우리가 지불하는 돈이 우리의 목소리를 반영하고 시장을 변화시킵니다. 친환경이 인증된 제품을 구입하고, 그렇지 않은 제품은 멀리하는 겁니다. 의식적인 소비로 많은 기업을 친환경적으로 바꿀 수 있고, 이미 실천하고 있는 기업을 응원할 수 있습니다.

2018년 빌 게이츠 재단은 우리나라의 삼성종합기술원에 한 아이템 제작을 의뢰했습니다. 삼성은 약 3년간의 연구를 거쳐 2022년, 물을 필요로 하지 않는 화장실 개발에 성공했습니다. 삼성 측은 "저개발국에 특허를 무상으로 제공하고, 빌 게이츠 재단에도 화장실 양산을 위한 컨설팅 지원을 계속할 것"이라고 밝혔습니다. 새로운 화장실을 통해 물 부족에 시달리는 지구 각지에 도움을 줄 수 있게 되었죠.

2022년 여름 영국 런던의 마트에 "I'm not new to this 나는 새것이 아닙니다" 라벨이 붙은, 100% 재활용 플라스틱으로 제작한 생수병이 등장했습니다. 정부가 규제 신호를 보내자, 대기업을 중심으로 '환경 수요'가 생겼고, 그에 따라 재활용 업체들이 설비 투자를 늘리며 '플라스틱 재활용 산업 생태계'가 구축된 것입니다. 일반 소비자들은 이런 시도에 공감하고 응원을 보냈습니다. 환경보호 취지에 공감한 작은 소비가 선순환으로 이어진 사례입니다.

그러나 단순히 좋은 구호만 외친다고 해서 선의로 호응해줄 이는 많지 않습니다. 그렇다면 자발적 호응을 이끌어내는 것이 최선이겠

알아야 보인다

죠. 친환경 제품과 일반 제품을 고민할 때, 품질이 열악하다면 선뜻 구매로 이어지기 쉽지 않습니다. 하지만 품질이 엇비슷하다면 이왕이면 다홍치마라는 마음으로 선택하는 소비자가 늘어나겠죠. 친환경 제품의 품질이 일반 제품보다 월등하다면 보다 많은 개선이 이루어질 테고요.

친환경을 1순위가 아닌 2순위로 두는 것은 어떨까요? 기업은 지금과 같이 자사 발전에 기여할 품질 좋은 제품을 만들고, 그다음 거기에 친환경을 접목하는 것입니다. 소비자들 역시 지금처럼 값싸고 품질 좋은 제품을 우선적으로 구매하되, 제품 구매 시 뒷면에 친환경 마크가 있는지 한 번만 살펴봐주면 좋겠습니다. 어차피 구매하려고 결심한 제품이 친환경 제품이라면 조금 더 기분 좋은 소비로 이어지지 않을까요?

크고 거창한 것이 아닙니다. 아주 작고 소소한 변화부터 다 같이 만들어갔으면 좋겠습니다.

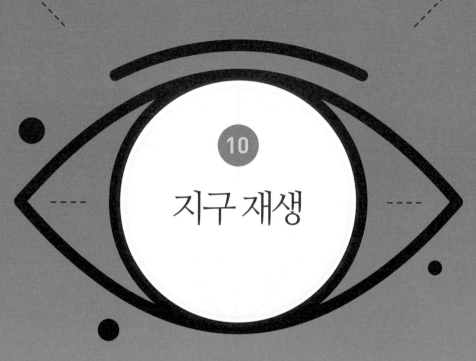

10

지구 재생

#ESG #RE100 #탄소중립 #원자력발전
#디지털_전환 #재생에너지 #직접_공기_포집

정답 공개!

 9장에서 개인의 인식 전환과 작은 실천을 강조했다면, 이번 장에서는 사회의 노력에 대해 중점적으로 알아보겠습니다.

 지구온난화는 산업혁명 이후 화석연료 기반의 세상이 되었다는 점이 가장 큰 원인입니다. 화석연료는 석유나 석탄을 말하는데, 이들은 에너지로 변화하는 과정에서 이산화탄소를 어마어마하게 배출합니다. 화석연료를 사용하지 않으면 많은 부분이 해결되는데, 아직 이보다 효율이 좋은 수단을 찾지 못했습니다. 경쟁 사회에서 서로 개선할 타이밍을 놓쳐버린 상황이 지금의 결과로 이어진 거죠.

 IPCC에 따르면, 각 나라에서 지금 시행하는 정책을 그대로 유지하면 지구의 온도는 꾸준히 오르게 됩니다. 그래서 지구의 온도를 제한하는 안을 설정해보았죠. 우선, 현 상태로 그냥 가다가 2030년에 2℃로 급격하게 제한하는 경우입니다. 가능하지만 막대한 비용을 요구합니다. 지금부터 2℃로 제한하는 경우에는, 2019년 대비 탄소 배출을 29% 더 줄여야만 가능합니다. 1.5℃로 꾸준히 제한하는 가장 이상적인 경우는 2030년까지 2019년 대비 탄소 배출을 43%, 2050년까지는 84%를 감축해야만 가능합니다. 이를 위해서는 친환경 투자를 지금보다 3배에서 6배까지 늘려야 합니다. '전혀 불가능하다'에서 '매우 어렵지만 가능하다'라는 평가로 바뀌었다니, 그나마 다행입니다.

2001년 IPCC 보고서는 기후 위기에 인간의 책임이 65%라고 진단했습니다. 그때 전 세계가 심각하게 받아들이고 행동했다면 지금보다는 훨씬 개선하기 수월했을 겁니다. 기회가 전보다 빠르게 사라지고 있긴 하지만, 그래도 아직 희망은 있습니다. 2022년 보고서가 발표되기까지 기후 위기 대응과 관련해 전 세계적으로 몇 가지 변화가 나타났습니다. 우선은 개발도상국들이 온실가스 감축에 동참했고, 선진국들은 1천억 달러의 지원을 약속했죠. 최근 10년 동안의 온실가스 증가율이 연 1.3%로 이전 10년보다 줄어든 것도 희망의 신호라고 할 수 있습니다.

IPCC 보고서에 담긴 기후변화 완화의 해답은 크게 세 가지로 요약할 수 있습니다. 생산과 수요를 관리해 자원을 순환시키는 등의 노력을 기울이고, 화석연료를 줄여가며 친환경 에너지로 대체하고, 이산화탄소를 줄이는 획기적인 신기술을 개발하는 것입니다.

첫 번째 해답을 ESG라고 합니다. ESG는 환경Environment, 사회Social, 지배구조Governance의 머리글자를 딴 단어로, 기업 활동을 할 때 친환경, 사회적 책임 경영, 지배구조 개선 등의 투명 경영을 고려해야 지속 가능한 발전을 할 수 있다는 철학을 담고 있습니다. ESG는 현재 개별 기업을 넘어 자본시장과 한 국가의 성패를 가를 키워드로 자리 잡았습니다. 지금까지는 기업의 최대 목표는 이윤 추구이며, 근로자를 고용하고 제품을 생산하는 행위가 사회에 긍정적인 영향을 끼친다는 철학이 주를 이루었죠. 하지만 이제 이것만으로는 부족합니다. 기업이 환경 개선에 동참해야 하고, 사회적으로 관련성이 있고 유익해야 하며, 고객과 잘 소통하고 질 좋은 서비스를 제공해야 합니다. 이 모든 것을 실행해야만, 지속 가능한 발전을 이룰 수 있다는 개념이 ESG입니다. 반대로 말하면 저 원칙을 수행하지 않으면 철퇴를 맞거나 규제 폭탄의 풀코스를 경험해야 한다는 말이죠.

남은 두 가지 해법도 하나하나 살펴볼까요?

RE100

지금 전 세계의 주요 동력원은 전기입니다. 환경오염이 없고 이산화탄소 발생이 없어 온난화와 무관하기 때문이죠. 전 세계가 가솔린과 디젤 차에 점점 규제를 가하고, 반대로 전기차를 지원하는 이유도 여기에 있습니다. 다만 전기를 발생시키는 방법은 고민해봐야 합니다. 화석연료를 태워 전기를 발생시키는 화력발전은 이산화탄소를 대량으로 발생시킵니다. 그래서 비록 효율은 떨어지지만, 화석연료를 사용하지 않고 친환경적인 방법으로 전기를 생산하려는 움직임이 나타났죠. 이것이 RE100입니다.

RE100^{Renewable Electricity 100%}은 2050년까지 기업이 소비하는 전력의 100%를 재생에너지로 조달하겠다는 민간 차원의 자발적인 캠페인입니다.

가입 현황을 살펴보면 미국 기업이 가장 많고, 이미 달성한 기업도 미국 기업이 가장 많습니다. 우리나라의 가입 기업은 2022년 10월 기준 23개밖에 없고, 이조차 참여를 선언했을 뿐 달성한 기업은 단 하나도 없습니다.

그렇다고 우리나라가 환경보호에 무관심한 것은 결코 아닙니다. 아직 그만한 환경이 덜 조성되었다는 표현이 적절할 것 같습니다. 우리나라를 견인하는 산업은 여전히 탄소를 많이 배출하는 제조업이 큰 비중을 차지하고 있습니다. 최근 크게 도약한 IT 산업은 전기를 많이 잡아먹는데, 친환경 에너지 구매 비용이 무시할 수 없는 수준입니다. 의지는 있지만 실천하면 순식간에 적자가 눈덩이처럼 불어나게 되는 거죠. 그럼에도 해야만 합니다. 국제무역에 있어 환경 규제가 크게 강화되었고, 납품 조건으로 재생에너지 100% 사용을 요구하는 사례가 늘어나고 있습니다. 그리고 RE100을 선언하지 않은 기업, 더 나아가 달성하지 못한 기업에는 투자가 끊겨 성장 동력이 멈추게 된다는 말이 현실이 되어가고 있습니다. 특히 대외무역 의존도가 높은 우리나라가 규제를 받으면 타격은 훨씬 크게 다가올 수밖에 없습니다.

재생에너지 생산은 자연환경의 영향을 크게 받습니다. 우리나라는 평지가 적고 산이 많아 생산에 적합한 환경이라고 볼 수 없습니다. 실제 우리나라가 1년간 생산하는 재생에너지는 SK하이닉스 단 한 기업이 사용하는 전기 수요량보다도 적습니다. RE100 선언은 필수가 되었는데 정작 재생에너지는 비싸고 공급량조차 너무나 적은 게 현실입니다.

재생에너지는 풍력, 수력, 수소, 지열, 태양광·열, 바이오매스 등을 말합니다. 우리나라에서 중점적으로 진행되고 있는 풍력과 태양광, 그리고 최근 주요 이슈로 떠오른 원자력에 대해 살펴보겠습니다.

풍력

예전부터 우리에게 매우 친숙한 에너지입니다. 기원전 200년 페르시아는 풍차를 돌려 곡식을 빻았고, 물도 길어 올렸습니다. 지금과 같이 풍차로 전기를 생산하는 방법은 1800년대 말에 등장했고, 본격적인 산업화는 1980년대부터 시작되었습니다. 풍력발전은 풍력 터빈Wind Turbine 장치를 이용해 바람을 기계적 에너지로 변환하고, 이 에너지로 발전기를 돌려 전기를 생산합니다.

바람은 기압이 높은 곳에서 낮은 곳으로 공기가 이동하는 현상입니다. 한 지역의 공기가 바람으로 빠져나가면 기압이 낮아지고, 빠져나간 공백으로 새로운 공기가 유입되는 형태로 연쇄적인 순환이 일어나죠. 바람은 언제 어디에서나 존재하기에 사실상 무한한 에너지 자원이며, 폐기물도 거의 없습니다.

반면 여러 단점이 있습니다. 우선 설치 장소를 확보하는 문제가 있습니다. 터빈이 돌아가려면 일 년 내내 바람이 부는 장소여야 하죠. 그것도 언제나 안정적으로 불어야 합니다. 어느 날은 미친 듯이 불고, 어느 날은 선선히 불면 생산량이 불안정하겠죠. 우리나라에서는 이런 장소를 찾기가 쉽지 않습니다. 설령 찾았다고 해도 지역 주민들이 반대할 확률이 높습니다. 풍력 터빈의 날개가 커지면 커질수록 더 많은 전기를 생산하기 때문에 가능한 한 크게 짓는데, 집

알아야 보인다

근처에서 비행기보다 큰 날개가 돌아가는 모습을 보면 심리적으로 위축될 수밖에 없습니다. 그리고 프로펠러가 햇빛을 비췄다가 가리기를 반복하면, 눈이 아프고 스트레스를 유발하는 한 원인이 됩니다. 날개가 돌아가면서 소음도 발생하고, 그 날개에 치여 죽는 새들도 상당합니다. 그다지 보기 좋은 광경은 아니겠죠. 그래서 요즘은 바다에 짓습니다. 다만 바다도 완전한 해답은 아닌 것이, 발전기가 들어서면 배의 항로가 막히게 됩니다. 수출입 경로가 아니면서, 동시에 바람이 꾸준히 부는 지역을 찾는다는 것이 그리 쉽지 않습니다. 그리고 터빈이 대량으로 설치된 지역은 레이더 관측에 장애를 발생시키기 때문에 국가 안보 차원도 고려해야 하죠.

제작 공정에도 문제가 있습니다. 터빈 제작에 아직은 희토류를 많이 사용하는데 희토류 공정 과정에서 오염물질이 엄청나게 배출됩니다. 친환경 발전기를 만들려고 환경오염을 일으키는 모순된 상황인 거죠. 또 수명이 다한 부품을 폐기하는 데도 오염이 발생합니다. 오염 없는 대체 재료로 제작하는 연구가 진행 중이지만 가시적인 결과물이 나오기까지는 시간이 걸릴 것 같습니다.

마지막은 효율의 문제입니다. 위의 단점들을 전부 감안하고 만들었으면 제작비용보다는 발전 이익이 더 높아야만 하겠죠. 이론상 바람의 최대 59.3%까지 변환시킬 수 있다고는 하는데, 관리 유지에 들어가는 비용을 고려하면 우리나라는 실질적으로는 약 20% 정도로 선진국의 절반 수준에 불과합니다. 우리나라는 풍속이 7m/s 정도로 약하고 풍향도 일정하지 않습니다. 반면 북유럽 국가인 덴마크, 노르웨이 등은 평균 풍속이 10~11m/s 정도이고 풍향도 일정해서 효율이 50%를 넘는다고 합니다.

이처럼 단점이 많지만 그래도 무한에 가까운 자원이니 포기할 수는 없습니다. 2022년 5월 EU 집행위원회는 러시아 에너지에 대한 의존에서 벗어나고 친환경 에너지 전환을 달성하기 위해 2030년까지 풍력을 중심으로 한 재생에너지 사용 목표를 기존 40%에서 45%로 상향하는 'REPower EU' 계획을 발표했습니다. 우리나라도 2022년 6월 열린 풍력사업 심포지엄에서 2050 탄소중립 목표 이행을 위해선 풍력 확대가 필수적이라고 결론지은 만큼 앞으로 꾸준한 발전이 이뤄질 것으로 보입니다.

태양광

태양광발전은 햇빛을 태양전지를 통해 전기에너지로 변환하는 것을 말합니다. 태양광의 가장 큰 장점은 풍력과 마찬가지로 자원이 무한에 가깝다는 것입니다. 그리고 오염물질이 없으며, 장비도 비교적 간단하죠. 태양광 장비는 모듈별로 구분이 잘되어 있어 고장이 나더라도 해당 부분만 교체하면 됩니다. 거대한 풍력 터빈에 비하면 아주 간단한 거죠. 간소한 만큼 사고 시 피해도 경미한 편이고요. 수력은 댐이 붕괴되면 주변이 전부 쑥대밭이 되고, 화력은 사고가 터지면 오염물질을 사방에 뿜어내며 주변을 불바다로 만들 수 있습니다. 풍력조차 터빈의 날개가 부서져 날아가기라도 하면 대형 참사로 이어질 수 있습니다. 반면 태양광은 작은 화재나 감전 정도, 그것도 아주 드물게 나타난다고 하니 훨씬 안정적이라고 할 수 있죠.

하지만 태양광은 전력 발전이 불안정합니다. 태양광으로 발전하는 것이니 낮에는 효율이 높아지지만, 밤에는 급격히 줄어듭니다. 낮이라도 날씨가 흐리거나, 태풍이 오거나, 황사나 안개가 끼어 햇빛이 약하면 역시 효율을 기대하기 어렵습니다. 즉, 전기 발전이 안정적이지 않아서 필요할 때에 맞춰서 공급하기가 어렵습니다. 온도의 영향도 받습니다. 기온이 25도 이상이 되면 발전 효율이 하락하기 때문에 봄과 가을이 좋고, 다음이 여름 순이며, 겨울은 효율이 매우 좋지 않습니다.

부지도 문제예요. 우리나라는 땅이 작고 인구 밀집도가 높기에 산을 깎아서 태양광을 설치하는 경우가 많습니다. 하지만 민둥산을 만드느니 나무를 더 심어 이산화탄소를 흡수하고 산소를 내뿜게 하는 게 더 낫다는 의견도 적지 않습니다. 환경을 보호하기 위해 환경을 해치는 모순이 여기에서도 나타나는 거죠. 이를 해결하기 위해 물 위에 태양광을 설치하는 기술을 개발하고 있습니다. 하지만 이것도 만능은 아닙니다. 내구성이 육상 태양광보다 약하고, 패널이 삭았을 때 물을 오염시킬 수도 있습니다. 그리고 물속으로 도달해야 할 햇빛을 가로막게 되니 생태계에 문제가 생길 가능성 역시 존재하죠.

제일 큰 단점은 풍력과 마찬가지로 효율이 너무 낮다는 점입니다. 초창기 태양광의 효율은 10% 정도에 불과했습니다. 발전을 통해 얻는 이익으로 초기 설비 투자비용을 메꾸기 어려운 거죠. 가령 테슬라 이전 전기차 모델은 선루프 위치에 옵션으로 태양광전지의 설치가 가능했었습니다. 하지만 발전 이익이 설치비용을 상회하려면 약 20년은 주행해야 한다는 계산이 나오자 고객 수요가 급감했고, 얼마 지나지 않아 태양광전지는 더 이상 옵션으로 판매되지 않게 되었죠. 하지만 기술 발전을 통해 효율과 출력을 끌어올리고 있습니다. 개발 중인 새로운 모듈은 최대 44%의 효율을 가질 것이라고 하니, 앞으로의 모습을 기대해봐야겠습니다.

원자력

원자력발전소를 일반적으로 원전이라고 말합니다. 원자력은 엄밀히 따지면 친환경 에너지로 분류되지 않습니다. 발전 과정에서 방사성폐기물이란 오염물질이 배출되는데 인체에 대단히 유해하기 때문입니다. 게다가 사고가 났을 때의 임팩트가 엄청나게 큽니다. 체르노빌, 후쿠시마 원전 사고가 대표적이죠. 그래서 불과 얼마 전까지는 퇴출 흐름이 강세였습니다. 특히 유럽이 적극적이었는데, 요즘은 분위기가 180도 변했습니다. 건축 허가를 받으면 원전을 지을 수 있고, 기존 원전도 안전 승인을 받으면 친환경 에너지로 인정한다고 발표하고 있죠. 유럽뿐만 아니라 미국과 일본 역시 마찬가지입니다. 세계적 흐름이 퇴출에서 복귀로 전환되고 있는 것입니다. 어째서일까요? 세계 인구가 늘고 경제가 성장함에 따라 필요한 에너지의 총량은 꾸준히 늘었는데, 공급이 못 따라가기 때문입니다.

2022년 3월 한국전력공사의 통계에 따르면, 석탄, 가스, 원자력 순으로 효율이 높습니다. 재생에너지는 비용은 높은 반면, 발전량은 3분의 1에도 미치지 못합니다. 효율의 관점에서는 최악입니다.

세계는 지금까지 석탄, 석유, 가스 등 화석연료를 기반으로 에너지를 만들어왔으나 상황이 바뀌었습니다. 이제 화석연료를 금지하고 친환경 에너지를 사용하려는 움직임이 공감대를 얻고 있죠. 그러나 효율이 지나치게 안 좋기에 원자력발전으로 복귀하려는 움직임이 나타나고 있는 것입니다. 원자력은 탄소 배출이 거의 없어 온난화에 영향이 없다는 점에서 최소한의 명분이 성립합니다.

원자력발전은 다음의 과정을 거칩니다. 원자는 핵과 전자로 이루어져 있고, 핵은 다시 양성자와 중성자로 구성되어 있습니다. 여기서 입자 조합을 바꾸면 다른 원소로 바뀌는데, 핵융합과 핵분열로 구분합니다. 핵융합은 두 개의 원자핵을 하나로 합치는 기술로, 태양이 이 방법으로 에너지를 방출합니다. 영화 〈아이언맨〉에 나온 아크 원자로가 바로 핵융합입니다. 엄청난 에너지를 발생하면서 용량은 무한에 가까워 꿈의 에너지원이라고 불리는데 안타깝게도 이 기술은 완성되지 않았습니다.

핵분열은 이것과 반대되는 개념입니다. 가장 무거운 원소인 우라늄에 중성자를 쏘면 불안정한 상태가 됐다가, 다시 안정적 상태로 변하려는 움직임을 보이는데 이것이 핵분열입니다. 분열하면서 나오는 에너지로 전기를 만드는 것이 원자력발전이고, 방출된 생성물 중에서 우리에게 해로운 것이 방사능 폐기물인 거죠.

핵분열을 보면 원자라는 물질이 에너지로 바뀐다는 걸 알 수 있습니다. 이렇게 물질은 에너지로, 에너지는 물질로 변화가 가능합니다. 이것이 그 유명한 아인슈타인의 상대성이론이죠. 물질이라는 원자를 쪼개서 나오는 엄청난 에너지를 활용하는 것이 핵분열 원자력발전입니다. 적은 투자로 높은 효율을 얻을 수 있으니 지금 전 세계가 다시 하려는 거죠.

원자력 재가동에 반대하는 여론도 많습니다. 아무리 관리를 철저히 한다고 해도 사고가 발생하면 어떻게 책임지느냐는 거죠. 하지만 찬성 입장도 많습니다. 1.5℃ 상승이 눈앞에 다가온 지금 화석연료를 금지하는 것은 시급한데 정작 아무 대안이 없습니다. 친환경이 조금씩 자리 잡고 효율을 끌어올리고는 있지만, 당장은 어떻게 하느냐는 거죠.

2021년, 세계 곳곳에서 정전이 발생했습니다. 같은 해 10월 최악의 경제 위기로 인해 연료난을 겪고 있던 레바논에서는 전력 공급이 완전히 중단됐습니다. 사람들은 촛불을 켜고 자가발전을 하며 버텼죠. 가난한 나라만 그런 것이 아닙니다. G2인 중국에서도 발전용 석탄 공급 부족과 중국 당국의 경직된 탄소 배출 저감 정책 집행의 여파로 9월 중순부터 광둥성, 저장성, 장쑤성, 랴오닝성, 지린성 등 최소 중국의 20개 성급 행정구역에서 전기를 제한적으로 제공했습니다. 시내의 가로등과 신호등, 건물 등의 전기가 완전히 나가버려, 자동차 불빛 외에는 아무 빛이 없는 암흑 도시가 되기도 했었죠.

이제는 에너지가 없는 세상을 상상할 수조차 없습니다. 우리가 사용하는 휴대폰, 자동차, 엘리베이터 등이 전부 멈춘다고 생각해보세요. 지하철도 못 움직일 것이고, 자가용을 가져가려고 해도 신호등이 먹통이니 교통대란이 일어날 것입니다. 따릉이 같은 공유 자전거를 빌리려고 해도, 휴대폰 앱을 열 수가 없으니 대여를 못 합니다. 요즘은 슈퍼에 가서 무언가 구매할 때 보통 현금이 아닌 카드 결제를 하죠. 하지만 휴대폰도 못 켜고, 단말기 전원도 안 들어옵니다. 요즘 클라우드니 인공지능이니 하지만, 전부 전기 먹는 하마입니다.

국가 핵심 사업으로 주목받는 배터리나 반도체 공장도 전부 스톱입니다. 한동안은 임시 전력으로 버티겠지만 그마저도 소진되면 아무것도 할 수 없습니다. 과거로 돌아갈 수는 없는 법입니다.

여기서 주목할 인물이 바로 빌 게이츠입니다. 빌 게이츠는 환경 문제에 경각심을 느끼고 과거 원전 사고를 철저히 분석했습니다. 최신 기술로 원전을 개선하고, 인간 개입을 최소한으로 하기 위해 로봇으로 원격 조작을 하고, 컴퓨터 학습을 통해 시스템을 짜 넣는 소형 모듈 원자로를 선보였죠. 신형 원전에 인공지능과 디지털 트윈을 접목한 모델입니다.

이제 투자금을 받고 증명하는 단계만 남아 있습니다. 원래는 중국을 파트너로 선택했었는데, 얼마 지나지 않아 미국과 중국의 신냉전 시대가 도래했죠. 당시 트럼프 대통령은 중국에 강한 규제를 걸었고, 그 여파로 빌 게이츠의 10년 계획이 무산됩니다. 이대로 안타깝게 사라지나 싶었는데 2022년 5월 17일 국내 포털사이트에 뉴스 하나가 올라왔습니다. 빌 게이츠의 테라파워TerraPower가 우리나라 SK그룹과 손잡고 소형 모듈 원자로Small Modular Reactor 시장 진출을 발표한 거였죠.

어떤 에너지든 결국 중요한 건 기술입니다. 기술로 효율과 안정성을 높이고, 단가를 낮추고, 오염물질이 배출되지 않는 친환경 재료를 개발하고, 발전 후에 나오는 찌꺼기를 재활용하기 위한 연구가 계속 이어지고 있습니다. 원자력은 특히 사고가 일단 나버리면 초토화되기 때문에 정말 빈틈없이 제작해야만 합니다.

자원이 부족한 우리나라는 수출입 의존도가 지나치게 큽니다. 글

로벌 공급망이 붕괴되고 있고 경제와 안보가 들쑥날쑥한 지금, 이미 기후 위기로 벼랑 끝에 몰린 지금, 재생에너지가 완숙되기까지의 중간 다리로 원자력은 고려해볼 만한 선택지가 아닐까 생각합니다. 여러분은 어떻게 생각하나요?

신기술 개발 아이디어

IPCC가 제시한 마지막 해답이 이산화탄소 감소와 연관된 신기술 개발입니다. 지금까지 등장한 아이디어 몇 가지를 살펴보겠습니다.

탄소 포집

1차 대멸종이 식물 퇴적물로 인해 이산화탄소가 형성되지 못해 일어났다는 사실, 기억하시나요? 이산화탄소와 온난화가 정비례 관계라면, 이산화탄소를 줄이면 기온도 내려가게 되겠죠. 재생에너지를 사용하는 이유도 새로운 탄소 배출 억제에 있습니다. 다만 이는 새로운 '+'를 막으려는 행동이지, 배출된 이산화탄소는 여전히 공기 중에 꾸준히 누적되고 있습니다. 그래서 공기 중의 탄소를 '-'로 전환하는 아이디어가 등장했는데, 이걸 직접 공기 포집 기술[DAC : Direct Air Capture]이라고 합니다.

데이비드 키스 미국 하버드대 응용물리학과 교수는 2015년 '카본 엔지니어링[Carbon Engineering]'을 세우고, 온난화 해결이라는 목적에 공감한 세계 부호들의 투자를 받았습니다. 이 시설은 공기 중에서 하루 약 1톤의 이산화탄소를 모을 수 있다는데, 이는 자동차 100대가 하루에 내뿜는 양과 비슷합니다. 카본 엔지니어링은 포집에 그치지 않고 이산화탄소로 합성 연료를 생산하는 기술도 개발하고 있습니다. 온난화도 막고 동시에 에너지도 생산하는 일석이조인 셈이죠. 키스 교수가 2022년 6월 국제 학술지에 게재한 논문에는 "이산화탄소를 지금보다 6분의 1 이상 저렴한 비용으로 대기에서 분리하는 데 성공했다"고 나와 있습니다. 매우 기대되는 기술이 아닐 수 없습니다.

여기까지만 들으면 현대 과학이 충분히 해결할 수 있을 거라고 생각할 수도 있는데, 그렇지도 않습니다. 우선 저 DAC가 전기 먹는 괴물이라는 점이 문제입니다. 비록 단가를 6분의 1로 줄였다는 희소식이 들리긴 합니다만, 탄소 배출 없이 전기를 생산하기 위해 친환경 에너지를 사용하는데, 탄소를 없애는 기술에도 전기를 사용해야 합니다. 그렇다면 후자의 전기는 어디서 조달해야 할까요? 모든 전기를 100% 친환경으로 전환하여 공기에 녹아든 탄소를 없애든가, 아니면 극한까지 단가를 줄여 효율을 더 높이든가, 그도 아니라면 전기 이외의 방법으로 DAC를 가동하든가 해야만 의미가 있겠죠.

이 문제의 해결을 시도한 기업도 있습니다. 미국 에너지 스타트업 '넷파워Net Power'는 이산화탄소로 돌아가는 터빈을 제작합니다. 일반적인 발전소는 석탄이나 석유로 물을 끓여 이때 나오는 수증기로 터빈을 돌리는 반면, 넷파워는 압력을 대기압의 300배로 높여 공기 중의 이산화탄소를 기체와 액체의 중간 상태로 만든 다음, 이것을 원료로 터빈을 돌려 전기를 생산합니다. 효율도 기존 증기터빈보다 훨씬 좋다고 하니 참 대단합니다.

일론 머스크도 여기 뛰어들었습니다. 일론 머스크는 2021년 4월 22일부터 2025년 4월 22일까지 상금을 걸고, 가장 혁신적이고 경제적인 탄소 포집 기술을 선보인 단체를 선발합니다. 우리나라가 꼭 우승했으면 좋겠네요.

인공 태양

원자의 두 가지 입자 조합 중 핵융합에 도전하는 사람들도 있습니다. 핵융합발전은 가벼운 원자핵을 서로 결합해 무거운 원자핵을 만들 때 원자핵 간 질량 차이로 인해 방출되는 에너지를 이용합니다. 열에너지를 무한하게 내뿜고 있는 태양과 원리가 비슷하여 '인공 태양'이라고도 불립니다.

핵융합에너지는 탄소를 배출하지 않고 연료가 무한해 꿈의 에너지로 불리지만, 상용화가 쉽지 않습니다. 현재 세계 최고 기술 보유국이 바로 우리나라입니다. 한국핵융합에너지연구원이 개발한 인공 태양은 KSTAR로 불리는데 온도가 태양보다 7배 높은 1억℃ 이상으로 올라간다고 합니다. 우리나라는 2018년 온도를 1억℃까지 올리는 데 세계 최초로 성공한 다음, 온도 유지시간을 매년 늘려가고 있습니다. 2020년에는 20초간 유지해 세계 신기록을 달성했고, 2021년 12월 30초로 늘려 세계 신기록을 자체 경신했습니다. 이제는 2026년까지 300초를 목표로 하고 있죠.

핵융합 기술이 완성되면 이론적으로는 수소 연료 1g을 사용해 석탄 8t으로 얻는 정도의 전기를 얻을 수 있다고 합니다. 핵융합 원료인 중수소와 삼중수소는 바닷물과 땅에서 얻을 수 있어 사실상 무한에 가깝죠. 게다가 핵분열을 이용하는 원전과 다르게 발전 과정에서 방사성폐기물이 나오지 않고 폭발 위험도 없다고 하니, 유지 시간을 늘릴 수만 있다면 게임 체인저가 될 것입니다.

수소

최근 핵심 에너지원으로 꼽히며 가장 주목받는 에너지 자원이 수소입니다. 수소가 연료로 주목받는 이유는 깨끗하고 생산, 저장, 운반이 안전하며 무엇보다 쉽게 구할 수 있기 때문입니다. 우주 물질 중 75%가 수소라고 하니까요.

앞에서 이야기했지만, 개인적으로는 스마트폰 다음 주자는 모빌리티가 될 것이라고 생각합니다. 환경을 고려하면 이제 등유, 경유, 가솔린차는 사라지고 전기차와 수소차 둘만 남게 될 것입니다. 지금은 테슬라 같은 전기차가 먼저 시장에 들어와 있고, 아직 수소차는 많이 보이지 않습니다. 기술 문제로 아직 단가가 높기 때문이죠.

산업통상자원부에서 배포한 작동 원리를 보면, 수소탱크에 저장해둔 수소를 전기 발생장치로 보낸 후, 산소와 화학반응을 일으켜 전기를 만들고 그 전기로 모터가 돌아갑니다. 사실 전기차와 수소차는 원리에서 큰 차이가 없습니다. 배터리에서 곧바로 전기를 보내든, 수소탱크에서 화학반응 일으켜 전기를 보내든, 둘 다 결국 모터는 전기로 돌아가는 거죠.

원리를 알았으면 이제 수소 자원을 준비해야겠죠. 다만 수소는 자연에서 단독으로 존재하지 않고 화합물 형태로 존재하기 때문에 인위적으로 분해해서 추출해야만 합니다.

수소는 추출하는 방법에 따라 그레이, 블루, 그린 세 가지로 구분하는데, 그레이 수소는 화석연료로 만들어진 전기로 추출해서 효율이 가장 높지만, 대량의 이산화탄소를 뿜어냅니다. 블루 수소는 그레이와 똑같이 화석연료로 만든 전기로 추출하는데 나오는 이산화탄소를 포집하는 것을 의미하며, 그린 수소는 재생에너지로 만든 전기로 수소를 추출합니다. 당연히 그린을 추구해야겠죠?

그렇게 얻은 수소를 탱크에 보관하고 필요할 때 꺼내 다시 물로 만드는 과정에서 발생하는 전기로 모터가 돌아가는 구조입니다. 그런데 듣다 보니 뭔가 이상하지 않으세요? 전기를 얻기 위해 수소를 사용하는데, 수소를 얻기 위해 다시 전기를 사용하는 순환의 고리가 생겨버리죠.

전기를 이용해 물$_{H_2O}$에서 수소^{H}를 분리해 저장해놓은 다음, 필요시 저장해놓은 수소를 공기 중의 산소^{O}와 결합시키는 과정에서 발생하는 전기를 이용하기 때문에, 수소차는 오염된 공기 대신 물이 배출됩니다. 하지만 순환하는 과정에서 이런저런 공정이 추가되고 전기를 사용해야 하니 사실상 손해입니다. 따라서 수소는 풍력이나 태양광 같은 무한에 가까운 재생에너지로 만든 전기를 활용하지 않으면 의미가 없습니다. 환경을 위해 수소를 사용하는데, 정작 수소를 꺼내는 데 환경오염이 발생한다면 본말전도겠죠. 하지만 재생에너지의 효율이 아직 높지 않습니다. 그래서 수소차 경쟁력이 전기차에 비해 부족한 거죠. 지금은 대부분 그레이 수소를 사용하고 있습니다. 따라서 더욱 기술력을 높이고 단가를 낮추어 그린 수소로 가는 것이 전 세계적인 목표입니다.

산업통상자원부에서 발표한 2021년 친환경 차의 판매 대수를 보면, 하이브리드와 전기차가 압도적이고 수소차는 아직 부진합니다. 전기차가 차지한 비중은 33.4%인데, 수소차는 고작 1.4%에 불과하죠. 하지만 전문가들은 꾸준히 수소차 연구를 진행해야 한다고 주장합니다. 지금이야 부족하지만, 수소차가 장기적으로는 친환경적인 측면에서 전기차보다 우위에 설 수 있다는 의견이 많습니다. 김필수 대림대 미래자동차공학부 교수는 "전기차 보급률이 20~30%로 올라가면, 원전을 더 짓기 전엔 전력 수급에 어려움이 있을 것"이라고 예측했고, 이효영 성균관대 화학과 교수도 "연료 사용 방식을 고려하면 수소차로 갈 수밖에 없다"고 주장합니다. 수소차는 물에서 수소로, 다시 수소에서 물로의 무한 사이클이 가능해 처음 분해용 전기를 친환경으로 보충할 수 있는 단가만 맞춘다면 최고의 동력원이 될 것으로 평가받고 있습니다.

현재 우리나라는 수소차 기술 세계 1위의 자리를 차지하고 있습니다. 수소연료전지의 대량 생산이 가능하고, 자동차를 만드는 능력이 대단히 뛰어나죠. 하지만 정작 수소를 분해하는 과정은 거의 그레이 수소에 의존하는 모순을 안고 있습니다. 종합적인 투자와 연구로 그린 수소로 나아가는 것이 숙제입니다.

지구 재생을 위한 신기술을 쭉 살펴봤는데 소개한 내용 중 우리나라가 1위를 차지한 게 많죠? 정말 자랑스러운 일입니다. 하지만 모두 완성된 기술이 아니기에 꾸준히 발전시켜나가는 것이 우리에게 주어진 과제입니다.

해수면 상승에 대비하라

 우리는 아직 실감하지 못하지만, 기후변화로 인한 가장 큰 위기 중 하나는 해수면 상승입니다. 북극과 남극의 빙하가 녹아내리면서 지대가 낮은 지역은 물에 잠기고 있죠. IPCC 보고서에 따르면 2100년까지 진행될 해수면 변화가 최근 발생한 해수면 변화보다 적게는 2~4배, 많게는 4~8배 빠를 거라고 합니다.

 해외에는 이미 난리 난 지역도 많습니다. 관광지로 유명한 몰디브는 2009년 10월 지구온난화에 대한 경각심을 촉구하는 의미로 수중 각료회의를 진행했고, 남태평양의 섬나라 투발루는 나라 전체가 수몰 위기에 처해 주민 상당수가 이미 뉴질랜드로 이민 간 상태입니다. 2021년 11월 사이먼 코페 투발루 외교통상장관은 사태의 심각성을 알리고자 무릎이 잠기는 해안에서 기후 위기 대응 촉구 연설을 했습니다. 태평양에 있는 섬나라 키리바시와 팔라우도 나라 대부분이 침수되어 국민들이 난민이 되었습니다. 인도네시아 수도 자카르타는 이미 40%가 물에 잠겨 2019년 수도를 보르네오섬 칼리만탄으로 이전한다고 발표했고, 2022년 8월부터 공사를 시작했습니다.

 네덜란드도 위기입니다. 국가의 3분의 1이 해수면 아래에 있기에 갈수록 높아지는 해수면에 엄청난 부담을 느낄 수밖에 없습니다. 이탈리아도 지금 베네치아와 같은 해상도시가 잠기고 있어, 대응책으로 모세 프로젝트를 추진했었죠. 바다 안에 장벽을 만들고 물이 많이 밀려오면 이걸 들어 방파제를 쌓는다는 발상이었습니다. 하지만 모세 프로젝트는 본래 계획대로 진행되지 못했습니다. 설계 문제라기보다는 관료의 부정과 환경단체의 반발로 거의 무산됐고, 앞으로 큰 피해가 발생할 것으로 보입니다.

최근 진행 중인 아이디어는 부유 도시입니다. 말 그대로 물 위에 둥둥 뜨는 도시를 말합니다. 놀랍게도 세계 첫 부유 도시의 주인공이 바로 우리나라 부산입니다. 성공적인 건설을 위해 유엔 해비타트 UN-HABITAT : 인간정주계획 한국위원회와 블루테크 기업인 오셔닉스가 손을 잡았습니다. 참고로 유엔 해비타트 한국위원회는 전 세계 도시와 인간 거주와 관련된 문제를 담당하는 유엔 해비타트 최초의 국가위원회로, 지속 가능한 발전이라는 목표 실현을 위해 도시 발전 사업을 지원하고 있습니다.

오셔닉스 부산은 육지와 다리로 연결한 해상 부유식 플랫폼 3개를 전체 $6.3ha$ 규모로 설계해 1만 2천 명을 수용하려는 계획입니다. 수몰 위기에 대응하기 위해 물 위에 도시를 짓는 것이고, 만약 이 프로젝트가 성공적으로 마무리되면 전 세계로 퍼져나갈 예정입니다. 오셔닉스 부산은 세계 첫 케이스라는 역사적 의미도 부여될 것으로 보입니다. 2030년 완공을 목표로 하고 있죠.

물 위에 짓는 부유 도시와는 반대로 물 아래에 도시를 만든다는 계획도 등장했습니다. 2022년 4월 울산시와 한국해양과학기술원 KIOST은 국내 최초로 해양수산부의 '해저공간 창출과 활용 기술개발 공모사업' 추진 대상에 선정되었습니다. 2022년부터 2026년까지 진행되는데, 수심 30m에서 3명이 체류하는 모듈형 수중 구조물을 설치해 연속 28일간 체류가 가능한지 검증한 후, 최종적으로는 수심 50m에서 5명이 체류하는 것을 목표로 하고 있습니다. 거주 공간이라기보다는 해저 사업용으로 보입니다. 만약 성공적으로 마무리될 경우, 추후 거주지 건설 확대에 대한 기대를 품어볼 수 있겠죠.

판타지 소설에서나 등장하던 천공도시 계획도 나타났습니다. 2022년 9월 세계에서 가장 높은 건축물인 '두바이 부르즈 칼리파 Burj Khalifa' 주변으로 거대한 고리 모양의 구조물을 설치한다는 구상이 발표되었습니다. 지상 550m 상공에 둘레 길이가 3km에 달하는 원형 공간과 이를 지지하는 5개의 거대한 기둥 형태로 자연과 도심 환경의 조화를 꾀한 디자인인데, 미래도시의 기준이 될 것이라고 합니다.

인간이 초래한 기후변화는 큰 피해를 불러왔지만, 그걸 기회로 도약하는 이들도 적지 않습니다. 특히 우리나라에서 다양한 시도가 이루어지고 있다는 것이 놀랍고 자랑스럽지 않나요?

적극적인 혁신을 통한 시장 선점

빨라진 기후 위기에 전 세계가 분주합니다. 정책을 만들고, 캠페인을 벌이고, 산업을 바꾸고 있죠. 국제 기후단체인 기후투명성 Climate Transparency이 2022년 10월 발표한 보고서에 따르면, 우리나라는 2020년, 2021년 그리고 2022년 3년 연속 '매우 불충분' 등급으로 낙제점을 받았습니다.

우리나라가 연속 낙제점을 받은 주 원인으로, 화석연료 자산에 대한 지나친 의존이 꼽혔습니다. 게다가 재생에너지 발전 비중은 고작

알아야 보인다

9%로 G20 국가들의 평균 수치인 29%의 3분의 1에 불과합니다. 지금 추세를 유지하면 국제사회로부터 규제를 받아 결국 퇴출당할 수밖에 없습니다. 동시에 지구의 미래를 파는 행위이기도 하죠.

이를 해결하기 위한 노력은 계속되고 있습니다. 2022년 9월 환경부는 K택소노미 초안을 공개하며 한국 원전의 안정적 운영을 약속하였으며, 10월에는 서울 코엑스에서 그린 비즈니스위크가 개최됐습니다. 참가 기업들의 주력 분야와 영역은 달랐지만, 거시적 관점에서 공통적으로 친환경 탈탄소 사회를 준비하고 있음을 확인할 수 있는 자리였습니다.

지구 곳곳에서 폭염, 폭우 등의 이상기후가 나타나고 있습니다. 친환경을 위해 에너지를 줄여야 하는데 기후변화 사태를 복구하기 위해 에너지 소모가 늘어나는 악순환이 벌어지고 있죠. 탄소 배출을 포기하는 것은 문명을 포기하는 것과 같습니다. 물건을 만들고, 전기를 사용하고, 기계를 작동시키는 모든 것에서 탄소가 배출되니까요. 발전하고 풍요를 누리려면 이산화탄소를 배출할 수밖에 없는 구조입니다. 그렇기에 이산화탄소를 배출하지 않고 성장하는 방법, 또는 이미 배출한 것을 효율적으로 흡수하고 재활용할 수 있는 방법을 찾을 수만 있다면 큰 성공이 보장되어 있습니다.

최근 코로나19 사태로 디지털 전환이 가속화되면서 ESG와 디지털 전환을 융합해야 한다는 의견이 나옵니다. ESG 모니터링과 성과 관리 등 모든 과정을 빅데이터, 인공지능, 사물인터넷 등의 디지털 기술로 뒷받침해 효율화를 추구해야 한다는 개념입니다. 유럽에서는 이미 '디지털 없는 그린 경제로의 전환은 불가능하다'는 논의가 활발하고, 디지털 기술을 잘 활용하면 2030년까지 글로벌 탄소 배출량을 지금의 5분의 1 수준으로 줄일 수 있다는 견해도 나옵니다. 포스코는 2021년 9월 디지털 트윈 제철소를 만들어 연료나 원료를 투입하기 전에 먼저 시뮬레이션을 함으로써, 각종 공정에 가장 적합한 연료와 원료의 배합을 찾고, 품질, 원가, 이산화탄소 배출량 등을 2분 이내에 시뮬레이션으로 파악할 수 있다고 합니다.

기업은 ESG와 RE100을 족쇄가 아닌 새로운 재화 창출 창구라는 시각으로 바라봐야 합니다. 세계 1위 컨설팅 회사인 맥킨지는 2050년까지 세계가 온실가스 배출량을 0으로 만들기 위해서는 275조 달러가 투자되어야 한다고 분석했습니다. 세계가 투자하는 이 어마어마한 금액, 결국 친환경 혁신을 이뤄낸 기업이 가져가지 않겠습니까?

ESG와 RE100 그리고 디지털 전환을 융합해서 '새로운 가치'를 만드는 것은 지금 우리에게 주어진 숙제입니다. 단순히 국제사회 기준에 겨우겨우 맞추는 것만 목표로 하면 혁신 없이 뒤처질 뿐입니다. 시장이 재편되는 과정에서 새로운 가치를 만들고, 선점기술을 찾아야 합니다. 효과적인 탄소 감소 솔루션을 만들어 이웃 국가에 판매하는 것도 좋겠죠. 방대한 데이터를 통해 최적의 결과를 찾아내는 것이야말로 디지털 전환의 강점이 아닐까요? 해도 좋은 것이 아니라, 반드시 해야만 하는 일이라고 국제사회가 말합니다. 즉, 확실하게 보장된 시장이라는 말이죠. 환경과 IT, 두 영역의 전문가가 만나 창조할 새로운 무언가가 기대됩니다. 한쪽만 노력해서는 안 될 일입니다. 모두가 함께 노력할 때, 분명 좋은 결과를 얻을 수 있을 것이라 생각합니다.

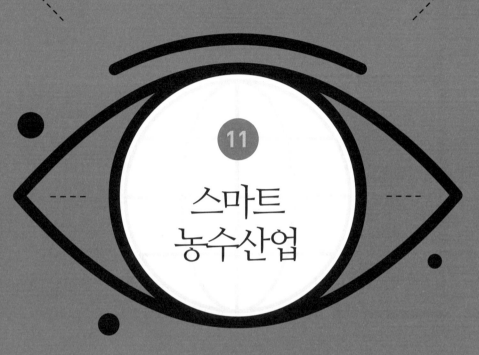

11

스마트
농수산업

#꿀벌_실종_미스터리 #고령화 #자동화
#기후변화 #디지털_전환 #지방_소멸_위기

젊은이가 없어

'지방 소멸 위기'라는 표현을 많이 들어보셨을 겁니다. 문자 그대로 지방이 사라지고 있습니다. 땅이 사라지는 게 아니라, 그 땅에 사는 사람이 사라지고 있는 거죠. 저는 개인적으로 신도시 계획의 성공 여부를 청소년이 자주 보이는지 아닌지로 판단합니다. 어른들만 보인다면 당장은 괜찮겠지만, 성장 동력이 끊긴 셈이니 오래가기는 힘들다고 보는 거죠.

통계청 자료에 따르면 2021년 고령 인구 비율이 46.8%로 역대 최고치를 찍었습니다. 전체 농가 인구는 줄어드는데 고령화지수가 높아진다는 말은 지방에 청소년과 중년층이 점점 사라지고 연로한 어르신만 계신다는 말이 됩니다. 연로한 어르신조차 하나둘 세상을 떠나시면 아무도 없는 땅이 되는데, 이것이 지방 소멸입니다.

물론 숨 막히고 답답했던 서울에서 벗어나 한적하고 공기 맑고 경치 좋은 장소를 찾아 놀러온 젊은이들은 적지 않습니다. 하지만 어쩌다 한 번 놀러 가니 좋은 것이지, 생활 터전을 잡는 문제라면 전

알아야 보인다

혀 다른 얘기가 되죠.

　여러 가지 이유가 있겠지만, 직장 문제가 가장 큰 이유 중 하나일 것입니다. 지방 하면 가장 먼저 떠오르는 직업이 농사인데 손에 흙 묻혀본 젊은이들은 요즘 찾기 힘들죠. 농사를 어떻게 해야 하는지도 전혀 모르겠고, 땡볕에 엄청 힘들 것만 같고, 어쩐지 촌스러울 것 같은 선입견이 먼저 떠오릅니다.

　발상의 전환을 한번 해보면 어떨까요. 공기 좋고, 차도 안 막히고, 돈도 잘 벌고, 남들이 멀리서 힘들게 찾아오는 핫플레이스 근처에 살면서 산책하듯이 방문할 수 있다면, 꽤 괜찮아 보이지 않나요?

　이번 장을 통해 여러분의 농수산업에 대한 인식이 바뀌었으면 합니다.

육상생태계의 변화

　국가인권위원회는 2021년 '기후 위기 인권에 관한 인식과 국내외 정책 동향 실태조사 결과 발표 및 토론회'를 열고 기후 위기에 따른 취약계층의 인권침해 피해 사례와 적응 정책 등을 발표했습니다. 1,500명을 대상으로 설문조사를 실시한 결과, 기후변화로 가장 큰 피해를 볼 것 같은 대상으로 농어민[47.5%]이 1등, 경제적 취약계층[21.5%]이 2등, 야외 노동자[14.0%]가 3등으로 나타났습니다. 농수산업은 아무래도 자연환경의 영향을 직접적으로 받을 수밖에 없죠. 과연 기후변화로 인해 어떤 현상들이 나타났을까요?

사라진 벌

2022년 1월, 남부 지방 양봉 농가에서 월동 중이던 꿀벌이 집단으로 자취를 감췄습니다. 많은 언론에서 '꿀벌 실종 미스터리'로 보도된 사건이죠. 하지만 알고 보니 남부 지방뿐만이 아니고, 전국의 꿀벌이 단체로 사라진 것이었습니다. 처음에는 주변 농가가 도둑질했나 싶었는데 전국에서 동시다발로 일어나니 이상하다고 여기고 수사에 착수했습니다. 심지어 우리나라뿐만이 아니라 해외에서도 비슷한 사건이 벌어졌죠. 꿀벌은 대체 어디로 갔을까요?

실종 사건을 조사하기 위해 농촌진흥청, 농림축산검역본부, 지자체, 한국양봉협회가 합동 조사를 실시한 결과, 범인은 기후였습니다. 기후변화에 따른 환경 변화로 인해 벌어진 사태였던 거죠. 이번 사건의 또 하나의 미스터리는 농장 주위에 꿀벌 사체가 전혀 보이지 않았다는 점입니다. 누군가가 꿀벌을 훔쳐 달아난 게 아니냐는 초기의 의혹이 여기서 나온 것이었죠. 벌은 밖이 따뜻하면 본능적으로 벌통 밖으로 나와 일하려는 습성이 있습니다. 하지만 기온에 매우 민감해서, 따뜻한 줄 알고 나왔는데 기온이 조금이라도 떨어지면 그 자리에서 죽고 맙니다. 꿀벌은 겨울잠으로 겨울을 넘기는데, 10월 이후에도 26도가 넘는 이상기후에 벌집 밖으로 나왔다가 금방 닥쳐온 추운 바람에 겨울잠을 놓치고 못 돌아온 것입니다. 양봉가는 겨울잠을 방해하지 않기 위해 보통 벌통을 열어보지 않습니다. 그래서 실제로는 지난겨울에 벌어진 사건인데 전혀 눈치채지 못하고 있다가, 다음 해 봄이 돼서야 벌이 한 마리도 없다는 사실을 뒤늦게 알게 되었던 거죠.

알아야 보인다

꿀벌 실종 사건은 단순히 양봉가의 손해에서 끝나지 않습니다. 과일과 채소, 주요 농작물 등은 벌의 도움을 받아 수분이 이루어집니다. 꿀벌이 사라지고 수분이 이뤄지지 않으면 결과적으로 농산물 가격이 오를 수밖에 없죠. 유엔식량농업기구에 따르면, 100대 농산물 중 약 71%가 꿀벌을 매개로 수분을 한다고 합니다. 꿀벌이 없어지면 당장 100대 농산물 생산량이 지금의 29% 수준으로 줄어든다는 것을 의미하죠.

급격한 꿀벌 감소 대책의 하나로 유럽에서는 버스정류장 지붕에 개화식물을 심는 움직임이 확산되고 있습니다. 도심 한가운데 꿀벌 정원을 설치해 개체 수를 안정시킨다는 취지입니다. 게다가 정류장 위의 정원은 눈의 피로를 완화하고, 더위를 식혀주며, 빗물을 흡수하는 효과도 노릴 수 있습니다. 2018년 네덜란드에서 시작된 버스정류장 꿀벌 정원은 현재 덴마크, 스웨덴, 프랑스, 벨기에, 캐나다 등에서 시행되고 있습니다.

민간기업도 뛰어들었습니다. 슈퍼카를 제작하는 람보르기니는 환경 규제 대응을 위해 '람보르기니 공원'을 조성하여 연간 60만 마리의 꿀벌을 관리하고 있으며, 연간 330톤의 이산화탄소를 흡수하고, 이산화탄소와 환경바이오 정보를 수집하여 모두가 함께 공생하는 지속 가능성을 추구하고 있습니다.

농림축산식품부는 2022년 7일 '양봉 산업 육성 및 지원 5개년 종합계획'을 발표했습니다. 꿀벌의 수분 활동이 농작물 수확에 매우 중요한 역할을 맡고 있다는 점에서 꿀벌의 공익적 기능과 가치를 높이고, 양봉 산업의 지속 성장을 지원하기로 약속했습니다. 구체적으로 2026년까지 양봉 농가의 평균소득을 5천만 원까지 올리고 양봉 산업의 규모도 1조 원으로 상향시킨다는 내용을 담고 있습니다.

농산물 지도의 변화

2022년 4월 농촌진흥청은 최신 기후변화 시나리오를 반영한 6대 과일배, 사과, 감귤, 단감, 포도, 복숭아의 재배지 변동 예측을 실시했습니다. 결과는 재배에 어려움을 겪는 과일과 그렇지 않은 과일 두 갈래로 나뉩니다. 배는 2030년대까지 총 재배 가능 면적이 증가하다가 2050년대부터 줄어들고, 2090년대에는 강원도 일부 지역에서만 재배할 수 있을 것으로 예측됩니다. 포도와 복숭아는 2050년까지는 지금 추세를 유지할 수 있는데, 그 이후부터는 재배가 힘들어집니다. 사과가 가장 큰 타격을 받는데, 재배 가능 지역이 빠르게 줄어들고, 2070년 이후에는 강원도 끝자락에서만 간신히 재배가 가능할 것으로 보입니다. 반면 감귤과 단감은 재배한계선이 상승해, 산간 지역을 제외한 중부 내륙 전역으로 재배지가 확대될 전망입니다.

기후변화의 추세가 생각보다 너무 빠릅니다. 실제 예측보다도 훨씬 빠르게 북상할 것으로 추정됩니다. 호남에서는 커피 관광단지가 조성되고, 충북 농가는 망고를 재배하고, 강원도는 인삼 주산지가 되는 거죠. 제주보다 강원도에서 감귤을 10일 이상이나 먼저 수확한다는 이상한 소식도 들리고, 강황, 구아바, 만감, 망고 같은 아열대 작물의 재배가 우리나라에서 가능해질 거라고 합니다.

지금 과일 외에도 난리 난 품종들이 많습니다. 대표적인 것이 바로 감자입니다. 햄버거와 찰떡궁합인 감자튀김과 탕수육 소스에도 들어가는 감자전분 등 감자는 우리 식탁에 없어서는 안 될 작물 중 하나입니다. 감자는 온도가 높아지면 수확량이 급격히 감소하기에 우리나라에서는 온도가 비교적 낮은 고랭지에서 재배되고 있습니다. 하지만 온난화의 영향으로 수확량이 빠르게 줄어들고 있죠.

한국전쟁 직후 최빈국이었던 우리나라는 추운 겨울을 넘기기 쉽지 않았고, 모두가 감자로 간신히 연명하며 어려운 시절을 버텼습니다. 해외도 마찬가지입니다. 신대륙 발견으로 남아프리카에 있던 감자가 유럽으로 건너가면서 굶주림으로부터 많은 사람들을 구하기도 했고, 19세기 중반 아일랜드에서는 감자 대기근이 발생해 많은 사람이 죽었으며 그로 인해 미국으로의 대규모 이민이 발생하기도 했습니다. 지금은 감자를 끼니 해결보다는 맛으로 먹습니다. 하지만 재배 가능 지역이 빠르게 줄고 수확량이 급감하면 앞으로는 부유층만 먹을 수 있는 고급 식재료가 될지도 모릅니다.

해양생태계의 변화

보통 이름 있는 수산시장에 가보면 언제나 파는 기본 수산물들이 있습니다. 지역과 계절에 따라 맛볼 수 있는 주인공은 아니지만, 주인공을 받쳐주는 조연이 없으면 아무래도 허전하게 마련이죠. 멍게가 바로 조연으로 꼽히는 수산물인데, 최근 어획량이 급감했습니다. 여름철 바다 온도가 이상하리 만큼 올라 집단 폐사한 것입니다.

2021년 12월 남해의 멸치잡이 실적은 역대 최저를 기록했습니다. 하루 배를 띄우면 기본 약 1,500만 원이 소요되는데 이 비용을 감당하기 힘들 정도로 어획량이 줄어 경남 지역 9개 선단은 멸치잡이를 아예 포기해버렸습니다. 멸치가 줄어든 원인 역시, 여름 이후 계속된 고수온으로 산란된 멸치가 제대로 성장하지 못했기 때문입니다.

1980년대 우리나라의 국민 생선은 명태였습니다. 하지만 남획으로 인한 고갈과 기후변화로 인해 명태는 서식지를 러시아 근처인 북쪽으로 옮겼고, 지금은 고등어가 국민 생선이 되었죠. 제주 바다에서 잡히던 방어와 자리돔이 이제 동해에서도 많이 잡히는 것은 기삿거리도 되지 않습니다. 이 모두가 수온 상승의 결과입니다.

양식업도 큰 타격을 받았습니다. 가장 큰 피해는 김과 미역 양식에서 발생했습니다. 광합성을 하고 부피가 커서 양식에 많은 면적이 필요하고 어류처럼 인위적으로 환경을 통제하기가 어렵기 때문에 수온 상승에 더욱 속수무책입니다. 김은 우리나라 주요 수출 품목 중 하나라서 시급히 해결책을 모색할 필요가 있습니다.

온도 외에도 바다가 빠르게 산성화되고 있다는 점도 문제입니다. 바다는 지구에서 발생하는 이산화탄소의 약 4분의 1을 흡수합니다. 아마존보다 많은 산소를 만들어내고, 적도에 있는 열을 극지로 이동시키며 지구 온도를 조절하죠. 문제는 바다가 이산화탄소를 흡수하는 과정에서 꾸준히 산성화된다는 점입니다. 산업화 이전의 우리나라 바다는 PH 8.2 정도였는데, 지금은 PH 8 정도 됩니다. 0.2 차이가 적다고 생각할 수도 있는데, 산업화 이전보다 탄소 흡수량이 2~3배 많아졌고, 그게 전부 탄산으로 변했다고 보면 됩니다.

해양이 산성화되면 무슨 문제가 발생할까요? 갑각류와 패류의 껍

질에서 칼슘을 빼앗아 껍질을 얇게 만들거나 구멍을 냅니다. 조개, 가리비, 홍합, 굴, 전복, 소라 껍데기에 구멍이 뚫려 번식이 어려워지는 것입니다. 이들은 우리의 직접적인 단백질 공급원일 뿐만 아니라 다른 종을 위한 서식처를 형성하고 생태계를 유지하는 중요한 역할을 하는 해양생물들입니다. 벌꿀이 꽃과 작물의 수분을 돕듯이 갑각류와 패류가 없어지면 해양생태계가 전부 망가지게 됩니다. 그리고 산성화가 심해지면 해파리 수가 급격하게 늘어나 어란과 치어를 포식해 물고기의 씨가 마를 수도 있습니다.

한국해양수산개발원의 자료에 따르면, 어가인구의 변화나 고령화 현황이 앞서 설명한 농가의 상황과 별반 다르지 않습니다. 인구수는 꾸준히 줄어드는 반면, 고령화 수치는 계속 높아지고 있죠. 다시 말하면, 사람 수가 많이 줄었는데 남은 분들은 전부 노인들뿐이라는 말입니다. 그 결과 서해, 남해, 동해의 어촌 중 84.2%가 소멸 고위험군으로 지정되었습니다.

이렇게 육지와 바다 모두 기후변화와 인구 감소로 인해 몸살을 앓고 있습니다. 이 문제를 어떻게 해결하면 좋을까요? 이대로 지방이 소멸하는 모습을 지켜봐야만 할까요?

디지털 전환과 플랫폼화

아직 디지털 전환이 이뤄지지 않은 분야가 많습니다. 농수산업도 그중 하나입니다. 하지만 정부에서 대단히 신경 쓰고 있는 중입니다. 지금까지 세워진 계획과 진행 중인 과제를 한번 볼까요?

자동화

1차산업이 힘든 이유가 육체노동의 강도가 높기 때문입니다. 하지만 정말로 이것이 주원인일까요? 코로나로 인해 배달이 폭증하면서 택배기사 과로 문제가 사회적 이슈로 떠올랐습니다. 젊은 사람의 체력으로도 힘든 일이 택배기사 업무라는데, 이 정도면 밭일도 할 수 있지 않을까요? 그런데 밭일과 택배 일의 보수가 같다 치고 둘 중 하나를 선택하라고 하면 아마 많은 사람이 택배 일을 고를 겁니다. 심지어 밭일이 보수를 훨씬 더 준다고 해도 그럴 겁니다. 왜 그럴까요?

큰 이유 중 하나는 1차산업이 단순 노동만으로는 할 수 없고 전문 지식을 요구한다는 점입니다. 농기구는 어떻게 사용하는지, 밭일은 어떻게 하는지, 벌꿀은 어떻게 채집하는지, 전부 다 공부하고 오랜 시간에 걸쳐 반복해야만 적응할 수 있는 일이죠. 물론 택배도 배울 것이 많겠지만, 농사나 양봉에 비하면 상대적으로 금방 익힐 수 있는 일입니다.

최근에는 이러한 작업을 패턴화하여 자동화 체계를 갖출 수 있게 되었습니다. 그 복잡한 반도체 공정도 기계학습을 시도하는 시대인데, 과연 밭일이 반도체보다 복잡할까요? '특정 작업을 패턴화하고 반복한다'는 이 매뉴얼을 사람보다 훨씬 더 잘해내는 존재를 우리는 이미 알고 있습니다. 바로 기계입니다. 여러분이 게임에서 광물을 아무리 열심히 캐봐야 작업용 매크로를 못 이기듯이, 기계는 피로도가 없어 24시간 꾸준히 작업이 가능합니다.

가축을 키우는 축사에 사람 없이 알아서 일하는 로봇이 본격 도

알아야 보인다

입되고 있습니다. 한우 200여 마리를 키울 경우, 하루에 먹는 사료가 대략 2,400kg으로 한 마리당 평균 12kg을 먹는데, 이걸 매일 아침저녁으로 줘야 합니다. 여기에 분뇨도 치워주고, 털도 청소해주고, 온도도 조절해주어야 하는 등 할 일이 너무나 많습니다. 이 과정을 기계와 분담하면 훨씬 수월해지겠죠. 오리 농장은 악취, 가스, 피부염, 미끄러짐을 막기 위해 바닥에 깔짚을 뿌리는데, 오리 종류에 따라 많게는 1일 1회, 적게는 2~3일에 1회 깔짚을 깔아주어야 합니다. 간단해 보이지만 면적이 넓어 수동으로 하려면 중노동이 따로 없습니다. 이것도 이미 자동화가 갖춰져 공중에서 기계가 왔다 갔다 하며 짚을 고르게 뿌려줍니다. 낙농가에서 가장 많은 시간을 요구하는 작업이 젖을 짜는 착유 작업입니다. 지금은 3D 카메라와 로봇 팔을 사용해 작업할 수 있게 되었죠.

2022년 9월 한국전자통신연구원ETRI은 가축을 효과적으로 통제·관리할 수 있는 스마트 안전 축사 플랫폼 '트리플렛TRIPLETS'을 개발했습니다. 트리플렛은 인공지능과 디지털 트윈 등 최신 정보통신기술을 양돈업에 접목한 것으로, 24시간 돼지의 행동 및 면역력을 분석해 질병을 예방하고 가축을 효과적으로 관리함으로써 농가의 부담을 대폭 줄여주고 생산성을 높여 양질의 축사 환경을 구축하는 것을 목표로 합니다.

꿀벌 실종 사건 이후 복원 작업이 진행 중이지만, 생물인 만큼 이전 수준으로 돌아가는 데는 아무래도 시간이 걸릴 것입니다. 사람이 붓으로 인공수분 하는 방법이 있긴 하지만, 일일이 돌아다니며 하기에는 너무 고달픈 일이죠. 2022년 4월 세종시는 배 재배 농가를 대상으로 드론에 꽃가루를 장착한 다음, 배나무 위를 날아다니면서 날개 회전 바람을 이용해 날리는 시도에 성공했습니다. 그 결과 작업이 10배 더 빨랐고, 수분 성공률도 80%에 달해 사람이 수동으로 했을 때보다 높은 효율을 보였습니다.

과일 수확용 기계도 출현했습니다. 이스라엘의 테벨 에어로보틱스Tevel Aerobotics는 2022년 초 과일 수확용 인공지능 드론인 FARFlying Autonomous Robot을 공개했습니다. 기계가 나무 사이를 지나다니며 잘 익은 사과를 구분해 상처 없이 따고 포장까지 한다니, 매우 놀랍습니다.

최근 농기계에도 자율주행 바람이 불었습니다. 사람 없이 트랙터가 직진과 후진, 회전을 하는 것은 물론이고, 사람이 나타나면 앞부분에 설치된 센서로 감지해 그대로 멈추는 레벨 3 기술이 2021년 처음 선보였습니다. 지금은 테스트 단계이지만 머지않아 상용화될 것이고, 그러면 사람은 밭 가는 일은 기계에 맡기고 다른 일을 할 수 있으니 점점 편해질 것입니다. 이런 자동화를 통해 1차산업 분야의 인력난을 해소하고, 시간과 노동력을 절감할 수 있겠지요.

디지털 전환과 플랫폼

자동화는 손으로 직접 서류를 작성하던 회사에서 복사기를 구입한 것과 같습니다. 여기서 만족하지 않고 디지털 전환을 통해 각 영역에서 도출된 데이터를 플랫폼으로 엮어 새로운 가치를 창출해야 하지 않을까요?

최근 5~6년간 샤인머스캣이라는 포도가 큰 인기를 끌었습니다.

샤인머스캣은 1988년 일본에서 세 가지 이상의 포도 종자를 인공 교배하여 만들어진 청포도입니다. 2006년 품종이 등록되었고, 일본에서 샤인머스캣을 먹어본 우리나라 농민들이 이것을 들여와 2016년부터 우리나라에서도 본격적으로 재배되기 시작했죠.

샤인머스캣이 시장에서 큰 호응을 얻자 주위에서 너도나도 따라서 재배하기 시작했습니다. 어찌 보면 당연한 수순이죠. 엔터테인먼트 업계에서 HYBE가 성공하자 다른 회사들이 벤치마킹하는 것과 같습니다. 이런 흐름이 이어지자, 시장에 샤인머스캣 공급이 꾸준히 늘어납니다. 인기 제품이었으니 초창기 수익은 괜찮았는데 나중에는 물량이 너무 많아져 가격은 내려가고, 팔리지 않은 제품은 통조림이나 주스 등 가공식품으로 전환되었죠. 이 문제를 어떻게 해결하면 좋을까요?

또 다른 예를 살펴보죠. 2022년, 쌀 생산량이 많이 늘었습니다. 풍년이죠. 하지만 농가는 웃을 수 없습니다. 우리나라는 의무 수입 물량을 포함한 쌀 자급률이 실질적으로 100%를 넘어서기 때문에 벼 재배 면적을 지속적으로 줄여왔습니다. 논에 벼가 아닌 다른 작물을 심으면 보조금을 지원하는 방식도 활용했죠. 하지만 2021년부터는 관련 예산이 반영되지 않으면서 생산조정제가 중단되었고, 농민 입장에서는 짓기 쉽고 소득도 상대적으로 안정적인 쌀농사를 포기할 이유가 없어졌습니다. 쌀 수요가 계속 줄고 있는 상황에서 과잉 수급이 발생했고 가격 하락으로 생산비도 건지기 힘든 상황이 된 거죠. 오죽하면 풍년이 재앙이라는 소리까지 나오는 실정입니다.

농림축산식품부 발표를 참조하면 벼 재배는 기계화율이 98.6%로,

타 작물에 비해 재배가 쉽고 소득률이 60.7%에 달해 진입이 쉬운 품목으로 여겨집니다. 여기서 격리 의무화를 실시해 판로 걱정이 줄면, 벼 재배 농가는 기존 생산량을 유지하거나 늘릴 것으로 예상됩니다. 농가 개개인이 전체 흐름을 읽고 필요한 작물을 재배하는 것이 아니라, 막연히 돈이 되거나 기존의 익숙한 작물을 재배한다는 뜻입니다. 농가 개인의 예측이 시장과 부합하면 다행인데, 만약 그렇지 못하면 안타까운 일이 벌어지게 됩니다.

반면 꾸준히 소비량이 늘어나는 밀의 경우 자급률이 1% 미만이며, 콩과 옥수수 생산량도 매우 낮습니다. 우리나라 식량과 곡물 자급률은 계속 추락하고 있고, 재배 불균형이 매우 심각한 수준입니다. 자급률은 OECD 최하위입니다. 여기에 기후변화로 인한 농산물 지도도 변화해 생산량에 큰 영향을 줄 것으로 보입니다. 농업 인구 감소와 고령화, 일부 작물에 치우친 기형적인 공급 과잉과 연결망 부재 등의 고질적이고 구조적인 한계가 식량안보를 위협하고 있습니다. 이 문제를 어떻게 해결하면 좋을까요?

지금까지의 대응책은 정부에서 홍보 활동을 하거나 소비 촉진 운동을 벌이고, 생산비를 반영해 농가가 최소한의 수익은 확보할 수 있도록 제도적 장치를 마련하는 정도입니다. 과연 이것이 해법이 될 수 있을까요? 이런 사태가 일어나지 않도록 사전에 방지하고 더 나아가 적합한 솔루션을 제공하는 것이 최선 아닐까요?

여러 해답이 있을 수 있지만, 전체를 포괄하는 데이터망을 만드는 것도 하나의 방법이 아닐까 싶습니다. 농사짓는 분들은 시장에 물량이 너무 많이 풀리면 가격이 내려간다는 점을 누구보다 잘 압니다. 그럼에도 불구하고 이런 사태가 벌어지는 이유는 다른 농장에서 어떤 작물을 재배하는지, 얼마나 재배하는지 알 길이 없기 때문이죠. 만약 전국의 농가가 모두 하나의 네트워크로 이어져 있고, 모든 농가가 언제 무엇을 재배할 것인지 사전에 등록하고 농사를 시작한다면, 중앙에서 이를 통계 분석해서 일련의 문제를 해결할 수 있지 않을까요? 가령 A 작물 신청 농가가 지나치게 많다면 정부가 나서서 몇몇 농가에게 B 작물 재배를 권하는 것입니다. 동시에 B 작물의 재배 방법을 교육하고 기계 대여 등의 솔루션을 제공하는 거죠. 또한, 새로운 작물 농사를 시작하는 것에 대한 감사의 뜻으로 보조금을 지원하고, 동시에 재배 과정에서의 날씨 변화, 출하했을 때의 시장 동향을 수시로 알려주어 큰 위험 없이 수확할 수 있다는 믿음을 심어주어야겠죠. 너도나도 샤인머스캣을 재배한다면, 상대적으로 반드시 감소하는 작물이 생깁니다. 만약 이 흐름을 알고 조절할 수 있다면 안정적인 시장을 형성할 수 있겠죠.

한 예로 전 세계 곡물 시장의 40%를 차지하고 있는 곡물회사 카길^{Cargill}은 자체 인공위성으로 전 세계 논밭을 매일 모니터링하고 있습니다. 생산 농가와 독점 계약하고 종자와 비료를 공급한 뒤 글로벌 유통망을 통해 판매합니다. 전 세계에서 가장 싼 곡물을 사들여 가장 비싼 곳에 판매하는 모델이죠. 이것이 가능한 이유는 세계 시장 변화의 추이와 유통망을 전부 꿰뚫고 있기 때문입니다. 카길은 곡물 시장은 물론 사료를 통해 육류 시장까지 간접 통제하고 있습니다.

우리나라도 20%에 불과한 자급률, 농지에 어르신밖에 없는 현실을 정부가 강력한 의지로 개선하겠다고 발표했습니다. 2025년에 농업용 중형 위성을 발사해 데이터 수집을 시도한다고 합니다. 상대적으로 늦긴 하지만, 그래도 전 세계의 식탁을 지배하고 있는 초국적 농식품 복합체로부터 우리의 밥상과 식량안보, 식량주권을 지키기 위한 노력을 멈춰선 안 됩니다.

애그테크AgTech 기업들도 이런 흐름에 뛰어들었습니다. 애그테크란 농업Agriculture과 기술Technology의 합성어로, 빅데이터, 인공지능, 통신기술 등 첨단기술을 접목한 차세대 디지털 농업을 말합니다. 원재료 생산 디지털화를 시작한 그린랩스Greenlabs, 모듈형 컨테이너 수직농장 '큐브'를 제공하는 엔씽N.thing, 노지 작물 생육 최적화 시스템을 제공하는 에이아이에스AIS, 식물 재배용 조명장치를 전문적으로 취급하는 쉘파스페이스Sherpaspace, 전국 농가와 직접 계약해 농가에서 가정집으로 신선한 식재료를 곧바로 연결해주는 퍼밀Permeal 등이 애그테크 기업들입니다. 특히 비상장기업인 그린랩스는 2022년 9월 2일 국내 최초로 세계경제포럼WEF : World Economic Forum의 '글로벌 이노베이터'에 유니콘 트랙시장평가 우수기업 특례 상장으로 가입하였으며, 2023년 1월 WEF가 주관하는 연례 총회인 스위스 다보스 포럼에 참가하는 쾌거를 이루었습니다. 글로벌 이노베이터는 가능성을 넘어 기술 우수성을 기반으로 고속 성장하는 중기 이후의 스타트업만 참여할 수 있습니다. 비상장기업이 유니콘 트랙으로 글로벌 이노베이터에 가입한 것은 그린랩스가 국내 최초입니다.

애그테크는 재배 단계에서부터 상품 출하까지의 모든 과정의 디지털화를 목표로 하고 있습니다. 논밭 위를 드론이 자율주행으로 비행하면서 농작물을 촬영해 클라우드에 저장하고, AI가 재배 상황을 분석해 농가에 전달합니다. 그리고 최종 수확, 판매 그리고 배송은 기계 자동화로 해결합니다. 그리고 국가 전체 현황 파악을 목적으로 교통망을 구축하고 있죠.

농업 과정에서 기계가 학습할 수 있는 데이터가 창출되는데, 이 데이터가 많아질수록 더욱 정확하고 효율적인 답안이 나옵니다. 알파고가 성장하고, 기계 번역이 발전하고, 우리 곁에 사람과 같은 챗봇이 등장한 것은 모두 수많은 데이터의 축적으로 인한 딥러닝의 결과입니다. 이 흐름이 농업에 나타나기 시작했습니다. 여러분의 참여가 많으면 많아질수록 앞으로의 솔루션과 대우는 꾸준히 발전할 것입니다.

우리는 마땅한 일자리가 떠오르지 않으면 "치킨집이나 차려볼까?"라고 말하곤 합니다. 치킨 장사 경험이 전혀 없음에도 불구하고 이런 말이 나올 수 있는 이유는 프랜차이즈 업체가 원재료에서부터 조리 기계, 유통망 등까지 전부 정비해놓았기 때문이죠. 이제 농사도 그렇습니다. 농사의 농 자도 몰라도 괜찮습니다. 농사 방법이 체계적으로 정리되어 있고 관련 기구와 기계도 전부 제공해주는 솔루션이 마련되어 있습니다. 한번은 딸기를 키웠는데 다음번에는 수박을 키우고 싶으면, 바로 해당 솔루션을 통해 최적화된 도움을 받을 수 있습니다.

이제 '농사나 지어볼까?'가 현실이 되었습니다. 손에 흙 한 번 안 묻혀본 사람도 누구나 농사를 손쉽게 지을 수 있고 훌륭한 결과물을 창출할 수 있습니다. 치킨집은 자타공인 레드오션인데 농사는 정부가 대놓고 밀어주는 블루오션입니다. 여러분은 어떤 걸 선택하겠습니까?

여기서 한 발짝 더 나아가 남들과는 다른 특출한 성과를 창출하려면 단순히 솔루션을 받는 수동적인 입장이 아니라, 이를 토대로 더 나은 결과물을 창조해내는 적극적인 스탠스를 보여야 합니다. 언제나 마지막 한 점을 찍는 이는 기계가 아닌 사람임을 잊지 않아야 합니다. 이 점을 깨닫는다면, 지방이 단순 육체노동의 현장이 아니라, 끊임없는 연구와 시도가 요구되는 새로운 시장으로 보일 것입니다.

수산업도 살펴보겠습니다. 2022년 2월 해양수산부는 '해양수산 스마트화 추진전략 2.0'을 발표했습니다. '산업 현장과 일상을 바꾸는 실질적인 스마트화', '해양수산 시설물 안전 관리 강화', '범정부 디지털 전환에 따른 투자 확대와 내부 스마트화 역량 확보' 이 세 가지가 중점 내용으로, 이는 해양 산업과 자율운항과 관련된 수출입 분야에 해당합니다. 같은 해 9월 해양수산부는 '어촌신활력증진사업 추진 방안'을 발표했습니다. 3조 원을 투입해 300개 어촌의 환경 개선에 나서, 2030년까지 일자리 3만 6천 개를 새로 만들고 어촌을 중심으로 한 생활 인구를 200만 명 늘리려는 계획입니다.

하지만 더 나아가 동해, 서해, 남해의 생태계는 지금 어떤지, 오늘 출항하는 배는 몇 척이 있는지, 어디로 가서 무엇을 잡아 오는지, 다른 배와 동선이 겹치지 않기 위한 해양 루트는 어디인지, 배 아래의 실시간 바다 상황은 어떠한지 등의 정보, 배를 한 번도 타보지 않은 일반인이 이 분야에 뛰어들 수 있는 솔루션, 장비 대여, 잡은 물고기를 시장에 빠르고 신선하게 판매할 수 있는 유통망 소개 같

알아야 보인다

은 것은 찾기 힘듭니다. 따라서 "마땅히 할 것도 없는데 어디 배 타고 고기나 잡아볼까?"라는 말은 아직 뱉기 어렵겠지요. 진출한 민간기업을 찾기도 어렵습니다.

외국인 대체 현상이 심화되고 있는 가운데, 마이스터고등학교 졸업생들마저 관련 일자리 취업을 기피하고 있다는 지적이 제기되고 있습니다. 2022년 9월 11일 해양수산부가 공개한 자료에 따르면, 현재 수산계 마이스터고로 분류되는 완도수산고와 포항해양과학고의 수산계 취업률은 2017년 각각 79%, 55%에서 2021년 32%, 19%로 추락했습니다. 특히 마이스터고 졸업 후 수산업 관련 창업에 도전한 사례는 5년째 단 하나도 없었다고 합니다. 관점을 바꿔 생각하면 이미 디지털 전환이 시작된 농업과는 달리, 수산업은 발걸음조차 떼지 못했다는 것을 의미하죠. 이는 앞으로 무한한 가능성이 존재하는 새로운 시장이 될 수도 있다는 말입니다. 게다가 앞으로는 자율주행 상용화로 인프라가 밀집한 도시의 장점은 점점 희미해지고, 주변에 산이나 물 등 자연환경이 좋은 장소의 가치가 점점 올라갈 가능성이 크다는 점도 고려해볼 만하죠.

현재 지방은 다시 태어나고 있습니다. 누차 반복해서 말씀드리지만, 새로운 시장의 출현에 있어 가장 중요한 것은 기술과 IP이고, 그다음은 선점입니다. 주식에서 큰 이득을 보는 방법은 저점에 매수해서 고점에 매도하는 거죠. 지금 농수산업이 바로 그 저점이라고 할수 있습니다. 이 저점을 어떻게든 끌어올리려는 강한 의지가 여기저기에서 드러나고, 또 작용하고 있습니다. 현재 멈춰선 지방이 새로운 블루오션이 될 수도 있습니다.

12

인구 절벽

#출산율 #불평등 #코로나19 #알고리즘
#한강의_기적 #고교학점제
#자율전공 #성장과_복지 #창조적_인재

어린아이들이 보이지 않아

11장에서 지방 소멸의 위기에 대해 이야기했는데, 사실은 지방만의 문제가 아닙니다. 지금 우리나라 자체가 없어질 위기입니다.

통계청에 따르면, 전 세계적으로 출산아 수가 점점 줄어드는 추세입니다. 하지만 세계 추세가 다소 정돈된 모양을 보여주는 반면, 우리나라 인구 그래프는 매우 기형적으로 가파른 절벽을 이루고 있죠.

최근 들리는 소식을 살펴보면 좋은 소식은 없고 나쁜 소식만 잔뜩입니다. OECD^{경제협력개발기구} 소속 국가 중 우리나라는 출산율이 압도적인 꼴찌입니다. 통상 합계출산율이 가임여성 1명당 1.3명 미만일 경우 초저출산 국가로 불리는데, 우리나라는 2016년에 이미 그 숫자에 근접했고, OECD 꼴찌를 달성한 후 지금까지 그 자리를 단 한 번도 내준 적이 없습니다. 굳이 OECD를 언급할 필요도 없이 전 세계에서 최하위입니다. 2021년은 0.81명이었고, 2022년 3분기에는 0.79명으로 나타났습니다.

우리 사회는 언제부터 저출산 문제를 고민하기 시작했을까요? 연령대에 따라서 기억하는 관점이 다를 것 같습니다. 한때 자녀를 너무 많이 낳아 국가에서 자중하라고 했던 시기도 있었죠. 1960년대 정부의 산아제한 정책이 시행될 때 우리나라의 합계출산율은 6.0이라는 놀라운 수치를 기록하고 있었습니다. 당시의 어른들은 산아제한 정책을 들으며 성장했을 테고, 저와 같은 80년대생은 성인이 되고 나서 언제부터인가 저출산 문제가 있다는 이야기를 들었을 겁니다. 현재 10대와 20대는 어릴 때부터 저출산 문제가 심각하다는 소리를 듣고 자랐을 테고요. 2002년 합계출산율 1.3명 미만의 초저출산 사회로 진입하자 인구 절벽에 대해 위기감을 느낀 정부는 출산장려 정책을 시행하고 포스터와 표어도 시대에 맞게 바꾸었죠. 인구 유지에 필요한 합계출산율을 보통 2.1명으로 잡습니다. 0.79명이면 기준의 3분의 1 수준인 거죠. 심각한 상황입니다.

이번 장에서는 인구 감소로 인해 어떤 문제점이 나타났는지 알아보고, 이를 해결하기 위한 방법을 경제, 교육, 갈등이라는 세 가지 관점에서 살펴볼까 합니다.

악순환에서 선순환으로

한국전쟁 직후 대한민국은 세계 최빈국으로 분류되었습니다. 당시 1인당 GDP가 67달러였다는 게 믿기나요? 어떻게든 발전해보겠다는 일념으로 4대강 유역 종합개발, 통일벼 보급, 복합 영농화, 새마을운동 등을 시행한 결과, 우리나라는 급격한 경제성장을 이뤘습니다. 세계는 이 모습을 보고 '한강의 기적'이라고 불렀고, 우리나라는 아시아의 네 마리 용_{대한민국, 홍콩, 싱가포르, 대만} 중 하나로 꼽혔죠.

수출 품목의 변화를 보면 우리나라의 발전상을 확인할 수 있습니다. 1960년대에는 철광석, 중석, 무연탄, 돼지털 등 원자재가 대부분이었습니다. 그때는 기술도 없고 자원도 없었죠. 노동력으로 가능한 것은 무엇이든 판매하던 시절입니다. 1980년대에는 원자재였던 실과 목재 대신, 의류와 가구가 수출 품목이 됩니다. 놀라운 것은 자동차, 반도체, 컴퓨터를 수출하기 시작했다는 점입니다. 고작 20년 만에 해외시장에 경쟁력을 가진 디지털 제품을 생산하게 됐다는 말이죠. 게다가 지금 국가 중요 산업으로 지정된 반도체가 80년대 수출 품목에 있었다는 것이 놀랍습니다. 2000년도 이후부터는 단순 조립 생산을 넘어 기술 산업에 뛰어들었고, 반도체와 자동차가 꾸준히 상위 1, 2위를 차지합니다. 2021년 현재 우리나라는 개발도상국을 넘어 선진국으로 탈바꿈하면서 디지털 강국에서 이제 우주산업 강국으로의 도약을 앞두고 있습니다.

한강의 기적을 통해 우리나라는 폭발적으로 성장했습니다. 전 세계 역사상 유례를 찾아보기 힘들 정도의 발전이었죠. 그 성장 배경에는 위 세대의 희생을 빼놓을 수 없습니다. 타 국가와 비슷한 성능이면 낮은 가격으로 경쟁해야 하는데, 이것을 우리 위 세대의 인력으로 보충했던 거죠.

우리 위 세대는 한국전쟁 이후 극심한 빈곤을 경험했고, 이를 극복하려고 정말 열심히 일했습니다. 묵묵히 일하면 변한다고 믿었고, 실제로 변했습니다. 결과는 한강의 기적이라는 형태로 보답받았죠. 그들은 최빈국을 선진국으로 변화시켰다는 자부심을 가지고 있습

알아야 보인다

니다.

　이후 태어난 젊은이는 위 세대의 희생 덕분에 다행히 극심한 빈곤을 겪지 않았습니다. 하지만 그와 동시에 국제 정세도 조금씩 변화했죠. 저렴한 노동력을 기반으로 하는 세계 공장이 중국과 동남아시아로 이전하고, 기술 면에서도 중국 기업이 빠르게 추격해오는 상황에서 한국의 입지는 점점 좁아졌습니다. 값싼 인력으로 대체하는 방법에 한계가 찾아온 것입니다. 여기에 2019년 코로나19로 인해 수출입이 어려워진 데다, 2022년엔 우크라이나와 러시아 사이에 전쟁까지 발발했습니다.

　최강대국으로 불리는 미국, 러시아, 중국 모두 땅과 자원, 인구가 많습니다. 땅이 넓으면 큰 시장이 생기고, 자원이 많으면 풍족한 발전을 이루고, 사람이 많으면 다양한 시도를 통한 혁신이 일어납니다. 하지만 우리나라는 셋 모두 부족합니다. 그래서 국내보다는 해외로 눈을 돌린 수출 주도형 모델이 형성된 거죠. 하지만 이 모델이 붕괴되고 말았습니다.

　해외시장 의존도가 높은 우리나라는 국제 정세가 변화하면 인재상도 변화해야 합니다. 하지만 그러지 못했습니다. 위 세대는 기존의 방법을 강요했습니다. 자신들이 그렇게 성공했으니 그 방법이 옳다는 확신이 있는 거죠. 방법을 답습한 많은 청년들이 좌절에 빠졌습니다. 분명 그대로 했는데 성공하지 못한 이들에게 위 세대는 자기 경험에 비추어 재차 더 노력할 것을 요구했습니다. 그리고 같은 과정이 반복되었죠. 위 세대는 틀리지 않았습니다. 그리고 젊은 세대가 노력하지 않은 것도 아닙니다. 시대가 바뀌었고 우리가 유연하게 적응하지 못한 결과일 뿐이죠. 지난 시절엔 성실히 일하는 것이 성공의 필요조건이자 충분조건이었다면, 현재 긱 이코노미 시대에서 성실히 일하는 것은 필요조건일 뿐, 충분조건은 아닌 것입니다.

위 세대는 대부분 20대 초반에 직장을 구했고, 첫 직장을 평생직장으로 생각했습니다. 당시 힘들고 부족한 상황에서도 묵묵히 일하면 월급이 늘어나는 성취감을 누렸고, 집값도 당시엔 아직 그리 높지 않아서 대출을 받아 평생 조금씩 갚으면 언젠가는 자기 집을 가질 수 있었죠.

반면 지금의 청년들은 사회 진출이 훨씬 어려워졌습니다. 경제불황으로 첫 직장에 들어가는 나이는 점점 늦어지고, 스펙 인플레이션 현상이 나타났습니다. 집을 사려고 해도 가격은 천정부지로 높아져 평생 일해도 살 수 없는 지경이 되었죠. 대출 규제도 생겼고 1인 가구는 주택 청약의 가망조차 없습니다. 노력하면 보답받는 성취감을 느껴야 새로운 동력으로 이어지는데, 이 흐름이 끊겨버렸습니다. 아무리 노력해도 성공할 수 없다는 인식이 퍼졌고, 성공한 부모를 두어 출발선부터 앞서간 동년배들의 이야기를 들으면서 불평등에 대한 인식도 점차 확산되었죠.

성실하게 일해서 성과를 얻기 어려워지자 한탕주의가 등장합니다. 부동산이 급상승할 때 인생 베팅으로 한탕, 코인이나 주식으로 또 한탕. 물론 그렇게 해서 돈을 많이 번 사람들도 있습니다. 하지만 잃은 사람들이 훨씬 많습니다.

사람은 힘들 때가 아니라 희망을 잃었을 때 절망합니다. 아무리 노력해도 성공할 수 없고 박탈감만 느끼는 현실을 마주하자 미래가

알아야 보인다

아닌 오늘을 위해 살기 시작합니다. '꼰대', '욜로' 등은 전부 이 과정에서 나타난 신조어입니다. 꾸준히 노력해서 직장을 잡고 열심히 일하면 성장할 수 있던 체계가 무너져버렸습니다. 경제 부담이 되니 나의 자유와 행복을 해칠지도 모르는 결혼과 출산을 선택하지 않습니다. 어떤 면에서는 합리적인 선택입니다. 당장 혼자 생활하기도 벅찬데 누군가를 어떻게 책임지겠습니까. 하지만 개인의 합리적 선택이 장기적으로는 모두의 절망적인 미래로 이어집니다.

상황이 이런데, 단순히 '하나는 외롭습니다' 같은 표어로 마음을 돌릴 수 있을까요? 억지로 낳으라고 해도 아무도 안 낳습니다. 지금 자녀를 위해 자기 인생을 희생하는 사람은 많지 않습니다. 아이 하나당 억 단위가 들어가는 판국에 어설픈 복지는 의미가 없습니다. 부모에게 희망을 주어서 자발적으로 아이를 낳아 키우는 분위기를 형성하는 게 우선 아닐까요? 결혼이나 출산 후에도 일을 계속하거나 본인 생활을 지속할 수 있도록 공공 보육 시스템을 강화하고, 사교육에 집안 기둥이 뽑히지 않아도 되는 교육 시스템을 구축하고, 싱글맘이나 싱글파파가 혼자서도 충분히 자녀를 키울 수 있는 사회적 분위기를 형성하는 것은 기본이고, 그 이상의 어떤 만족감을 주어야만 합니다.

무엇보다 내 집 장만이 가장 큰 장벽입니다. 신혼부부에게 파격적인 집 제공이 필요하다고 생각합니다. 전 세계에서 가장 빠르게 인구가 줄어가는데, 공급을 늘려 가격을 내리는 것이 맞을까요? 가령 결혼하면 월세에 n년 치 집세를 내주고, 아이를 낳으면 월세를 50% 깎아주고, 셋을 낳으면 평생 공짜로 임대해주고, 이사를 가야 할 상황에 부닥치면 새로 거처를 마련해주는 정도는 해주어야 걱정 없이 새로운 출발을 할 수 있지 않을까요? 아이를 낳지 않은 사람이 낳은 사람을 크게 부러워할 정도가 아니면 쉽지 않을 것 같습니다. **소멸 위기에 직면한 출산율 세계 꼴찌의 나라에서 출산 환경을 챙기는 것보다 더 중요한 게 있을까요?**

현재 프랑스, 스웨덴, 독일 모두 높은 출산율을 유지하고 있습니다. 특히 독일은 2020년 3월 신생아 출산이 1998년 이후 최고치를 기록해 전 세계를 놀라게 했습니다. 더욱이 코로나19의 충격으로 세계 각국의 출산율이 떨어지는 와중에 나온 소식이라 더더욱 주목받았죠. 독일은 1970년대 후반부터 재정 투입을 통한 저출산 대책을 마련했는데 2022년 2월 기준으로, 아이를 낳으면 아이가 만 25세가 될 때까지 매달 약 30만 원을 제공합니다. 셋째 아이부터는 금액이 더 올라가고, 물가가 오르면 지원 금액도 연동해 올라간다는 점이 특징입니다. 대학 학비는 전액 무료입니다. 출산휴가 중에 월급의 65%를 지원하는 부모 보조금이나 육아 세금 공제의 혜택도 있는데, 연봉이 높을수록 공제액도 올라갑니다. 부자들 사이에서도 출산율을 높이기 위한 전략이죠. 일론 머스크는 잘살수록 아이를 안 낳는다고 했는데, 세계 부호들을 보면 대체로 그런 경향을 보이는 게 사실입니다. 재산에 따라 지원 정도의 차이는 있더라도, 혜택은 모두에게 가는 것이 맞습니다. 아이는 모두 소중하니까요.

2019년 한국은 GDP 대비 공공사회복지 지출 비율이 12.2%입니다. 여기에 한국의 고령화 속도를 감안하면, 사회복지 지출액 역시 빠르게 늘어날 전망입니다. 앞서 프랑스, 스웨덴, 독일을 언급했는데, 그 나라와 같은 수준의 복지를 실행하려면 세금을 지금보다 2배 이상 내야만 합니다. 지금처럼 세금을 덜 내고 복지를 덜 받는 것이 좋은지, 아니면 유럽처럼 세금을 더 내고 복지를 더 받는 것이 좋은 지는 모르겠습니다. 하지만 지난 20년 가까이 시행해온 다양한 출산 장려 계획의 결과가 전부 성공적이지 않았던 것만은 분명한 사실입니다. 증세가 꼭 정답이라고 할 수는 없지만, 세계 꼴찌 딱지를 떼려면 무언가 변화가 있어야 하지 않을까요?

이제까지의 내용에 위 세대를 향한 푸념이 얼마간 담겨 있었다면, 청년층에게도 당부할 것이 있습니다. 청년층도 반성해야 합니다. 몰라도 열심히만 하면 괜찮은 시대는 지났습니다. 젊은이들은 위 세대의 인형이 아닙니다. 위 세대가 설령 시대와 맞지 않는 요구를 했다 하더라도 스스로 수정해나갈 수 있어야 합니다. 땅도 작고, 자원도 없고, 사람도 적은데 글로벌 공급망조차 붕괴한 지금, 우리에게 남은 것은 창조형 인재가 되는 방법밖에 없습니다. 혁신적인 기술과 행동으로 현실을 넘어서야만 합니다. 그러기 위해서는 끊임없이 고민하고 연구해야만 하죠. 한쪽만의 노력으로 해결되는 현상은 없습니다.

청년들이 자신의 삶을 위해 창조적 인재가 되고 행복하길 바랍니다. 그러면 자연스럽게 사회적 선순환으로 이어질 거라 믿습니다.

교육의 변화

창조적 인재 개념은 지금까지 계속 강조해왔죠. 인재 양성을 위한 최근의 교육정책은 어떻게 변화해왔는지 이야기해볼까요.

2022년 6월 중국은 우리나라 대통령의 나토 방문에 대해 격렬하게 반응했습니다. 이것은 한국이 미국 편인지 중국 편인지 묻는 것과 같습니다. 근데 잘 생각해보면 이런 질문은 개발도상국에게나 하는 질문입니다. 우리는 이미 선진국으로 대외적으로 그들과 동등한 입장입니다. 그런데 만약 동등하게 여겨지지 않는다면 그건 우리의 기술주권이 부족하기 때문일 것입니다. 우리는 과연 기술주권을 얼마나 가지고 있을까요?

기술주권은 국가의 미래와 국민의 삶에 꼭 필요한 전략 기술을 주권적 의지에 따라 확보할 수 있는 능력을 말합니다. 기술주권을 가지고 있으면 자신의 의견을 국제시장에 반영할 수 있습니다. 반대로 기술주권이 없다면 주권국가의 요구대로 해야만 합니다. 그들의 기술이나 지식에 의존하지 않고는 경제 게임에 참여할 수 없기 때문이죠.

세계를 주름잡을 자격은 스스로 문제를 창조하는 능력이 있느냐 없느냐에 달렸습니다. 그것도 답이 정해져 있지 않은 문제를 말이죠. 새로운 문제를 만들어내는 자를 기술 선도국, 제시된 문제를 풀며 따라오는 자를 개발도상국이라고 부릅니다. 개발도상국은 문제 해결 과정에서 선도국의 지식과 방침을 따르면서 조금씩 길들여지게 됩니다. 한국도 얼마 전까지는 개발도상국이었죠.

지금까지 해온 작업을 오늘도 똑같이 하면 편합니다. 수없이 해와서 익숙하고, 숙련도도 높고, 깊이도 있습니다. 하지만 변화는 적습니다. 일본이 이런 식으로 추락하고 있죠. 지금은 아무도 해보지 않았던 새로운 시도가 필요합니다. 누구도 생각해보지 못했던, 누구나 안 될 거라고 했던 것을 참신한 방법으로 성공했을 때 파격적인 보상이 뒤따릅니다. 애플의 아이폰이 그랬고, 다르파 챌린지의 불완전했던 자율주행 시도도 그랬고, 어디에서도 배울 수 없는 우주 기술 개발도 마찬가지입니다.

새로운 것을 시도하는 과정에는 실패가 따라옵니다. 선진국도 예외가 아닙니다. 미국이 로켓을 우주에 보내기까지 수없이 많은 실패가 있었고, 테슬라는 지금도 자율주행 사고를 내고 있습니다. 하지만 무수히 많은 시행착오 끝에 결국은 대박이 터졌고, 앞으로도 대박이 터질 것이라고 사람들은 믿고 있습니다.

답이 없는 새로운 것을 고민해보세요. 여러분이 하고 싶은 것에 도전해보세요. 위 세대가 아무리 좋다고 해도, 주변 사람들이 전부 권한다고 해도 본인이 싫으면 싫은 겁니다. 반대로 남들이 아무리 말려도 본인이 좋으면 즐거운 것입니다. 자기만의 고유 분야에서 새로운 가치를 발견했음을 증명하기만 하면 됩니다.

우리나라는 e-스포츠 세계 최강대국입니다. 철권, 스타크래프트, 리그 오브 레전드 등 세계 대회에서 우리나라가 과거부터 지금까지 꾸준히 세계 1위를 놓치지 않고 있죠. 불과 얼마 전까지 게임은 우리나라에서 질병 취급을 받았습니다. 하지만 2022년 9월 드디어 게임을 문화예술 범주에 포함시키는 '문화예술진흥법 일부개정법률안'이 국회의 문턱을 넘었고, 10월에는 예술의 전당이 넥슨 게임사와 문화예술 교류 협력을 위한 MOU를 체결했을 정도로 인식의 변화가 이루어져 왔습니다. 혹시 여러분은 아직도 게임이 질병이라고 생각하나요?

개척되지 않은 분야를 상상하고 새로운 가치를 찾아내는 인재를 양성하기 위해 국가가 교육을 개선하고 있습니다. 고교학점제에 대해 한 번쯤 들어보았을 겁니다. 고교학점제는 1학년 때 공통과목을 수강하고, 2·3학년 때 자신의 진로와 적성에 따라 스스로 과목을 선택하고 학점을 취득해서 졸업하는 제도를 말합니다. 대학과 비슷하죠. 교육부는 고등학교 과정이 직업 세계에 입문할지, 대학에 진학할지, 만약 대학에 간다면 어떠한 전공을 선택할지 정하는 중요한 기로라고 설명하며, 앞으로는 학습자가 자신에게 필요한 과목을 직접 선택하고 공부함으로써 적성과 소질을 발견하고 스스로 진로를 개척할 수 있을 거라고 말합니다.

대학도 변화하고 있습니다. 지금까지는 수능 점수에 따라 전공 하나를 선택해 입학했죠. 하지만 막상 들어와서 공부해보니 본인한테 안 맞는 경우가 왕왕 발생하고 흥미와 성취도가 떨어지고 맙니다. 그래서 최근 확장하고 있는 것이 자율전공입니다. 자율전공은 자신이 속한 대학의 강좌 대부분을 자유롭게 수강할 수 있는 커리큘럼입니다. 가령 본인이 앞으로 자율주행 분야로 진출하고 싶다면, 스스로 다양한 자료를 수집한 후 소속 대학에서 단계별로 필요한 지식을 얻을 수 있는 과목을 선택합니다. 그리고 전문 멘토와 함께 상의한 후 4년 학습 계획을 완성하는 것입니다. 보통 논문보다는 특정 프로젝트를 수행하고, 평가 결과에 따라 졸업 여부가 결정됩니다. 실용적인 프로젝트를 수행한 다음, 그 성과를 취업이나 사회에 진출할 때 활용하는 거죠.

알아야 보인다

중국은 북경대, 청화대, 남경대 등에서, 미국은 캘리포니아공과대와 컬럼비아대 등에서 자율전공을 실행하고 있고, 특히 스탠퍼드대는 2022년 모든 학과를 통합하여 학제 간 융복합에 신경 쓰고 있습니다. 우리나라는 서울대, 카이스트, 한양대 등에서 자율전공을 실행하고 있고, 이런 추세는 조금씩 확대될 전망입니다.

이렇게 스스로 학습 계획을 설계하는 제도를 고등학교에서는 고교학점제, 대학에서는 자율전공이라고 부릅니다. 틀에 짜인 커리큘럼을 그대로 따르라고 하는 것이 아니라, 학생 스스로가 흥미를 느끼고 배우고 싶은 것을 직접 선택해서 공부하는 제도인 거죠. 하지만 정작 자기 자신에 대해 잘 모르는 사람이 많습니다. 실제로 제가 상담 중에 가장 많이 받은 질문도 "저는 제가 무엇을 좋아하고, 무엇을 하고 싶은지 모르겠어요"라는 것이었습니다.

이 책을 쓰고 있는 저도 한때 그랬습니다. 대학에 입학했지만 하고 싶은 것도 모르겠고, 오랫동안 방황하다 군 복무를 마친 25살이 되어서야 중국 소재 대학에서 1학년부터 새로 시작했죠. 대학생조차 이런데, 중학교나 고등학생 중에 "나는 A 분야가 재미있고, 최근 사회에서 유망하다고 들었어. 그래서 앞으로 B 직장을 구할 거고, 학교에서 C 형태의 수업 계획을 세울 거야"라고 말할 수 있는 학생이 과연 몇 명이나 될까요?

그래서 이 책을 썼습니다. 최근 우리나라를 포함한 세계가 어떻게 돌아가고 있는지, 요즘 유망한 분야가 무엇인지, 그리고 그 분야에 뛰어들려면 어떤 지식이 필요한지 소개하고 싶었습니다. 미래 세대가 스스로 자신의 미래를 계획하는 데 도움이 되기를 바랍니다.

갈등과 화합

　갈등과 화합이 최근 중요한 이슈입니다. 이것을 방해하는 요소 중 하나가 불평등입니다. 지금은 예전과 다르게 왕이나 귀족 같은 계급 차이 없이 모두가 평등합니다. 대통령이니 장관이니 하는 것은 직책이지, 계급이 아닙니다. 우리는 모두 자신의 욕망을 이루길 원하며 만약 방해받거나 이루지 못하게 되면 불만을 느낍니다.

　많은 청년들이 불평등하다고 느끼는 가장 큰 이유 중 하나는 소득 격차입니다. 2013년 소득세제 개편을 통해 하위 90%의 세율은 줄이고 상위 10%는 늘린 결과, 소득 격차는 꾸준히 줄어들었습니다. 하지만 정작 우리는 여전히 사회가 불평등하게 느껴집니다. 왜 그런 것일까요? 여러 요인이 있지만 가장 큰 요인 중 하나는 일자리 자체가 줄었기 때문입니다. 대부분의 청년들은 대기업을 선호합니다. 급여와 복지 혜택이 상대적으로 빈약한 중소기업을 선호하지는 않죠. 철밥통이라며 인기가 많았던 공무원조차 소득이 적고 답답하다는 이유로 사표를 쓰는 시대입니다. 누구나 많은 월급과 안정적인 환경을 원하지만, 대기업 채용인원 수를 늘리는 것은 현실적으로 불가능합니다. 그러면 어떻게 해결해야 할까요? 정답은 대기업의 수 자체를 늘리는 것입니다. 파이를 키우는 거죠. 이미 존재하는 중소기업에 대한 지원을 늘려 대기업으로 성장할 수 있도록 돕고, 새로운 기술과 아이디어를 가진 뉴페이스를 키워내는 것입니다. 틱톡, 두나무, 카카오톡, 배달의민족 등은 모두 한때 스타트업이었죠. 기존에 없던 새로운 가치를 창출하고 새로운 기술을 만들어 기술주권을 확립할 수 있다면 얼마든지 가능합니다.

근래 세대 갈등도 심화되었습니다. 위 세대가 시대와 맞지 않는 모델을 강요하는 것도 하나의 요인이겠지만, 서로 간의 공통 관심사가 사라진 것도 큰 이유 중 하나입니다. 청년들 입장에서는 노인들이 말하는 주제가 무엇인지 잘 모르겠고, 노인들 입장에서는 젊은이들의 가치관이 답답하기만 합니다. 무분별한 신조어도 소통 장애에 일조하고 있죠.

방송통신위원회의 자료에 따르면 스마트폰이 필수라고 인식하는 비율은 점점 높아지고, TV는 반대로 점점 낮아지고 있습니다. 요즘 TV의 주 시청자는 노년층입니다. 당연하다면 당연한 일입니다. 스마트폰의 대명사로 불리는 아이폰 3가 우리나라에 보편적으로 보급된 시기가 겨우 2010년입니다. 지금은 스마트폰이 없는 사람이 없지만, 우리 손에 들어온 게 이제 고작 10년 남짓에 불과합니다. 태어나면서 스마트폰을 접한 세대가 있는가 하면, 인생 후반기에야 겨우 사용을 시작해 조작에 서툰 사람들도 매우 많습니다.

TV와 인터넷SNS, OTT 등 포함의 결정적인 차이는 프로그램에 등장하는 인물의 인지도가 필요한가 하는 점입니다. TV에 생판 처음 보는 사람이 나오면 '저 사람 누구야?' 하고 갸웃갸웃 궁금해하다 끝납니다. 이러면 시청률에 영향이 가기에 누가 봐도 아는 사람을 출연시켜야 합니다.

TV는 방송사가 정한 프로를 방영하고 우리는 그것을 시청합니다. 시청자의 의사가 반영되기 어렵습니다. 또한, 그 범위는 국내로 한정되어 있습니다. 반면 인터넷은 알고리즘의 인도로 우리가 보고 싶어 하는 것만 골라 보여줍니다. 그리고 전 세계 사람들이 시청하기에 본인만의 개성만 있다면 출연진이 누구인지는 그다지 중요하지 않죠.

"알 수 없는 알고리즘이 나를 여기로 이끌었다." 요즘 유행하는 말입니다. 알고리즘은 우리에게 맞춤형 매칭을 해줍니다. 그리고 우리는 점점 개별화되어 갑니다. TV 시청률이 높았던 2000년 이전에는 모두의 관심사가 있었는데, 스마트폰의 확산과 더불어 트위터나 인스타그램과 같은 SNS, 유튜브나 넷플릭스와 같은 OTT 플랫폼이 나타나자 젊은 층은 각자의 개별 관심사로 빠져들었습니다. 그러면서 노년층과의 공통 관심사는 점점 사라지게 되었죠.

성별 갈등도 세대 갈등과 같은 맥락입니다. 모두가 모두를 미워하는 시대에는 모두가 피해자가 될 수밖에 없습니다. 모두가 피해자인 동시에 가해자인 셈이죠. 왜 이렇게 됐을까요?

우리는 인터넷 미디어에서 많은 정보를 얻고 있습니다. TV와 인터넷의 또 하나의 차이점은 검열의 정도입니다. 공중파는 일정 기준에 따라 검열을 받습니다. 잘못된 정보, 분란을 조장하는 정보, 불건전한 정보 등은 방영 전에 검열을 받고, 만약 이를 위반하면 방송 불가 판정을 받기도 합니다. 즉, 방영된 자료는 필터링된 건전한 자료가 됩니다. 하지만 인터넷은 검열이 상대적으로 적습니다. 인터넷에서는 알고리즘의 선택을 받아야 조회수가 올라갑니다. 그리고 소비자의 선택을 가장 쉽게 받을 수 있는 것 중 하나가 바로 혐오 콘텐츠입니다.

혐오 콘텐츠는 반복적으로 많은 선택을 받을 수 있습니다. 자극적

알아야 보인다

이고 중독성이 높고 전파력이 강하죠. 노골적으로 특정 집단을 공격해 상처를 입힙니다. 그리고 많은 이들이 동조하면 동조할수록 뒤에서 웃는 이들이 있습니다. 바로 혐오를 조장한 크리에이터죠. 인터넷에 올라온 혐오물을 보면서 다수와 함께 열광하면 모종의 동지 의식이 생기고, 마치 뒤에 든든한 한편이 있는 느낌을 받습니다. 그리고 상대적으로 약하다고 생각하는 이를 물어뜯습니다. 그런 사례 중 하나가 지금의 성별 갈등이라고 생각합니다.

2021년 10월 미국 CBS의 시사 고발 프로그램 〈60 Minutes〉에 내부고발자 프랜시스 하우겐Frances Haugen이 출연해, 페이스북이 자사의 이익을 위해 증오, 폭력, 혐오와 가짜뉴스의 유통을 이용하고 있고, 오히려 이런 사실이 외부에 알려지지 않도록 은폐를 시도했다는 사실을 폭로했습니다.

프랜시스 하우겐은 페이스북이 이용자와 비슷한 생각 및 감정을 공유한 이들의 게시물이 더 많이 노출되도록 가중치를 부여하는 식의 알고리즘을 설계했고, 그 결과 증오와 허위 정보, 극단적 콘텐츠와 양극화를 조장하는 환경을 만들었다고 주장합니다. 대중에게 좋은 것과 페이스북에게 좋은 것 사이에서 후자를 선택해 최적화를 시도하고 있다며, 의회와 시민사회의 도움 없이는 페이스북 스스로 이 문제를 해결하지 못할 것이라고 주장했습니다. 이 폭로로 인해 미국 언론에서 나온 유명한 말이 "페이스북은 도덕적으로 파산했다"입니다. 미국 연방정부는 곧바로 페이스북에 대한 조사에 들어갔습니다. 아직 결과는 나오지 않았습니다. 어떤 결론이 나올지 주의 깊게 지켜볼 필요가 있겠죠.

갈등 조장의 결과로 가장 피해를 입은 이들이 청년들입니다. 경제는 어렵고, 어른들은 더 열심히 하라고 윽박지르고 있고, 스펙 인플레이션 때문에 자격증을 하나라도 더 따려고 아등바등해야 하고, 그렇게 열심히 해도 취업은 안 되는데, 여기서 혐오를 조장하려면 누구를 대상으로 삼는 게 좋을까요?

바로 청년들 자신입니다. 선의의 경쟁을 하는 청년들을 남자와 여자로 분리하고 서로를 비난하고 헐뜯게 했죠. 그리고 뒤에서 그것을 조장하고, 그 대가로 돈을 벌며 웃고 있는 이들이 있는 겁니다.

내부고발로 페이스북이 수면 위로 떠올랐지만, 다른 미디어도 비슷한 경우가 많습니다. 설령 의도적으로 하지 않았다고 해도 인공지능에 의한 알고리즘은 윤리 의식이 부족하기 때문에, 효율을 추구하다 보면 자연스럽게 혐오물을 노출시킬 수도 있습니다.

기업이 자체 제작한 인공지능 알고리즘은 노하우가 담겨 있기에 비공개가 원칙입니다. 우리는 알고리즘을 확인할 길은 없고 단지 제공된 결과만 볼 뿐입니다. 알고리즘이 우리의 감정과 판단에 어떤 영향을 미치고 있고, 우리를 어떻게 통제하는지는 개발 주체 기업밖에 모릅니다.

TV는 규율과 규제가 있어 지금까지 이런 문제가 없었습니다. 그리고 우리는 자율적인 의사에 따라, 보고 싶지 않으면 채널을 돌렸죠. 하지만 인터넷 세상에서 정해진 방송 시간표는 존재하지 않습니다. 우리는 알고리즘이 제시한 콘텐츠를 볼 뿐입니다. 거기서 선택한 콘텐츠가 과연 우리의 자유의사에 따른 것이라고 말할 수 있을까요?

그래서 우리는 알고리즘에 대한 고민과 검토를 해야 합니다. 데이터 시대에 누군가 우리에게 편향적인 정보만 제공해 특정 방향으로 인도한다면, 우리는 그것에 어떻게 저항할 수 있을까요? 어쩌면 선동되고 있다는 사실조차 자각하지 못할지도 모릅니다.

서울대 유기윤 교수 연구팀이 예측한 미래도시의 사회 계급도에 따르면, 플랫폼 소유주, 플랫폼 스타^{슈퍼스타}, 프레카리아트^{일반 시민}, 인공지성으로 계급이 나뉩니다. 2050년 즈음에는 프레카리아트가 가장 많지만, 인공지성의 시장 참여 비율이 점차 높아지면서 2090년이 되면 인공지성이 가장 큰 비중을 차지하게 될 것으로 예측하고 있죠. 이 예측도에 따르면, 플랫폼 소유주가 우리 모두의 데이터를 보유하고 인공지성을 통제할 때, 우리 같은 일반인은 무기력할 수밖에 없습니다. 그러니 자신을 보호하고 자유의사를 확립할 수단이 꼭 필요한 거죠.

문제점을 파악한 우리나라 정부가 2022년 2월 '제1기 인공지능 윤리 정책 포럼'을 출범시키고 인공지능의 윤리적 개발과 활용을 촉진하기 위해 나섰습니다. 기술 개발 과정에서 인공지능이 인간의 프라이버시를 침해하거나, 잘못된 판단으로 관계에서의 편견과 차별을 조장하는 등 사회적 규범에 반하는 결과를 도출하지 않도록 하기 위한 조치입니다.

우리는 기술 개발 과정 중에 나타난 단점을 빠르게 파악하고 수정하려고 노력하고 있습니다. 이를 이용하려는 사람도 있지만, 적극적으로 해결하려는 사람이 훨씬 많다는 점을 알아줬으면 좋겠습니다.

본질적 실력

  기말고사가 끝나면 학생들로부터 메일이 엄청나게 옵니다. 대부분 성적에 대한 문의입니다. 간혹 제가 실수할 때도 있어 사과하고 수정해주기도 하는데, 대부분은 문제없이 규정대로 처리됩니다. 물론 문의한 학생에게 충분히 확인시켜주면서 말이죠. 하지만 점수는 사실 중요한 게 아닙니다. 스펙 인플레이션 때문에 조급할 수도 있겠지만, 사회에 진출할 때 정작 중요한 것은 본질적 실력입니다. 지원하고자 하는 회사를 얼마나 이해하고 있는가, 현재 그 회사가 나아가고자 하는 방향을 제대로 아는가, 자신이 그 회사에서 앞으로 무엇을 얼마나 기여할 수 있는가에 대한 대답을 할 수 있어야 합니다. 한두 과목 5점 더 맞고 덜 맞는 것은 사실 전혀 중요하지 않죠.

  이 책을 읽는 여러분이 지금 고등학생이라면 중학교 때, 지금 대학생이라면 고등학교 때, 사회인이라면 대학교 때 어떤 시험을 보았고 얼마나 틀렸었는지 기억하는 분 있나요? 제게 상담하러 온 학생 여럿에게 이 질문을 던져보았는데, 기억난다고 말한 학생은 이제껏 딱 한 명 봤습니다. 그때는 그게 뭐라고, 시험 점수 하나 때문에 웃고 울었는데, 조금 지나니 아무 기억도 안 납니다. 점수란 게 그렇게 부질없습니다. 중요한 것은 자기 자신을 이해하고, 앞으로 무엇을 하고 싶고, 그것이 빠르게 변화하는 사회에 어떤 영향을 끼칠 수 있을지를 아는 것입니다. 본질적 실력을 갖춘 그런 인재들이 늘어갈 때 우리의 미래도 더 밝아질 것입니다.

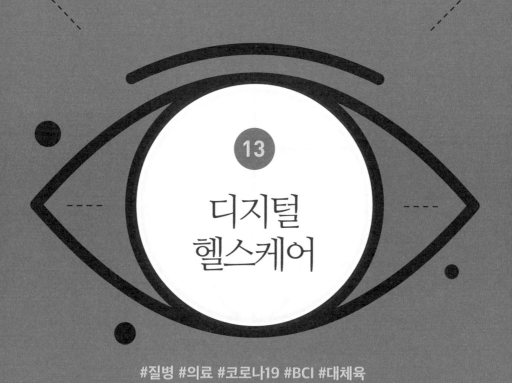

13

디지털
헬스케어

#질병 #의료 #코로나19 #BCI #대체육
#인공_혈액 #유전자가위 #유전자_변형

질병에서 해방되지 못한 인류

장수는 인류의 본능적인 염원입니다. 하지만 역사를 보면 인류의 염원과는 달리 대규모 전염병이 끊임없이 나타나 많은 목숨을 앗아갔죠. 중세 유럽에서 나타난 흑사병은 수많은 목숨을 앗아간 최악의 전염병으로, 당시 유럽 인구의 3분의 1이 사망했습니다. 이후에는 스페인 독감이 나타나 단지 몇 개월 사이에 2천만 명이 사망했고, 2002년에는 중국 광동 지역을 중심으로 중증급성호흡기증후군 SARS이 홍콩, 싱가포르, 캐나다 등으로 퍼져나갔죠. 그리고 2019년 말 코로나19가 세계를 휩쓸었습니다.

인류는 영원한 생명을 꿈꿔왔지만 성공하기는커녕 오히려 주기적으로 나타나는 질병에 목숨을 위협받고 있습니다. 그러나 질병에 언제나 당하기만 했던 건 아닙니다. 빠르게 원인을 파악하고, 백신이나 치료제를 개발하여 해결해왔죠. 여기에 활용하는 지식이 바로 의학입니다.

최근 의학은 IT와 결합해 디지털 헬스케어로 진화했습니다. 디지털 헬스케어는 개인의 건강과 의료에 관한 정보, 기기, 시스템, 플랫폼을 다루는 산업 분야로, 건강 관련 서비스와 의료 IT가 융합된 종합 의료서비스입니다. 병원정보시스템 등에서 확보된 데이터를 바탕으로 환자 개인 맞춤형 건강관리서비스를 제공하죠. 디지털 헬스케어의 가능성을 보다 자세히 살펴볼까요?

의료 + IT

2016년 애플의 CEO 팀 쿡은 "애플이 인류에 가장 공헌하는 분야는 바로 헬스케어"라고 말했습니다. 이후 2022년 6월 6일 개최한 WWDC 세계 개발자 회의에서 애플워치의 다양한 신기능을 소개하며 헬스케어 확장을 선포했죠. 삼성도 2022년 3분기에 심전도^{ECG} 측정을 지원하는 '삼성 헬스 모니터' 앱을 출시했습니다. 지원 기종은 2021년 선보인 갤럭시 워치 액티브 2와 2022년 하반기에 선보일 예정인 스마트워치 신제품 등입니다. 심장박동수 측정보다 고도화된 건강관리 기능을 제공할 것으로 알려져 있습니다.

네이버도 2022년 1월 부속 의원을 오픈했고, 카카오는 4월 미국 의료정보학회^{HIMSS}로부터 디지털 헬스케어 혁신 리더 50인에 선정된 황희 분당서울대병원 교수를 영입하면서 본격적으로 이 분야에 뛰어들었습니다. 이들뿐만 아니라 LG와 KT도 참전했고, 심지어 중공업을 대표하는 HD현대도 미래에셋그룹과 함께 디지털 헬스케어 유망 벤처기업을 육성할 목적으로 340억 규모의 펀드를 조성했죠.

IT 기업의 진출이 두드러지는 이유는 데이터 경쟁력이 좋기 때문입니다. 맞춤형 분석이 중요한 헬스케어 시장에서 이들은 개인화 서비스를 제공하기에 유리합니다. 높은 수준의 데이터 처리 기술뿐만 아니라 플랫폼 생태계가 이미 조성되어 있어서 타 분야와 유기적으로 연결하기 좋은 여건을 갖추고 있죠.

이들뿐만이 아닙니다. 2022년 10월 강남세브란스병원은 2029년까지 정보통신기술과 AI가 조화를 이뤄 효율성을 갖춘 국내 첫 '도심형 스마트병원' 건립 계획을 발표했습니다. 자동물류로봇을 이용해 병원에서 사용하는 물품을 운반하고, 증강현실과 가상현실을 활용한 치료 서비스를 확대하며, 미래 교통수단으로 각광받는 UAM 상용화에 대비해 건물 옥상부에 헬리포트도 구축해 우리의 건강을 책임질 예정입니다.

인공지능과의 융합

단백질 구조 분석은 지난 50년 동안 인류의 숙제였습니다. 3D 구조를 예측하려고 했지만, 경우의 수가 너무 많아 쉽지 않았죠. 하지만 최근 구글 딥마인드가 이 문제를 해결했습니다. 딥 뉴럴 네트워크Deep Neural Network 기술을 활용해 방대한 유전체Genome 데이터를 알파폴드2에게 학습시킨 후 3D 구조를 예측했는데 정확도가 90% 이상이라는 놀라운 결과가 나왔습니다. 그뿐만 아니라, 데이터베이스를 구축하고 단백질 이름을 입력하면 3D 입체모형을 제시하는 검색 서비스도 만들었습니다. 딥마인드는 인간 게놈에 기록된 2만여 개의 단백질 중 98.5%를 밝혀냈고, 쥐, 초파리, 대장균 등 생물학 연구에 주로 쓰이는 생물 20종의 단백질도 분석했습니다. 최근의 성과가 인류가 지금까지 축적해온 연구 결과를 일순간에 초월해버렸죠. 딥마인드는 몇 년 안에 과학계에 알려진 모든 단백질을 분석하겠다고 공언한 상태입니다.

우리나라의 연구자도 성과를 냈습니다. 세계 톱 저널 중 하나인 《사이언스 Science》가 2021년 진행된 가장 우수한 연구로 워싱턴대학교 백민경 박사가 개발한 인공지능 '로제타폴드 RosettaFold'를 선정했습니다. 로제타폴드는 제한된 정보만으로도 표적 단백질 구조를 빠르고 정확하게 예측할 수 있습니다. 물론 성능 자체는 알파폴드2가 근소하게 앞섭니다. 그럼에도 불구하고 세계가 로제타폴드에 높은 점수를 준 이유는 인공지능 전공자 없이 화학 전공자와 생물학 전공자로만 구성된 연구팀이 상대적으로 적은 데이터와 설비로 알파폴드2와 거의 동등한 성능을 보이는 인공지능 모델을 개발했다는 점에 있습니다. 이제 과학자들은 알파폴드2와 로제타폴드를 통해, 비싼 초저온전자현미경을 사용하지 않고도 언제든지 인공지능으로 단백질 공간 구조를 알아낼 수 있게 되었습니다.

인공지능은 패턴 찾기에 특화되어 있습니다. 적은 데이터라면 사람이 해도 괜찮겠지만, 수천 내지 수억에 달하는 데이터를 전부 살피고 법칙을 귀납하는 것은 대단히 어렵겠죠. 하지만 기계는 빠르고 정확하게 실행 가능합니다.

생물공학이라고 하면, 보통 흰색 가운을 입은 연구자가 현미경으로 뭔가를 관찰하고 이것저것 시도하는 풍경이 떠오를 것입니다. 하지만 앞으로는 인공지능으로 예측하고 인간은 그 결과를 확인하고 커스텀하여 새로운 가능성을 여는 부분에 집중하게 됩니다.

연구개발 현장에 디지털 대전환의 바람이 거세게 불고 있습니다. 2022년 9월 정부는 2027년까지 2천억 원을 투입해 모델 80개를 개발하기로 발표했습니다. 인공지능과 디지털 트윈, 빅데이터 등을 적용한 가상실험 환경을 조성하고 스마트 실험실을 보급하는 식의 지원이 이뤄질 예정입니다.

교육에서의 지원도 강화됩니다. 연구 분야의 전문지식과 디지털 역량을 동시에 갖춘 일명 '양손잡이형 연구인력'을 2027년까지 1만 명 양성하여 세계 융합형 연구를 선도한다는 비전을 가지고 있죠.

2022년 10월 화이자는 백신 가격을 4배 인상했습니다. 모더나 역시 곧 인상할 계획입니다. 자체 개발 백신이 없는 국가의 경우, 큰 대안 없이 인상안을 받아들여야 하지만, 자체 개발 백신을 가지고 있다면 얘기가 다르겠죠. 우리나라는 SK바이오사이언스가 개발한 '스카이코비원'이 국내 승인을 받았고, 가격 변동 계획이 없어 안정적인 대안이 될 것이라는 평가가 나옵니다. 백신 주권이라는 새로운 개념이 떠오른 이상, 횡포에 휩쓸리지 않으려면 꾸준한 연구와 후속 인재 양성이 반드시 이어져야만 합니다.

BCI

최근 뇌-컴퓨터 인터페이스BCI : Brain Computer Interface가 활발히 연구되고 있습니다. 본래는 뇌졸중이나 다양한 이유로 몸을 움직일 수 없는 환자가 의수나 의족을 좀 더 효과적으로 움직일 수 있게 하거나, 입조차 움직일 수 없는 환자와 소통하기 위해 개발된 기술입니다.

의료계 전문용어로 분류됐었는데, 최근 BCI의 새로운 가능성을

알아야 보인다

깨달은 IT 기업들이 많은 관심을 보이고 있죠. 바로 AR과 VR 관련입니다. AR은 안경 형태의 글라스, VR은 크고 무거운 고글을 사용하는데, 물론 점점 더 작아지고 편해지겠지만, 어쨌든 무언가를 착용해야만 한다는 제약이 따릅니다. 이를 해결하고자 BCI를 적용하는 아이디어가 등장한 거죠.

우리가 행하는 작업을 손으로 조작하지 않고 생각만으로 가능하게 된다면 정말 편하지 않을까요? 문서 작업을 할 때 손을 써서 자잘한 수정을 할 필요가 없고, 내비게이션 검색을 할 때도 굳이 말로 내뱉지 않아도 된다면 말이죠. 우리가 무의식적으로 떠올린 아이디어를 굳이 수첩에 필기하지 않아도 되고, 흥얼거리는 멜로디가 자동으로 악보 형태로 기록된다면 엄청난 변화가 일어날 것입니다. 이렇게 생각만으로 모든 것을 실현하는 세상을 꿈꾸는 이들이 있습니다. 대표적인 인물이 META의 마크 저커버그와 테슬라의 일론 머스크입니다. 특히 일론 머스크는 본격적으로 BCI를 연구하기 위해 뇌 연구 스타트업 뉴럴링크Neuralink를 설립했습니다.

BCI의 원리는 간단합니다. 우리가 뇌에서 생각한 명령이 아래로 전달되면 몸이 움직입니다. BCI는 뇌에서 보낸 명령 신호를 읽어내 기계에 전달하는 것입니다. 신경 신호의 측정 부위에 따라 비침습형과 침습형으로 분류됩니다. 비침습형은 머리 덮개에 부착된 센서가 신호를 읽는 것이고, 침습형은 두개골을 열고 뇌에 직접 칩을 박아 넣는 방법이죠.

마크 저커버그의 META는 비침습형으로 가고 있고, 일론 머스크의 뉴럴링크는 침습형으로 가고 있습니다. 비침습형은 뇌와 기구 사이에 피부와 머리카락이 있어 노이즈가 발생하고 정확도가 상대적으로 낮은 반면, 안전합니다. 침습형은 머리 두개골을 여는 수술을 집행해야 하죠. 수술 과정에서 뇌가 오염될 수도 있고, 조직이 손상될 수도 있어 위험부담이 있습니다. 대신 상당한 정확도를 보이겠죠.

일단 두 기술 모두 아직 초기 단계라 관련 연구 성과가 그다지 공개되지 않았고 상용화까지는 한참 멀었습니다. 편리함에서는 침습형이 월등하겠죠. 지하철에서 눈을 감고 인터넷 검색을 할 수도 있고, 운전할 때도 머릿속에 지도가 그려집니다. 반면 비침습형은 기구를 착용해야 하니 안전한 장소에서만 가능할 것입니다. 아마 대부분 집으로 한정되겠죠.

하지만 과연 선뜻 뇌수술을 받는 사람들이 나올까요? 언젠가 다가올 미래로도 보입니다만, 심리적 장벽을 어떻게 해결하느냐에 따라 생각보다 일찍 올 수도, 혹은 영영 오지 않을 수도 있을 것 같습니다.

BCI가 발전하면 뇌의 데이터를 읽는 것도, 반대로 뇌에 데이터를 집어넣는 것도 가능합니다. 영화 〈매트릭스〉에서 네오가 무술 데이터를 입력받아 단번에 달인에 가까운 모습을 보이고, 트리니티가 원격으로 헬기 조종술을 업로드해 곧바로 프로 헬기 조종사가 되었듯이 말입니다. 그리고 정말로 불사신이 되는 게 가능해질지도 모릅니다. 본인의 기억을 컴퓨터에 백업해놓고, 몸이 늙거나 다치면 백업한 기억을 새로운 몸에 넣어 다시 살아가는 거죠.

우리는 이미 신체 부위를 타인의 것으로 대체할 수 있습니다. 장기

알아야 보인다

이식 수술이 대표적인 사례죠. 그리고 기계로도 대체하고 있습니다. 전쟁이나 사고로 팔 또는 다리를 잃은 사람들이 기계로 제작한 의수나 의족을 장착하고 있습니다. 이제 정신의 차례입니다.

정말로 정신을 자유롭게 옮기고 몸은 단지 대체품의 개념이 되는 사이버펑크 세상이 올까요? 이 경우, 해킹이 곧 세뇌입니다. 만약 누군가가 '나'를 해킹한다면 자아는 유지될 수 있을까요? 그리고 지금의 윤리 의식은 그때도 통용될까요? 우리의 우려와는 별개로, 세계는 지금 이 분야를 진지하게 연구하고 있고, 언젠가는 정말 그런 미래가 찾아올지도 모릅니다. **사이버펑크 관련 작품의 대다수가 암울한 미래 사회를 그리고 있는데, 피할 수 없는 미래라면 모두가 머리를 모아 미리 해결책을 강구했으면 좋겠습니다.**

유전자 변형

1865년 그레고어 멘델Gregor Mendel은 완두콩을 보고, 위 세대에서 아래 세대로 넘어가는 과정에 특정 패턴이 있다는 유전법칙을 발견했습니다. 1903년 월터 스탠버러 서턴Walter Stanborough Sutton은 세대 간에 전해지는 물질이 염색체에 존재한다는 것을 밝혀냈습니다. 염색체 안의 무언가에 의해 조상과 후손 간에 패턴이 나타난다는 사실을 확인한 거죠. 그리고 1944년에 드디어 염색체 안의 막대기처럼 보이는 것이 DNADeoxyriboNucleic Acid라는 사실이 밝혀졌습니다. DNA에는 생물의 기능, 성장, 그리고 후대로 전해지는 특징 등이 담겨 있습니다.

꽈배기 모양의 두 줄에 단지 네 가지 코드만 있다고 하니 간단하

다고 생각할지 모르지만, 이 조합이 무려 30억 개가 넘어 분석하기
가 어렵습니다. DNA는 인간뿐만 아니라 모든 생물에 다 존재합니
다. 그래서 가장 간단하고 쉬운 것부터 차근차근 분석하기 시작했
죠. 1972년 항생제에 저항할 수 있는 유전자를 의도적으로 세균에
장착시키는 연구에 성공했는데, 이를 기점으로 생물공학이 빠른 속
도로 발전하기 시작했습니다.

다만 살아 있는 인간에게 시도하는 건 윤리적인 문제가 있죠. 그
래서 주목한 대상이 바로 우리가 먹는 식품입니다. 이렇게 농산물,
축산물, 수산물, 미생물의 유전자를 변형시킨 것을 GMO^{Genetically}
^{Modified Organisms}라고 합니다.

우리는 농산물 유전자 중 필요한 유전자를 인위적으로 분리·결합
하여 특별한 특성을 갖도록 하는 데 성공했습니다. 수확량 증가, 제
초제 저항성, 병·해충 저항성, 풍부한 영양소 함유 등의 특성을 갖
게 하는 거죠.

GMO는 다른 품종과의 교배를 통한 개량과는 다른 개념입니다.
교잡은 서로 다른 품종을 교배시켜 각각의 장점을 동시에 지닌 품
종을 만들어내는 것을 의미합니다. 우장춘 박사가 만들어낸 씨 없
는 수박, 골드키위, 세 종류의 서로 다른 포도를 교배해서 만들어낸
샤인머스캣, 2022년 초 우리나라에서 대박을 터뜨린 품종 개량 딸
기 설향, 금실, 메리퀸 등이 대표적인 사례죠.

반면 GMO는 세계 식량 부족 문제를 해결할 수 있는 신기술로 간
주됩니다. 유전자 변형으로 고온을 견디는 감자, 가뭄을 견디는 옥
수수, 가난한 국가의 아동 야맹증 치료를 위해 비타민 A 성분을 강

화한 황금 쌀 등이 있습니다. 2022년 8월 19일 《사이언스》는 유전자 조작을 가한 작물을 표지로 선정했죠. 해당 작물은 열에너지로부터 자신을 보호하면서도 높은 광합성 효율을 보입니다. 온난화로 인한 폭염을 견뎌내고 높은 수확량을 기대할 수 있다는 점에서 이 작물에 대한 연구는 많은 기대를 받고 있습니다.

식품의약품안전처의 자료에 따르면, 2022년 현재 우리나라에서 승인된 GMO는 농산물 7종, 미생물 3종, 식품첨가물 19종입니다. 유전자 변형이라는 점에 거부감을 느낄 수 있지만, 국가가 안전을 보장하고 있습니다. 식품 유전자는 섭취 후 완전히 분해되기 때문에 사람 유전자가 변형되지는 않고, 또 전문가의 검증을 통과한 식품만 판매가 가능하죠. 그리고 소비자에게 올바른 구매 정보를 제공하기 위해 '농수산물품질관리법'에 근거하여 2001년 3월 1일부터 콩, 옥수수, 콩나물, 감자^{2002년부터}에 대한 GMO 표시를 시행하고 있으니, 소비자가 직접 확인할 수 있습니다.

해양 쪽에서도 관련 사업이 등장하고 있습니다. 해양수산부는 2022년 2월부터 어촌의 노동력 부족 문제를 해소하고 우수한 양식 수산물 종자를 일선 어가에 보급하기 위한 '수산종자산업 디지털 혁신기술개발'을 시행하고 있습니다. 유전체 정보를 담은 양식어류 DNA 염기서열 변이분석 칩^{SNP chip}을 제작해 육종 결과를 확인하고, 육종 기간을 단축하며, 다양한 우량 형질을 가진 신품종을 보급하는 계획입니다. 바다의 수온 상승으로 생태계가 변화하고 있는데, 여기에 적응할 수 있는 어류를 만들려는 거죠.

인간의 호기심은 여기에서 그치지 않고 자신의 유전자 지도를 그려내기 시작했습니다. 2003년 시작된 인간 게놈 프로젝트[Human Genome Project]가 그것으로, 30억에 달하는 염기서열을 전부 해독하는 과제입니다. 초창기에는 기술 부족으로 인종, 성별, 나이 등을 고려해 몇 명만 추려 진행했습니다. 하지만 유전자도 결국 패턴입니다. 인공지능을 프로젝트에 접목하면서부터 분석에 가속도가 어마어마하게 붙었습니다. 지지부진했던 프로젝트는 2022년 4월 인간 유전자 정보를 100% 파악하기에 이르렀습니다. 이제 인간이라는 생물을 훨씬 정확하게 바라볼 수 있게 되었죠. 진화 과정에서 어떤 생물과 좀 더 가까운 건지, 집안 대대로 이어지는 질병은 무슨 유전자 때문인지, 어떤 유전자에 문제가 생기면 무슨 질병에 걸리는지 등을 파악하게 된 것입니다.

게놈 프로젝트는 진단이고, 이와 별개로 치료 방법이 필요합니다. 연구 끝에 등장한 것이 3세대 유전자가위[CRISPR]입니다. 1세대[ZFNs]와 2세대[TALENs] 기술은 시행하기까지 수십 년이 걸렸기 때문에 상용화가 어려웠습니다. 하지만 3세대는 작업 시간을 단 며칠로 대폭 축소했고, 여러 유전자를 동시에 바꿀 수도 있는 발전을 보였습니다. 이 기술은 2015년 《사이언스》의 '10대 획기적 과학 연구성과' 중 하나로 꼽히는 영광을 얻었죠.

원리는 간단합니다. 질병 원인 유전자를 알았는데 고칠 방법이 없다면 아예 잘라버리고 멀쩡한 유전자를 그 자리에 대신 넣는 것입니다. 쉽고 빠르다는 점에서 2015년을 기점으로 유전자가위 연구가 범람했죠. 매운맛을 내는 토마토, 말라리아를 옮기지 않는 모기, 대대로 이어져온 질환의 치료, 항암치료에서 암세포만 잘라내 방사선

알아야 보인다

없이도 회복할 수 있는 방법 등이 등장했습니다.

그러다 어느 날 누군가가 생각합니다. 치료가 아닌 강화에 사용하면 어떨까? 독수리 급의 시력과 몇 배나 뛰어난 기억력을 가지고 있고, 천천히 늙고, 면역력이 강하고, 외모가 출중하고, 무엇보다 탈모가 없는 슈퍼 인간을 만들어보자는 발상이었죠.

유전자가위를 통한 치료는 인간 체세포를 대상으로 하기에 영향이 환자 개인에게만 미칩니다. 하지만 슈퍼 인간을 만드는 것은 엄마 몸속의 생식세포나 배아에 시도하는 행위입니다. 국제사회에서 인간 유전자 변형은 윤리적 문제로 금기에 해당합니다. 2015년 국제 정상 회의 때 아래와 같은 선언문이 발표되었습니다.

세포에서만 하는 유전자 편집도 법적, 윤리적 감독을 받아야 한다.
다음 세대로 유전자가 전달되지 않는 체세포 편집을 의학적으로 사용하는 경우, 규제기관의 엄격한 심사를 받아야 한다.
유전 가능성이 있는 생식세포의 유전자 편집은 대단히 무책임한 행위이므로 해서는 안 된다.

정리하자면 생명체, 특히 인간에게는 가능한 한 시도하지 않으며, 치료 목적이라도 반드시 허가가 필요하다는 것입니다. 만약 유전자 변형이 남용된다면 인명 피해가 발생할 수도 있으며, 생태계에 어떤 영향을 끼칠지 알 수 없고, 사회적 불평등을 초래하는 등의 사태가 우려됩니다.

하지만 찬성하는 이들도 적지 않습니다. 시험관아기 시술이 처음 등장했을 때 인조인간을 만들려는 것이냐는 여론의 극심한 반대가 있었습니다. 하지만 결혼 연령이 높아지고, 환경오염, 스트레스 등의 이유로 난임이 늘어가자 시험관아기 시술은 지금 주위에서 많이들 하고 있고, 안 좋게 보는 시선도 거의 없어졌죠.

최근 많은 국가가 어떻게든 우주에 도달하려고 노력하고 있습니다. 우리나라도 그중 하나입니다. 그러나 우주에서는 적혈구 세포막이 파괴돼 그 안의 헤모글로빈이 혈구 밖으로 나오는 용혈Hemolysis 현상이 가속화된다는 연구 결과가 있습니다. 그리고 무중력이나 적은 중력 상태에 장기간 있으면 골손실이 나타난다는 연구 결과도 있고요. 또한, 우주는 지구와 달리 극단적 기후, 극단적 중력, 유독물질 등으로 생존이 어렵습니다. 유전자 변형을 통해 우주인의 우주탐사 효율을 끌어올리자는 의견이 자주 나오는 이유죠.

하지만 이런 경우를 생각해보세요. 같은 반의 존재감 없던 친구가 다음 날 갑자기 얼짱 훈남이 되어 나타난다면 여러분은 웃으며 반길 수 있을까요? 아니면 태어나는 순간부터 일반인과 얼짱 훈남이 나뉘는데, 여러분이 일반인이라면 이 격차를 수용할 수 있을까요?

유전자 변형은 어쩌면 확정된 미래일지도 모릅니다. 인류는 스스로 환경을 변화시키고, 이윽고 자기 자신조차 변화시키려는 유일한 존재입니다. 그 끝이 발전일지 파멸일지는 아무도 모릅니다.

오늘날 인문학이 재차 강조되는 이유도 여기에 있는 게 아닐까요? 만약 유전자 변형 아이들이 등장한다면 인간성을 결정하는 것은 무엇이 될까요?

알아야 보인다

대체 물품

배양육Cultured Meat 과 대체육Alternative Meat 이라는 고기가 있습니다. 전자는 동물 체세포를 실험실에서 증식하여 만드는 고기로, 무에서 유를 창조하는 기술입니다. 진정한 식품 시장 게임 체인저로 여겨지는데 아직 손익분기점을 넘기지 못했고, 계속 연구 중에 있습니다. 하지만 언젠가는 우리 밥상에 오를 날이 올 것입니다. 후자는 식물성 단백질을 이용해 고기와 엇비슷한 식감과 맛을 재현한 것을 의미합니다. 이 책에서는 대체육을 중심으로 설명해보겠습니다.

대체육은 고기와는 생산과정 자체가 다릅니다. IPCC 보고서를 참조하면 육류로 인해 이산화탄소가 많이 배출된다는 걸 알 수 있습니다. 만약 우리가 대체육을 먹으면 그만큼 지구를 보호할 수 있다는 걸 의미하죠. 참고로 세계 최대 낙농 수출국인 뉴질랜드는 가축의 트림과 방귀 등 농축산업에서 배출되는 온실가스에 비용을 부과하기로 했습니다. 소의 방귀에는 대량의 메탄이 포함되어 있는데, 메탄이 이산화탄소보다 온난화 영향이 6배가 넘기 때문입니다. 대체육은 언젠가 기후가 극단적으로 변해 낙농업 자체가 어려워질 시기에 대한 대비도 될 수 있고, 채식주의자들에게도 좋은 상품이죠. 현재 국민 음식인 치킨을 대체육으로 전환하려는 움직임도 나타나고 있습니다.

대체육은 친환경주의자와 채식주의자 그리고 많은 투자자들의 호응을 얻었습니다. 가능성을 확인한 농심, 순창, 미원, 청정원, 신세계 푸드 등의 기업에서도 한창 연구 중입니다. 지속 가능한 ESG 방침에 부합하는 미래형 산업인 거죠. 한국바이오협회에서 제공한 자료에 따르면, 2020년에는 2% 정도의 비중이었지만, 2035년에는 11%로 꾸준히 확대될 것으로 보입니다.

하지만 넘어서야 할 산이 많습니다. 식욕, 성욕, 수면욕이 3대 욕구인 만큼 음식은 우리에게 있어서 큰 부분을 차지합니다. 대의명분이 좋다고는 하지만, 먹는 즐거움을 희생하기란 쉽지 않죠. 고기를 대체하려는 만큼, 기준을 고기에 두고 비교할 수밖에 없는데, 아직은 맛과 식감이 부족하다는 평이 지배적입니다. 또한, 성분을 확인해보면 이산화타이타늄 같은 화학첨가물이 많습니다. 명색은 친환경이지만 구성 성분이 전부 친환경 재료는 아닌 거죠.

그리고 칼로리와 가격도 고려 대상입니다. 대체육은 칼로리가 결코 낮지 않습니다. 필요 영양소가 들어 있어 높은 칼로리에 만족하는 사람도 있는 반면, 칼로리가 높아 불만인 사람도 있죠. 가격도 만만치 않습니다. 만약 진짜 고기와 대체육의 가격이 비슷하다면 무엇을 선택하실 건가요? 대체육은 맛이나 가격 면에서 훨씬 앞서거나, 원본과 구별되는 자신만의 특별한 장점을 찾아낼 필요가 있습니다.

요즘 떠오르는 또 하나의 대체 상품은 인공 혈액입니다. 대한적십자사의 발표에 따르면 헌혈자 수가 매년 감소하고 있습니다. 최근 헌혈이 필요한 상황이 왔을 때 사고자 가족이 현장에서 바로 피를 뽑아 제공하는 지정헌혈이 급증했습니다. 그러나 지정헌혈은 임시방편에 불과하고, 가족의 혈액 제공이 어려운 경우도 있을 테니, 혈액 공급 개선은 시급한 문제입니다.

알아야 보인다

우리나라 정부는 2021년 하반기 인공 혈액 생산을 위한 연구개발에 집중 투자를 시작했습니다. 저출산과 고령화로 인해 헌혈에 의존하는 공급 체계로는 필요량을 채우지 못한다는 결론이 났기 때문입니다. 게다가 코로나19의 영향도 하나의 이유입니다. 정부는 인공 혈액 제조와 생산기술을 확보하고, 실용화를 목표로 혈액 공급 패러다임 전환 가능성을 모색하고, 글로벌 첨단바이오 분야를 선도하며, 더 나아가 인공장기 등 대체 생체조직 개발 시장의 경쟁력을 확보한다는 계획을 세웠습니다. 이렇게 다양한 대체 물품이 등장하고 있습니다.

맞춤형 헬스케어

디지털 헬스케어의 수요가 촉진된 가장 큰 이유 중 하나는 스마트 기기의 대중화입니다. 여기에 코로나19가 전 세계를 휩쓸면서 비대면 의료서비스가 널리 확산되는 계기가 되었죠. 글로벌 인더스트리 아날리스츠Global Industry Analysts의 보고서에 따르면, 글로벌 디지털 헬스케어 시장은 2020년에 1,525억 달러에서 2027년 5,088억 달러 규모에 이를 것으로 전망됩니다. 특히 우리나라는 디지털 헬스케어 산업이 성장하기에 좋은 환경을 갖추고 있습니다. 2022년 6월 블룸버그의 평가를 참고하면 우리나라가 코로나19 회복력 세계 1위 국가로 뽑혔습니다. 5G 네트워크와 IT 그리고 전 국민의 협조가 있었기에 가능했던 성과입니다.

하지만 대규모의 질병은 또 찾아올 것입니다. 한 예로 지구온난화로 전 세계 빙하가 빠른 속도로 녹아내리면서 지금까지 경험하지 못했던 고대 바이러스의 출현 가능성이 제기되고 있으며, 인류를 휩쓸었던 전염병이 사체가 녹으면서 다시 전파될 가능성도 언급되고 있습니다. 2022년 8월 빌 게이츠는 우리나라 국회를 방문해 '코로나19 및 미래 감염병 대응·대비를 위한 국제 공조의 중요성과 대한민국의 리더십'에 대해 연설하며 글로벌 다자 노력과 함께 한국의 선도적이고 핵심적인 역할을 강조한 바 있습니다.

  디지털 헬스케어는 앞으로의 위험에 대한 해결책이 될 수 있습니다. 2022년 10월 일본 요코하마국립대 연구진이 생쥐 배아줄기세포로 모낭을 자라게 해, 전 세계 탈모인들에게 한 줄기 빛과 같은 희망을 안겨주기도 했죠. 게임이나 메타버스에 활용될 줄 알았던 VR이 정신질환이나 뇌졸중 등의 환자 치료에 효과적이라는 연구가 꾸준히 나오고 있고, 비대면 원격진료서비스도 점점 발전하고 있습니다. 의료서비스 제공뿐 아니라 일상의 생활습관까지 개선하는 '맞춤형 헬스케어 구독서비스 플랫폼'으로의 진화를 기대해봅니다.

  우리는 머리가 무겁고 지끈거리면 약국에서 두통약을 삽니다. 누가 방문하든 가벼운 증상이라면 똑같은 약을 처방받죠. 하지만 개개인의 데이터가 쌓이고 의료기관이 이것을 체계적으로 모아 분석한다면, 환자 맞춤형 처방이 가능해지고 우리의 건강은 극적으로 좋아질 것입니다. 동시에 모든 생체 정보를 누군가가 수집하고 관리한다는 점에서 우려도 제기됩니다. 데이터 악용을 막기 위한 법적 체계와 윤리 확보가 필수적입니다.

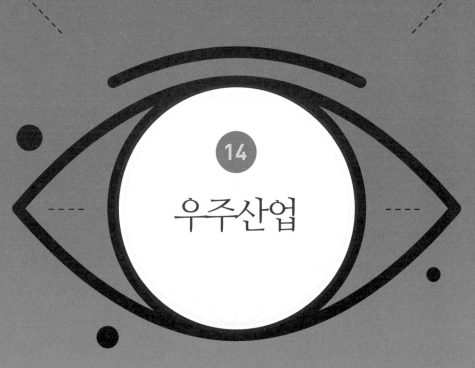

14

우주산업

#누리호 #다누리 #테라포밍 #스타링크
#제임스_웹 #우주정거장 #아르테미스_프로젝트
#뉴_스페이스_시대 #우주_쓰레기

뉴 스페이스 시대의 도래

　1957년 10월 4일 세계 최초의 인공위성 스푸트니크 1호가 지구 저궤도에 진입하면서 우주 시대가 개막되었습니다. 당시 소련과 경쟁하던 미국은 큰 충격을 받고 미국항공우주국^{NASA}을 창설했죠. 그리고 1969년 7월 20일 아폴로 11호가 최초로 달에 착륙했습니다. 닐 암스트롱$^{Neil\ Armstrong}$은 달에 첫발을 내디디며 "이것은 한 인간의 일보에 불과하지만, 인류에게는 거대한 도약이다"라는 유명한 말을 남겼습니다. 이것으로 미국은 소련에게 구겨진 자존심을 한번에 회복할 수 있었죠. 아무도 가보지 않았던 길이니 벤치마킹할 대상도 없었고, 모든 걸 하나하나 시행착오를 거쳐가며 직접 만들어야 했습니다. 폭발사고와 인명사고도 수없이 겪었지만 결국 성공해냈죠.
　미국과 소련의 냉전은 미국의 승리로 마무리되었습니다. 당시 세계 최강 두 강대국의 자존심 싸움으로 우주산업이 시작되었는데, 싸움이 종결되자 이제 민생도 챙기고, 부서진 건물과 도로도 다시 짓고, 내실에 주력할 시간이 찾아왔죠. 달에 도착한 인간도 1972년

　　　알아야 보인다

이후 지금까지 단 한 명도 없고, 우주 개발의 의지는 그렇게 사그라 드나 싶었습니다.

그로부터 50년이 흐른 지금, 다시 불씨가 타오르고 있습니다. 새로운 대항마가 나타난 것입니다. 중국은 국가우주국^{CNSA}을 창설해 2019년 세계 최초로 달 뒷면 탐사선 착륙에 성공했고, 2021년 탐사선 톈원^{天問} 1호를 화성으로 보냈으며, 독자적 우주정거장을 완성하기에 이르렀습니다.

미국은 그에 맞서 신형 우주망원경 발사 및 2025년 달에 사람을 보내는 달 탐사 계획 '아르테미스 프로젝트'를 발표했죠. 하지만 단순히 중국 때문만은 아닙니다. 지금 지구는 황폐해지고 자원은 고갈되고 있습니다. 하지만 우주에는 무한에 가까운 자원이 펼쳐져 있고, 무엇보다 주인이 없기에 누구나 가서 가져오면 임자입니다. 수력, 태양광, 원자력 같은 에너지를 활용하는 이유가 지구를 보호하면서 에너지를 확보하기 위한 것인데, 우주에서 조달할 수만 있다면 간단히 해결될 수도 있겠죠. 이처럼 에너지, 자원, 환경 문제를 해소하고 지속 가능한 미래를 위해 우주 진출은 필수라고 할 수 있습니다.

하지만 우주산업은 대단히 높은 기술과 많은 투자를 요구합니다. 게다가 발사체는 병기로 활용될 수 있기에 국가 간 기술 공유가 금지되어 있습니다. 로켓과 미사일은 기본적으로 같습니다. 우주로 쏘아 올리면 로켓이고, 적국을 타격할 용도로 폭탄을 실어 땅으로 쏘면 미사일인 거죠. 이것을 미사일 기술 통제 체제^{MTCR}라고 합니다. 따라서 우주에 진출하고자 하는 국가는 0에서부터 모든 것을 직접 만들어내야만 합니다. 우리나라는 2022년 6월 누리호 발사에 성공하면서 7번째 우주 강국이 되었습니다. 다시 말해, 전 세계에서 우주에 갈 수 있는 기술을 보유한 국가가 단지 7개국뿐이라는 말입니다.

요구 기준이 높기에 지금까지의 우주산업은 정부 위주로 진행되어 왔습니다. 하지만 민간기업의 자금력과 기술이 나날이 발전해 지금은 이들이 주도하는 뉴 스페이스 시대가 열렸습니다. 일론 머스크의 스페이스X, 우리나라의 한화에어로스페이스 등이 참전했죠. 선도형 국가, 진취적 기업, 창의적 인재, 이 셋이 힘을 모아 새로운 우주 시대를 맞이해야 합니다.

우주 강국 대한민국

우리나라 우주산업의 역사

우리나라의 우주산업은 한국항공우주연구원이 주도하고 있습니다. 1992년 소형 위성 우리별 1호를 쏘아 올리며 첫 막이 올랐습니다. 우리별 1호는 영국의 도움을 받아 만들었고, 프랑스 기아나에서 발사했습니다. 이때 한국은 세계 22번째 인공위성 보유국이 되었죠.

우리별 1호의 성공 이후 1993년 9월 우리별 2호, 1999년 5월 우리별 3호를 잇달아 발사했습니다. 실용급 인공위성으로 불리는 건 1999년 미국에서 발사된 아리랑 1호부터입니다. 뒤이어 2006년에 2호, 2012년에 3호를 쏘아 올렸습니다. 그리고 2008년 우리나라 최초의 우주인 이소연 씨가 임무를 성공적으로 수행하고 돌아와 세계 36번째 우주인 배출국이 되었고, 2009년에는 우주로 가는 전초기지인 나로우주센터가 설립되어 세계 13번째 우주센터 보유국이 되었습니다. 여기까지는 인공위성과 우주센터를 자체 제작할 수준은 되었지만 우주로 올려 보낼 발사체 제작 기술이 없어, 미국이나 러시아에 위탁해야만 했었죠.

우리나라는 2002년부터 자체 기술 확보에 총력을 기울였고, 그 결과물이 2013년의 나로호입니다. 나로호는 100kg급 위성을 궤도에 진입시키는 데 성공했습니다. 하지만 로켓 1단 제작은 러시아에 위탁했기에 실용급 위성기술 보유국으로 인정받지는 못했죠. 게다가 1t 이상의 무게를 우주로 올려보낼 수 있어야만, 실용급 기술로 간주됩니다. 우리나라는 거듭 노력해 2021년 모든 장비를 100% 우리나라 기술로 만든 누리호를 완성했습니다. 당시 1.5t의 인공위성을 싣고 출발했는데, 비행은 모두 성공적이었지만 아쉽게 궤도 안착에는 실패해 '절반의 성공'이라는 평가를 받았습니다. 항우연은 실패 요인을 철저하게 분석했고, 불과 8개월 후인 2022년 6월 드디어 누리호 2호 발사에 성공했습니다. 이로써 우리나라는 '지구 저궤도 200~2,000km'에 '실용급 인공위성 1t 이상'을 '자유롭게 발사할 수 있는' 세계 7번째 나라가 되었죠.

참고로 실용급 위성을 발사할 수 있는 나라는 우리나라에 앞서 미국, 중국, 일본, 인도, 프랑스, 러시아 총 6개국으로, 이들 모두 성공하기까지 정말 많은 실패를 겪었습니다. 반면 우리나라는 상대적으로 늦기는 했지만 단 2번 만에 성공해 세계를 놀라게 했죠. 하지만 여전히 갈 길은 멉니다. 첫 성공 이후 2027년까지 4번 이상의 연속 발사에 성공해야 기술적으로 문제가 없다는 인정을 받기 때문에, 긴장을 풀지 말고 꾸준히 노력할 필요가 있습니다.

2022년 8월 5일, 우리나라 최초의 달 궤도선 다누리가 미국 스페이스X의 팰컨 9에 실려 발사되었습니다. 이번 성공으로 우리나라는 3대 영역^{위성 개발, 독자적 발사체 제작, 우주탐사}에 모두 성공해 진정한 우주 강국으로 인정받게 되었습니다.

분명 엄청난 성과이지만 냉정한 시선으로 바라볼 필요도 있습니다. 현재 1.5t급 위성을 저궤도에 올릴 수 있는 누리호의 성능은 뒤에서 소개할 스페이스X의 팰컨 9보다 많이 부족합니다. 우리는 이제 겨우 출발선에 설 자격을 얻었는데, 상대는 저 앞에서 전력 질주하고 있는 중이죠. 최소한 직접 고궤도^{36,000km 이상}에 대형 위성을 발사할 수 있고, 발사체를 재활용할 수 있으며, 달이나 화성 등 우주탐사까지 가능한 능력을 고루 갖춰야 선두주자와 본격적인 경쟁이 가능할 것입니다.

아르테미스 프로젝트

아르테미스 프로젝트^{Artemis Project}는 2017년에 시작된 달 유인 탐사 계획입니다. 아르테미스는 그리스 신화의 달의 여신으로 태양의 신 아폴로의 쌍둥이 누이인데, 인류 최초의 달 착륙 유인 우주비행이었던 아폴로 계획과 연계되기 때문에 아르테미스라는 프로젝트명이 붙었다고 합니다. 미국은 아르테미스 프로젝트를 추진하기 위한 국제 협력 원칙으로 아르테미스 약정^{Artemis accords}을 수립했는데, 2020

년 10월 NASA를 비롯해 영국, 이탈리아, 일본 등 8개국 기관장들의 서명으로 시작됐으며, 이후 우크라이나가 9번째로 참여했고, 대한민국은 2021년 5월에 서명하면서 세계 10번째 약정 참여국이 되었습니다. 2022년 8월 기준 총 21개국이 참여한 상태입니다.

아르테미스 프로젝트는 1단계로 비행체의 성능을 시험하는 무인 미션을 수행하고, 문제가 없으면 사람을 태운 유인 발사체를 보내 달 궤도를 비행하는 2단계를 실행합니다. 마지막 3단계로, 총 4명의 우주인을 선발해 2명은 달 궤도에 건설될 루나 게이트웨이에, 남은 2명은 달 남극에 착륙해 일주일 동안 표본 채취 및 실험을 진행합니다.

아르테미스 프로젝트는 일회성 목표가 아닌 지속 가능한 형태를 추구하고 있습니다. 이를 위해 우주정거장 루나 게이트웨이를 짓고, 상업용 달 화물 서비스CLPS : Commercial Lunar Payload Services를 통해 민간기업의 우주 개발을 장려하며, 최신 우주 기술들을 검증하고, 마지막으로 유인 화성 탐사 및 심우주 개척까지 목표로 하는 초거대 프로젝트입니다.

그러면 왜 하필 달로 가려는 걸까요? 첫 번째 이유는 물입니다. 물은 우주의 석유로 불리는데, 달 남극에 수십억 톤의 물이 얼음 상태로 존재한다는 것이 밝혀졌습니다. 두 명의 조종사를 달 남극에 보내려는 이유도 관측으로 확인한 물이 실존하는지, 얼마나 매장되어 있는지, 그리고 마실 수 있는지 등을 확인하기 위해서입니다. 달의 물은 다양하게 활용할 수 있습니다. 수소와 산소로 분해해서 달에서 이동수단의 추진체 연료로 사용할 수도 있고, 1톤당 수 킬로그램의 화학 질소와 탄소 합성물들이 함유되어 있기에 발사체 연료로도 충분히 활용할 수 있을 전망입니다.

두 번째 이유는 거리입니다. 지구에서 가장 가까운 천체이기에 1~2일이면 도착합니다. 일본 대형 건설회사 시미즈^{Shimizu}는 달 적도에 태양광 패널을 한 바퀴 두른 다음, 생산한 에너지를 달 기지에 활용하고, 남은 건 레이저빔이나 마이크로파로 변환하여 지구로 송신하겠다는 루나링 프로젝트^{Luna Ring Project}를 발표했습니다. 달 표면에 쏟아지는 태양에너지는 지구의 10배 가까이 되고, 기후변화가 없으니 눈, 비, 먹구름 등의 방해 요소도 없습니다. 거리가 짧은 만큼 생성한 에너지를 지구로 전송하는 것도 가능할 것으로 보고 있습니다. 민간기업이 참전하는 뉴 스페이스 시대라는 것을 실감할 수 있죠.

세 번째 이유는 광물자원입니다. 달에는 철, 니켈, 희토류, 티타늄, 크롬 등 산업에 필수적인 광물들이 저장되어 있고, 단 1g으로 석탄 40t의 전기를 생산할 수 있는 헬륨3^{³He}가 내장되어 있습니다. 헬륨3는 지구에서는 거의 얻을 수 없지만, 태양풍에 의해 달 표면에는 생성됩니다.

아르테미스 프로젝트는 달 탐사를 끝낸 후 우주기지를 건설합니다. 《사이언스》에 실린 소행성 에로스^{EROS}를 분석한 논문에서는 행성에 포함된 광물의 가치를 무려 20조 원으로 평가했습니다. 에로스 외에 조를 넘어 경과 해 정도의 가치를 지닌 행성도 있다고 합니다. 지구에서 출발해 채굴하기는 어려우니 달에 중간 기지를 짓고 채굴한 자원을 지구로 보내자는 거죠. 또한, 우주기지는 더 먼 우주로 도약할 수 있는 전초기지 역할을 맡습니다. 달의 중력은 지구의 6분의 1입니다. 지구를 벗어나는 발사체 제작이 중력의 영향 때문에 어렵다면, 처음부터 달에서 제작해 쉽게 해결할 수도 있겠죠.

달 자체도 자원, 우리 주위를 지나가는 소행성도 자원입니다. 우주산업의 가능성이 얼마나 대단한지 실감되나요?

세계의 우주 기술

이번에는 세계에 등장한 획기적인 우주 기술들을 하나씩 살펴보겠습니다.

우주망원경

망원경의 출현은 단순히 멀리 바라볼 수 있는 도구의 탄생 정도가 아니라 천문학 역사의 시작이자, 더 나아가 인류 세계관 확장의 출발점이라고 할 수 있습니다.

망원경으로 천체를 관찰한 최초의 사람은 갈릴레오 갈릴레이입니다. 1609년 굴절식 천체망원경이 등장했고, 1668년 반사식 망원경이 등장했죠. 1785년에는 천왕성을 관측하기도 했습니다. 1990년 천문학에 한 획을 그은 사건이 있었습니다. 4월 25일 우주왕복선 디스커버리호로 허블 우주망원경Hubble Space Telescope을 우주로 발사한 것입니다. 미국의 천문학자 에드윈 허블의 이름을 따서 만든 우주망원경이죠. 어째서 우주로 망원경을 쏘아 올린 것일까요? 지구에는 공기로 이루어진 대기층이 있는데, 우리가 지상에서 대기층을 거쳐 관측하면 상이 약간 왜곡되고 흐리게 보입니다. 하지만 우주에서 관찰해 그 사진을 지구로 보내면 이 문제가 깔끔하게 해결되죠. 또 우리 눈에 보이지 않는 적외선과 자외선도 잡아낼 수 있습니다.

허블 우주망원경은 인류에게 우주의 다양한 모습을 보여주었습니다. 우주가 상상할 수 없을 만큼 크고, 계속 팽창하고 있으며, 우리가 우주의 아주 작은 한 부분에 불과하다는 걸 알려주었죠. 블랙홀의 존재를 보여준 것도 허블 우주망원경입니다.

허블 우주망원경이 보내준 사진 중에는 허블 딥 필드[HDF]라고 불리는 사진이 있습니다. 큰곰자리 방향에 우리가 볼 수 있는 천체 2,800만 분의 1에 해당하는 작은 영역을 찍은 이미지 340장을 겹쳐서 완성한 사진이죠. 사진 속에서 밝게 빛나는 하나하나가 전부 은하로, 3천 개 이상이 발견됐다고 합니다. 각 은하에는 또 1천억 개에서 2천억 개의 별이 포함되어 있죠. 가장 먼 우주 지역에서 보내는 신호를 분석한 결과 약 130억 년 전의 것이라는 사실을 확인했습니다. 즉, 우주의 나이가 적어도 130억 년 이상이라는 말이죠.

오랫동안 인류를 위해 헌신한 허블 우주망원경도 은퇴할 때가 되었습니다. 그래서 인류는 차세대 망원경을 만들었는데, 그것이 바로 제임스 웹 우주망원경[JWST]입니다. 개발부터 발사까지 30년이 걸렸고, 투입된 돈이 약 11조 원이라고 합니다.

2021년 12월 25일 크리스마스에 제임스 웹 우주망원경은 우주로 올라갔습니다. 무게는 허블보다 훨씬 가볍지만 망원경의 크기는 세 배에 가깝고 성능도 훨씬 좋습니다. 적외선을 주로 잡아내는 망원경이라고 볼 수 있는데, 태어난 지 오래된 행성들은 온도가 낮고 적외선을 주로 방출하기 때문입니다. 오래된 행성을 정확히 관측할 수 있다면 우주의 기원이나 별의 진화 과정도 정확하게 밝혀낼 수 있겠죠.

제임스 웹 우주망원경은 라그랑주 포인트에 머물러 있습니다. 라그랑주 포인트는 두 천체의 중력이 서로 상쇄되어 어느 쪽으로도 치우치지 않는 위치를 말합니다. 힘이 서로 균형을 이루기 때문에 추진력을 거의 사용하지 않고도 일정한 위치를 계속 유지할 수 있는 거죠. 하지만 완전한 고정은 아니고 다가오는 태양풍 때문에 조금씩 흔들려 시간이 지나면 위치가 어긋나고 맙니다. 그래서 제임스 웹에는 추진체가 달려 있는데, 그 추진체의 연료 소비 시간이 약 10년입니다. 10년이 지나 연료가 바닥나면 제임스 웹 우주망원경은 라그랑주 포인트를 벗어나 11조짜리 우주 쓰레기가 될 운명이죠.

망원경이 망가진 게 아니라 연료 부족으로 인한 폐기라면, 가서 충전하면 되지 않느냐고 생각할 수도 있는데, 위치가 너무 멀어 인간이 가기는 힘듭니다. 우주선을 보내 충전하는 예산을 짜본 결과, 새로 하나 만들어 쏘아 올리는 편이 더 경제적이라는 계산이 나왔죠. 추후 기술이 발전되어 충전하고 재활용할 방법을 찾을지는 모르겠지만, 아마 현재 제작 중인 다음 세대 망원경으로 교체될 가능성이 높습니다.

제임스 웹 우주망원경은 지금까지 볼 수 없었던 새로운 광경을 선사해주고 있습니다. 지금까지와는 다른 목성의 새로운 모습도 확인했죠. 앞으로 제임스 웹 우주망원경이 알려줄 새로운 우주를 기대해봅니다.

우주정거장

우주에는 고속도로 휴게소처럼 잠시 쉬어가는 국제우주정거장^{ISS}
: International Space Station 이 있습니다. ISS는 1988년 미국과 러시아 등 세계
각국이 참여하여 건설한 다국적 우주정거장입니다. 우주인이 365
일 상주하면서 관측, 실험, 우주 환경 적응 등 다양한 연구를 진행
하고, 지나가는 우주선 정박 등의 기능을 수행합니다. ISS 건설은
우주 개발 역사상 가장 위대한 사건 중 하나로 손꼽힙니다.

최초의 우주정거장 건설은 소련이 주도했습니다. 1971년부터 1986
년까지 진행된 살루트^{Salyut} 프로젝트로, 1호부터 7호까지 있습니다.
살루트 1호는 사람과 물자를 운송하는 소유즈 10, 11호와 도킹에
성공했고 우주인이 23일간 체류하는 성과를 올렸습니다. 하지만 소
유즈가 지구로 귀환하던 중 이상이 발생했고, 탑승했던 우주인 3명
모두 질식해서 사망하는 사고가 발생하고 말았죠. 살루트 1호도 6
개월 정도 궤도에 있다가 전자 계통에 문제가 생겨 대기권에서 폐
기되었습니다. 비록 안타깝게 마무리됐지만, 소련은 살루트 1호를
통해 우주정거장의 가능성을 보았습니다. 이후 살루트 4호와 5호에
서는 정거장 안에서 채소를 길러 먹었고, 살루트 7호에서는 우주선
두 대의 도킹이 가능하도록 발전했습니다. 이는 차세대 우주정거장
미르^{Mir}의 바탕이 되었죠.

본격적으로 우주정거장 시대를 연 것이 미르입니다. 소련이 해체
되고 등장한 러시아가 1986년 발사한 미르는 2001년까지 15년간
운영되며 러시아 우주과학의 상징으로 불렸습니다. 12개국 104명
의 우주인이 방문했고, 1만 6천여 건에 달하는 실험을 수행했죠.

1994년에는 미국 우주선 도킹을 위한 모듈이 건설되어, 미국과 러시아가 협력을 시작했습니다.

15년간 운영한 미르가 노후되고 적자를 내자 다시 차세대 우주정거장을 건설하자는 목소리가 나왔죠. 미국, 러시아, 일본, 유럽연합, 캐나다 등 총 16개국이 참여해서 각각 제작한 모듈을 우주에서 레고처럼 조립해서 만든 것이 바로 ISS입니다.

ISS는 이름에 '국제'가 들어가는 만큼 어느 나라 소유도 아니며 공동 운영입니다. 하지만 우크라이나와 러시아 전쟁으로 인해 글로벌 관계가 악화되자, 러시아는 2024년 이후 ISS 운영 탈퇴를 선언하고 독자적인 정거장 구축을 시작했습니다.

중국은 2011년 9월 톈궁天宮 1호를 발사했습니다. 우주선 도킹 연습을 위한 목적으로 설계되어서 우주인을 위한 장기 체류 시설은 없었습니다. 톈궁 1호는 2012년 6월 유인우주선 선저우 9호, 2013년 6월 선저우 10호와 도킹에 성공했지만, 고도 유지를 위한 통제가 불가능해지면서 서서히 지구로 떨어지기 시작했고, 2018년 4월 칠레 앞바다에 추락했습니다. 톈궁 2호는 2016년 9월 발사되어 2019년 7월에 낙하하면서 불타 없어졌습니다. 톈궁 3호는 2021년 4월 본체 톈허天和를 이미 쏘아 올렸으며, 2022년 11월 30일 발사된 선저우 15호가 중심 모듈 도킹에 성공하면서 완성되었습니다. 중국 우주정거장은 ISS와 더불어 현존하는 세계 두 번째 우주정거장이며, 타국의 도움 없이 독자적으로 완성했기에 중국 우주 굴기의 상징이 되었죠. 중국은 톈궁에서 우주선 간 도킹 연습, 지구 환경 모니터링, 우주 환경 탐사 등과 관련한 실험을 진행할 예정입니다.

우주정거장은 우주 개발 초기에 달로 가기 위한 중간 거점이었습니다. 달까지 거리가 머니까 중간에 정박해 기름도 넣고, 정비도 하고 다시 출발한다는 개념이었죠. 하지만 미국과 소련의 냉전 과정에서 미국은 정거장에 들르지 않고 곧바로 달에 도착해버리는 기술을 마련했습니다. 이후 우주정거장은 무중력 상태에서의 실험실 정도의 의미만 남게 되었습니다. 인류는 이제 더 먼 우주를 탐험할 준비를 마쳤고 그 전초기지로 달이 선정됐습니다. 이것이 아르테미스 프로젝트의 진짜 모습입니다.

로켓 재활용

위성 기술을 개발하고, 로켓을 발사하고, 유인우주선을 우주에 보내기 위해서는 정말 많은 금액이 필요합니다. 얼마 전 성공한 누리호도 쉽지 않았습니다. 정부 주도이기에 세금으로 이걸 메꾸고 있는데, 막대한 예산을 투자하는 것이 과연 옳은지 논란이 많습니다. 우주산업은 장기 프로젝트입니다. 발사체가 성공하든, 우주정거장을 만들든, 우리는 당장 아무 변화를 느끼지 못하죠. 따라서 우주산업은 관두고 당장 시급한 복지에나 더 집중하라는 의견에도 어느 정도 일리가 있습니다.

하지만 우주산업은 엄청난 가능성을 내포하고 있어 포기할 수는 없습니다. 그래서 제시된 방침이 민간기업을 끌어들이는 것입니다. 정부는 기술과 혜택을 제공하고 민간기업이 자기 자금으로 진행하는 거죠. 여러 기업이 우주산업에 뛰어들었는데, 이중 선두주자를 꼽으라면 단연코 스페이스X입니다. CEO 일론 머스크는 정부 주도

알아야 보인다

로 진행된 올드 스페이스에 반해 민간기업이 주도하는 뉴 스페이스 시대를 연 주역입니다.

스페이스X가 선두주자가 된 핵심 이유는 로켓 재활용에 있습니다. 발사체를 올려보낼 수는 있는데 일회용이다 보니 부담이 상당합니다. 또한, 정작 우주에 도달하는 것은 최상단 일부일 뿐이고, 나머지 90%는 추진부로 사용하고 폐기됩니다. 일론 머스크는 이를 지나친 낭비라 여기고, 발사한 1단 로켓을 재점화해서 원하는 지점에 정확히 착륙시키는 기술 연구를 시작했죠.

일론 머스크는 2014년 1월 추진체를 착륙시켜 재활용한다는 야심 찬 계획을 발표했습니다. 추진 로켓을 회수해 재활용하면 발사비용이 획기적으로 감소하고, 발사 간격도 줄어 우주 개척 속도를 크게 앞당길 수 있습니다. 2014년 1월 발사한 팰컨 9은 발사에는 성공했지만, 대서양에 있던 이동식 착륙 선박에 너무 강하게 떨어져 부서지고 말았습니다. 2014년 6월의 시도에서는 ISS 연구원들을 위한 식료품과 실험장비 등을 실은 팰컨 9 로켓이 장비 결함으로 발사 2분 20초 만에 공중에서 폭발하는 대형사고가 일어나 신뢰도가 바닥을 찍었죠. 하지만 머스크는 결함 개선과 성능 향상을 포기하지 않았고, 2015년 12월 결국 로켓 발사와 회수에 성공했습니다. 이후 스페이스X는 10차례 이상 연속으로 발사와 회수에 성공하면서, 기술력과 안정성을 입증했고 세계 위성 발사 위탁 1위의 자리를 차지하게 되었습니다.

머스크는 여기서 멈추지 않았습니다. 발사한 로켓이 다시 지상에 착지할 때는 감속을 위한 역추진 분사 시스템과 파손 방지용 다리

등을 탑재해야 합니다. 그 때문에 발사체 무게가 무겁고 연료 소모가 많았죠. 이 문제를 해결하기 위해 타워가 로봇 팔을 사용해 지구에 돌아오는 발사체를 낚아채는 방법을 구상했습니다. 이를 메카질라Mechazilla라고 부릅니다.

타워가 하늘에서 되돌아오는 로켓을 인식하고, 팔을 벌려 붙잡은 다음, 그것을 준비해놓은 다른 로켓과 다시 합체하는 구조입니다. 현재 회수한 로켓을 정비하고 재활용해 다시 발사하기까지는 최소 1개월 이상이 소요됩니다. 머스크는 메카질라가 완성되면 1개월을 1시간으로 줄이고, 하루 최대 3회까지 발사할 수 있을 것으로 전망하고 있습니다. 번거로운 회수와 이동 절차 없이 발사대로 돌아온 로켓을 팔로 붙잡아 조립하고 연료만 주입하면 되는 거죠. 정말 아날로그적인 발상이지만, 지금까지 누구도 상상하지 못했던 아이디어입니다. 일론 머스크의 가장 큰 장점은 아이디어도 아이디어지만, 바로 그 실행력에 있는 게 아닐까 생각합니다.

민간기업의 색다른 시도도 이뤄졌습니다. 스타트업 스핀런치SpinLaunch는 돌팔매질의 원리를 이용해 로켓을 우주로 '던져버리는' 발상을 해냅니다. 거대한 원심분리기에 로켓을 넣고 뱅글뱅글 돌리면서 가속도를 붙였다 확 놓는 것입니다. 그들은 2021년 10월 1단 로켓엔진 없이 고도 100km까지 올리는 데 성공했습니다. 원심분리기 안에 막대한 압력이 적용되기에 살아 있는 생물을 탑승시키는 것은 힘들겠지만, 물체를 지구에서 우주로 옮기는 데는 탁월하다는 평가를 받고 있습니다. 1단 로켓이 불필요하기에 경제적이며, 막대한 양의 연료를 사용하지 않기에 친환경적이기도 하죠.

알아야 보인다

우주여행

2021년, 우주여행을 한 세계 최초의 지구인이 탄생했습니다. 바로 영국 버진그룹Virgin Group의 CEO 리처드 브랜슨Richard Branson이 그 주인 공입니다. 리처드 브랜슨은 71번째 생일을 일주일 앞두고 자신이 설립한 버진 갤럭틱의 우주 비행선 'VSS 유니티'에 탑승해 평생의 꿈을 이루었습니다. 이와 더불어 지구의 억만장자들이 벌이는 우주관광 사업 경쟁에서 '최초'라는 역사적 이정표도 획득했죠. 버진 갤럭틱에는 총 6명이 타고 지상 약 90km 상공에 도달해 무중력을 경험했습니다. 궤도에 머무른 시간은 15분, 전체 비행시간은 90분 정도였습니다.

이후로 우주여행 시대가 열렸습니다. 사실 민간 우주관광 사업을 누가 가장 먼저 시작하느냐가 업계의 관심사였는데, 리처드가 스타트를 끊은 거죠. 리처드의 성공에 자극받은 두 사람이 있었는데, 바로 블루 오리진Blue Origin의 창업자 제프 베이조스와 스페이스X의 일론 머스크입니다.

베이조스는 곧바로 견제구를 날렸습니다. 유럽 국제항공우주연맹은 고도 100km인 '카르만 라인karman line'을 넘어야 우주라고 정의하는데, 브랜슨의 추진체는 고작 90km였으니 우주여행이 아니라고 지적했죠. 브랜슨은 여기에 NASA의 우주 기준은 80km이기 때문에 우주여행이라고 말하는 데 아무 문제가 없다고 받아쳤죠. 일론 머스크는 한술 더 떠 두 사람 모두를 비판하며 고작 우주여행의 시작점에 간신히 도달한 것은 아무 의미가 없다며, 자신은 우주궤도 비행과 화성 이주까지 추진하고 있기에 우주관광의 격이 다르다고 주장했습니다.

여행 상품을 살펴보면 버진 갤럭틱은 1인당 약 5억 8천만 원에 예약을 받고 있으며, 약 90km 상공을 4분 동안 돌다가 내려옵니다. 버진 갤럭틱의 발사체가 높게 뜨는 비행기라고 하면, 블루 오리진은 우리가 곧장 떠올리는 바로 그 로켓을 타고 올라갑니다. 발사체가 어느 정도 높이까지 올라가면 사람이 탑승한 상단 캡슐을 분리합니다. 캡슐은 지상 약 106km 높이에서 버진 갤럭틱과 유사하게 5분 남짓의 무중력 체험을 한 다음 낙하산을 펴고 지상으로 내려옵니다. 아무래도 로켓을 발사하는 방식이다 보니 1인당 무려 320억 원으로 버진 갤럭틱보다 훨씬 비쌉니다.

마지막이 일론 머스크의 스페이스X입니다. 스페이스X도 로켓을 통해 쏘아 올리고 캡슐을 분리하는 방식인데 앞선 둘의 비행고도가 90~100km 정도라면, 스페이스X의 비행고도는 무려 500km입니다. 앞선 두 회사의 여행 시간이 5분 남짓인 반면, 스페이스X는 사흘이나 됩니다. 사흘간 지구 궤도를 돌면서 다양한 장소를 보여주고, 여행이 끝나면 캡슐이 낙하산을 펴고 바다에 착륙해 배를 타고 육지로 귀환하는 방식입니다. 가격은 1인당 약 580억 원입니다.

셋을 비교해보면 버진 갤럭틱의 가격이 상대적으로 저렴합니다. 만약 높은 고도로 가서 제대로 우주를 만끽하고 싶다면 스페이스X가 압도적이겠죠. 블루 오리진의 상품은 버진 갤럭틱과 비슷한데 가격은 훨씬 높으니 현재로서는 좀 애매한 위치에 있습니다. 최근에는 지구를 넘어선 달 여행 상품이 기획되고 있습니다.

우리 같은 일반인은 엄두도 못 내겠지만 500만 달러 이상을 보유

알아야 보인다

하고 있는 부자들은 우주여행에 상당한 관심을 보이고 있습니다. 분명한 타깃층이 있는 시장인 거죠. 언젠가 가격이 저렴해지고 우리도 죽기 전에 한 번쯤은 다녀올 만한 상품이 되지 않을까 싶습니다. 뉴 스페이스 시대에 어쩌면 민간으로의 확대 모델을 우리나라가 주도할 수도 있지 않을까요?

해외 우주산업의 성과를 살펴보면 많은 자금, 많은 연구자, 많은 시간, 무엇보다 많은 시행착오가 있었습니다. 실패 하나하나가 모두 양분이 되어 결국 성공했죠. 그 결과, 그들은 무한한 자원이 펼쳐진 우주산업의 선두에 서 있습니다. 우리나라는 조건이 훨씬 열악하지만, 기술은 절대 뒤처지지 않습니다. 누리호도 단 2번 만에 성공했죠. 성장하는 우리나라 우주산업에는 여러분의 많은 관심과 참여가 필요합니다.

앞으로의 기대

이런 우주산업에서 우리는 무엇을 기대해볼 수 있을까요? 우리가 뛰어들 도전 과제는 어떤 것들이 있을지 알아보겠습니다.

달 기지 건설과 화성으로의 도약

1967년 제정된 우주법에 따르면 특정 국가가 달을 소유하는 것은 인정하지 않지만, 자원 채취는 불법으로 규정하지 않습니다. 먼저 도착해서 먼저 채굴하면 임자인 거죠. 달을 먼저 선점하는 국가가 모든 면에서 유리하기에 경쟁이 과열되고 있습니다. 게다가 이제는 국가뿐 아니라 민간기업도 달에 접근하는 시대가 왔기 때문에 과학적 성과는 물론이고 상업적 이권도 먼저 진출하는 쪽이 차지하게 될 것입니다.

차세대 우주정거장인 달 기지는 인간이 의식주를 해결할 수 있는 거주지로 건설될 계획입니다. 2022년 8월 5일 우리나라는 달 탐사선 '다누리'를 통해 새로운 도약을 시작했습니다. 다누리는 우주탐사 기반 기술 확보를 위해 우리나라가 독자 개발한 무인 달 탐사선인데, 지금까지 달 착륙에 성공하거나 궤도선 탐사에 성공한 나라는 러시아, 미국, 중국, 일본, 유럽연합, 인도뿐입니다. 다누리가 성공적으로 달 궤도에 안착하면 대한민국은 7번째 달 탐사국으로 등재됩니다.

다누리는 스페이스X의 팰컨 9을 통해 우주로 올라갔습니다. 비록 누리호가 발사에 성공하긴 했지만, 저궤도 발사체이기 때문에 달까지의 도달은 어렵습니다. 2030년까지는 고궤도 발사체를 만든다고 하니 성공적인 개발을 응원합니다. 다누리는 달 상공 100km를 돌면서 인간 생존에 필요한 물과 산소, 개발에 필요한 지질과 자원을 탐사합니다. 다누리가 나사를 돕고, 나사는 다누리에 항행기술과 통신기술을 제공하며 상부상조의 관계가 형성됩니다.

달 기지가 활성화되려면 달에서 독자적으로 식량을 생산할 수 있어야 합니다. 디지털 헬스케어와 맞물린 융합형 연구를 항공우주 바이오메디컬 엔지니어링이라고 합니다. 2022년, 과학자들은 달에서 가져온 흙에서 처음으로 식물을 키우는 데 성공했습니다. 지금까지 ISS 같은 우주정거장에서 식물을 키운 전례는 있어도 지구가 아닌 천체의 흙으로 성공한 사례는 최초입니다. 달 토양에서 자란 식물은 유전자가 1천 개 이상 더 작동했는데, 대부분 염분이나 중금속, 활성산소 등의 유해 요인에 대항하는 스트레스 반응 유전자였습니다. 지구 식물에게 달 토양은 그다지 적합한 환경이 아니라는 거죠. 하지만 달 기지에서 식물을 재배하기 위해 지구에서 흙을 운반할 수도 없는 노릇이니, 식물이 잘 자라도록 개선하는 방법을 다시 모색하고 있습니다. 우리나라도 아르테미스 프로젝트를 통해 달 탐사에 적극적으로 관여하고 있어, 다양한 연구 지평이 열리게 될 것입니다.

아르테미스 프로젝트의 최종 목표는 기지 건설 후 화성으로 진출하는 것입니다. 어째서 화성을 목표로 삼은 것일까요? 몇 가지 이유가 있는데, 첫째는 화성이 암석질 행성이라는 점입니다. 태양계 행성 중 태양에서 가까운 수성, 금성, 화성은 암석질이라 땅이 존재하는 반면, 목성 이후로는 전부 기체 행성이라 기지 건설이 불가능하죠. 둘째는 달 다음으로 지구에서 가깝습니다. 지금 기술력으로 반년 정도 소요됩니다. 마지막이 가장 큰 이유인데 지구와 환경이 가장 비슷하기 때문입니다. 화성의 하루는 24시간 40분으로 지구와 큰 차이가 없죠. 또 지구와 비슷한 자전축을 지녔으며, 극지방과 지하에 얼음의 형태로 물이 존재합니다.

하지만 당연히 다른 점도 많죠. 크기가 지구의 반밖에 되지 않고, 중력도 3분의 1 정도에 불과합니다. 대기가 존재하긴 하지만 이산화탄소가 96%를 차지하고 있어서, 지구 생명체는 화성에서 생존하기 어렵습니다. 과학자들은 화성의 자연환경을 오랜 시간에 걸쳐 지구와 비슷하게 바꾸려는 계획을 추진하고 있는데, 이를 테라포밍 Terraforming 이라고 합니다.

만약 테라포밍이 성공하면 화성은 인류가 다시 발전하고 살아갈 수 있는 신천지가 될 것입니다. 행성을 변화시킨다는 것이 말처럼 쉽지는 않겠죠. 그렇지만 정말 지구를 떠나야 하는 상황이 올지도 모른다고 생각하면, 웃어 넘길 수만도 없습니다. 우리는 아직 달에 가는 것조차 버거운 상황이니 조급해하지 말고 일단 눈앞의 상황부터 조금씩 해결해나가는 것이 순리겠죠. 언젠가 화성 테라포밍이 성공한다면, 인류는 화성 기지를 발판으로 또 다른 행성으로의 도약을 꿈꿀 것입니다.

스타링크

일론 머스크의 스페이스X에서는 스타링크 Starlink 라는 프로젝트도 진행 중입니다. 스타링크는 기존 위성 통신망 및 수중 광케이블의 단점을 개선하고, 동시에 유선 인터넷과 그에 기반한 무선 통신망의 한계를 극복하기 위해 진행하는 위성 인터넷 사업으로, 궁극적으로는 지구 화성 간 통신망 구축을 목표로 합니다. 발사체에 인터넷 위성을 싣고 우주로 쏘아 보낸 다음, 적정 궤도에 위성을 뿌립니다. 사용자는 지구를 둘러싼 위성에서 신호를 받아 인터넷을 하는 구조입니다.

지금이야 대한민국 어디에서든 무선 인터넷이 잘 연결되는데 10년 전만 해도 지방, 동굴, 섬 등에서는 잘 안 됐습니다. 기지국이 부족했기 때문이죠. 반면 지금은 차 타고 다니다 보면 대형 기지국도 자주 보이고, 동네 구석구석까지 소형 기지국이 설치되어 있는 걸 볼 수 있습니다. 기지국의 수가 많을수록 이동전화의 통화 품질이 좋아집니다. 스마트폰이 등장하고 인터넷 사용자가 폭발적으로 증가하자 덩달아 전국의 기지국 수도 늘어났습니다.

하지만 세계로 눈을 돌려보면 어떨까요. 2020년 기준 지구 전체의 인터넷 보급률이 약 58.8%라고 합니다. 4차 산업혁명이 한창인 지금, 정보 교환이 원활하지 않다는 것은 다른 국가보다 뒤처지고 빈부격차가 갈수록 벌어진다는 것을 의미합니다.

일론 머스크는 북극, 사바나 초원, 아마존 열대우림 등 지구 어디에서든지 통신 장애 없이 연결할 방법을 궁리했습니다. 그래서 나온 방안이 기지국을 위성 형태로 만들어 지구를 빙 둘러버리자는 것이었죠.

사실 위성통신은 이전부터 존재했습니다. 우리가 크루즈 같은 호화 여객선을 타고 태평양 한가운데를 가든, 에베레스트산 꼭대기에 가든 인터넷이 가능한 이유는 위성통신을 사용하기 때문입니다. 하지만 일반 통신과 비교하면 비용이 많이 들고, 속도도 느리죠. 따라서 군사 활동 같은 특수한 상황에서만 위성 인터넷을 사용합니다. 성능이 낮은 이유는 위성의 고도 때문에 지구까지 신호가 왕복하는 데 시간이 소요되기 때문입니다. 위성 궤도의 위치를 낮추면 왕복 시간이 짧아지고 인터넷 속도가 빨라지지만, 대신 커버 범위가 작아지고 맙니다. 그렇다면 해법은 간단하죠. 낮은 궤도에서 위성의 수를 엄청나게 늘리면 됩니다. 소위 물량 작전인 셈입니다.

머스크는 2015년 프랑스 파리에서 처음으로 스타링크 프로젝트를 발표하면서 지구 전체에 인터넷을 공급하기 위해서는 저궤도에 통신 위성 4만 2천 개를 설치해야 한다고 주장했습니다. 처음에 사람들은 비웃었습니다. 미보급 지역이 아직 많긴 하지만 광케이블을 꾸준히 확장하면 되지, 굳이 위성을 쏠 필요는 없다는 거였죠. 당시는 발사체의 비용이 대단히 높았기에, 통신위성에 기반한 지구 전역의 인터넷 설치는 허황된 이야기로만 들렸습니다. 머스크의 로켓 재활용 기술은 2015년 막 성공하였고 안정성도 보증되지 않았기에 투자자를 구하기가 쉽지 않았죠.

하지만 머스크는 자신의 판단을 믿고 위성을 하나하나 쏘기 시작했습니다. 발사체 재활용 기술도 차츰 완숙에 접어들어 비용을 대폭 줄였습니다. 2022년 1월 기준 지구를 돌고 있는 스타링크 위성은 2천 개를 돌파했다고 합니다. 목표에는 아직 한참 멀지만, 2030년까지는 완료하겠다고 발표했죠. 기술의 발전과 함께 가격도 계속 하향 조정될 테고, 남성의 상반신 정도 크기의 수신기도 언젠가는 작아져 스마트폰 안에 포함되는 형태가 될 것입니다. 2022년 8월 25일, 머스크는 미국 대형 통신사 T-모바일과 협력해 새로운 모바일 서비스를 출시할 예정이라고 공표한 상태입니다.

스타링크로 인해 나타날 가장 큰 변화는 정보통신의 활성화입니다. 전 세계 모든 이들이 인터넷에 접속할 수 있다면 지금보다 배 이상의 시너지가 발생할 것입니다. 그리고 게임 글로벌 서버에 지연 현상[^]이 없어지겠죠. 지금은 유럽이나 미국 유저와 함께 게임을 하면 지연이 발생하기 때문에 원활한 서비스를 위해 국가별로 서버가 나뉘어 있습니다. 세계 프로 게임 리그에서는 0.001초가 승패를 가르

알아야 보인다

는 일이 다반사입니다. 대회에서 어떤 국가 통신망을 사용하는가는 승패를 가를 중요한 변수이기에 매우 민감한 문제입니다. 스타링크를 활용하면 이 문제를 해결할 수 있습니다. 만약 미래에 메타버스가 실현되면 전 세계 사람들이 한자리에 모일 텐데 지연 때문에 나라별로 서버를 가른다면, 그 의미가 퇴색되고 말겠죠.

게임만이 아닙니다. 가령 우리가 해외로 여행을 간다면 그쪽 심^{sim}카드를 구매하든가, 아니면 로밍 서비스를 신청해야 합니다. 나라별 통신사가 상이해 해외에서 서비스를 이용하는 대가로 추가 비용을 지불하는 것입니다. 통신사 서비스의 범위는 한 나라로 국한되지만, 스타링크의 서비스 범위는 지구 전체입니다. 로밍 개념 자체가 사라지고 지구 어디에서나 비슷한 속도로 서비스를 받을 수 있다는 것을 의미하죠. 이렇게 전 세계 통신망을 장악할 가능성이 높습니다.

두 번째 변화는 자율주행입니다. 테슬라가 추구하는 자율주행을 완성하려면 차량 간 정보를 공유하는 실시간 의사소통이 가능해야 합니다. 그러려면 모든 차가 인터넷에 상시 연결돼 있어야 하죠. 스타링크는 24시간 지구 모든 곳에 인터넷을 끊임없이 제공하는 위성 인터넷 서비스이니, 여기에 적합합니다. 더구나 자율주행은 사람의 목숨과 직결되기 때문에 성능이 완벽에 가까워야 합니다. 그런데 차량 통신사별 속도가 다르다면 사고 발생 시 속도가 빠른 쪽이 느린 쪽에게 책임을 주장할 수도 있지 않을까요? 하지만 모두가 스타링크를 사용하면 적어도 반응속도 문제는 거론되지 않을 것입니다. 또한, 인터넷이 도시에서만 빠르고, 한적한 변두리에서는 느려진다고 하면 맘 놓고 자율주행을 이용할 수 없겠죠. 그래서 언제나 균일한 속도와 균일한 연결이 요구됩니다. 자율비행과 자율운항이 상용화되면 역시 비슷한 전철을 밟을 것으로 보입니다.

세 번째 변화는 우주산업입니다. 스타링크 위성은 기지국이 땅에 있어야 한다는 개념을 넘어 우주로 진출했습니다. 아르테미스 프로젝트로 달 기지가 건설되면 그곳에서는 무엇으로 인터넷을 할까요? 달 지면에 광케이블을 설치하기보다는 위성통신을 이용할 가능성이 큽니다. 그러면 이미 활성화된 스타링크가 가장 유력할 수밖에 없겠죠. 스타링크는 지구와 달 사이에서 이 둘을 연결하고, 더 나아가 화성, 그리고 그 너머까지 바라보고 있습니다.

스타링크 서비스는 2023년에 한국에 진출한다고 발표했습니다. 최근 글로벌 공급망 악화로 가격이 소폭 상승하여 수신기 가격이 599달러, 월 이용료는 110달러가 될 것 같습니다. 그러나 우리나라에서 흥행할지 생각해보면 좀 애매합니다. 대한민국은 인터넷 인프라가 워낙 잘 구축된 나라로, 가장 중요한 속도만 봐도 통신 3사의 성능이 전부 스타링크를 압도합니다.

반면 미국 같은 큰 나라에서는 정말 좋죠. 전화가 터지지 않는 지역과 인터넷 연결이 안 되는 지역이 생각보다 많거든요. 한국에도 잘 알려진 요세미티 국립공원이나 옐로스톤 국립공원 등은 신호가 거의 안 잡힙니다. 당연히 인터넷 연결도 기대하기 어렵죠. 반면 우리나라는 5G 활성화를 위해 기지국을 동네마다 촘촘히 만들어놓았기 때문에 성능이 월등합니다. 나라가 작은 장점이겠죠.

하지만 미래 가능성에서는 스타링크가 압도적입니다. 만약 스타링크가 추후 우리나라 3사와 엇비슷한 성능을 가지게 된다면 게임

알아야 보인다

과 메타버스 등의 글로벌 교류, 자율주행·비행·운항 그리고 우주산업까지 연계성을 갖고 있기에 세계의 기준이 될 가능성이 높습니다. 우리나라 통신 3사가 스타링크와 차별화된 특별한 서비스를 만들어내지 못한다면 점점 힘들어질 것입니다.

머스크는 누구보다 빠르게 글로벌 통신 시장을 바라봤습니다. 2015년 당시 그를 비웃던 사람들은 전부 사라지고 미래를 기대하는 이들이 늘었습니다. 이 책의 처음부터 여러 차례 강조한 기술주권이 바로 이것입니다. 먼저 새로운 가능성을 발견하고 그것을 점령하면 자신의 기준이 곧 세계의 기준이 되며, 후발주자는 그것을 따를 수밖에 없습니다.

2021년 6월 과학기술정보통신부는 '6G 연구개발 실행계획'을 발표하면서 6G 상용화 시점을 2028~2030년으로 잡고 선제적 기술개발 착수와 국제표준 선점을 목표로 삼았습니다. 위성통신 6G 시대를 선도하기 위함이죠. 이에 호응하듯 우리나라 민간기업들이 부랴부랴 위성을 발사하기 시작했습니다. 2022년 5월 한글과컴퓨터는 국내 첫 지구관측용 민간 위성 세종 1호 발사에 성공하여 세계 유일의 '우주-항공-지상' 영상 데이터 서비스 벨트 구축을 시작했고, KT도 5월 차세대 통신서비스의 핵심 기술로 떠오른 위성통신 경쟁에 도전장을 내고 국내 우주산업 활성화와 글로벌 시장 진출의 의지를 드러냈습니다.

세계가 정말 빠르게 변화하고 있는 것이 느껴지나요? 우리나라는 비록 한발 늦었긴 하지만, 누리호의 성공과 아르테미스 프로젝트 참여 등을 통해 발전 가능성이 열려 있습니다. 앞으로 우수한 인재 양성과 많은 연구를 통해 세계를 선도할 거라고 믿습니다.

새로운 가능성과의 조우

자부심을 가질 만한 소식이 또 있습니다. 2021년 1월 우리나라 과학기술정보통신부와 한국천문연구원은 NASA 제트추진연구소 및 미국 캘리포니아공과대학과 함께 우주망원경 '스피어엑스^{SPHEREx}' 공동 개발을 시작했습니다. 지금까지의 우주망원경은 특정 구역 또는 외계 행성을 주로 관측했습니다. 참고로 허블 우주망원경의 경우 30년 동안 담아낸 영역은 우주의 1% 정도에 불과합니다. 반면 스피어엑스는 더 넓은 관측 시야와 파장 범위, 더 높은 해상도를 가지고 우주의 99% 이상을 관측할 목표로 제작 중인 망원경입니다. 인간 유전자를 전부 살펴보려는 게놈 프로젝트처럼 우주의 모든 것을 살펴보려는 프로젝트인 것입니다. 이런 대형 프로젝트에 우리나라 연구기관이 합류했다는 것은 정말 대단한 일이 아닐 수 없습니다.

차세대 망원경은 다른 나라에서도 만들고 있습니다. 유럽우주국^{ESA}은 2026년 우주망원경 '플라토^{PLATO}'를 우주로 띄울 예정입니다. 고대 그리스 철학자 플라톤의 이름을 딴 플라토에는 총 26개의 카메라가 장착돼 있는데 태양과 같은 별^{항성} 주변의 인간이 거주할 수 있는 행성을 찾는 임무를 맡습니다.

일본항공우주개발기구^{JAXA}도 중력파를 관측할 '라이트 버드'를 2027년 발사할 계획입니다. 초기 우주가 생성된 직후 약 10^{-38}초 동안 방출된 원시 중력파를 관측할 수 있기에, 빅뱅으로 팽창한 우주의 흔적을 찾을 수 있다는 평가를 받고 있습니다.

중국은 미국 다음으로 우주 개발에 가장 야심 찬 계획을 내놓고 있는 나라입니다. 허블 우주망원경보다 300배 더 넓은 시야를 확보할 수 있는 적외선 우주망원경 '쉰텐'을 2024년 발사할 계획입니다. 중국 우주정거장과 함께 궤도를 돌며 10년간 전 우주의 40%에 이르는 구역을 관측하고, 암흑물질, 우주 구조, 은하의 형성과 진화 과정을 탐구할 예정입니다.

우리는 우주를 이해하면, 동시에 지구를 더 정확히 이해할 수 있을 것입니다. 지금 기후변화가 많이 심각합니다. 지금 당장 준비하지 않으면 영영 돌이킬 수 없습니다. 하지만 아무리 심각하다는 말을 들어도 막상 잘 와닿지는 않죠. 다이어트도 그렇습니다. 탄수화물과 지방을 줄이고 단백질 위주의 식사와 운동을 하라고는 해도, 조금씩 변화하는 자신을 체감하지 못하고 어느새 지쳐 포기하고 맙니다. 이를 보조하기 위해 헬스케어 앱이 등장해 하루하루 운동 효과와 섭취 칼로리를 가시적인 수치로 보여줍니다. 그러면 동기가 다시 불타오르는 계기가 되죠.

헬스케어 앱처럼 지구의 개선 상황을 눈으로 즉각 보여준다면 어떨까요? 몇 년에 한 번 작성되는 거창한 국제 조사 보고서가 아니라, 소소하게 하루, 일주일, 한 달, 일 년 이렇게 모두가 지구의 변화를 체감할 수 있다면, 강한 동기를 불러일으키지 않을까 생각합니다. 지구의 상태, 더 나아가 우주의 상태를 이해한다면 본인만이 아니라 주변 사람들과 함께 앞으로 무엇을 해야 할지에 관한 대화가 이어질 수도 있습니다. 제임스 웹 우주망원경과 스피어엑스가 이것을 실현시켜줄 수 있기를 바랍니다.

문제점도 있다

희망찬 미래를 꿈꾸지만, 우주산업의 발전에도 문제점이 있습니다.

우주 쓰레기

실감은 안 나지만 지금 지구 위에는 우주 쓰레기^{Space Junk}가 넘쳐난 다고 합니다. 우주 공간에 떠다니는 로켓 부스러기, 수명이 끝나 폐 기된 인공위성, 이들이 서로 부딪혀 잘게 부서진 파편 등이 지구 궤 도를 돌고 있죠.

사고도 적지 않습니다. 1980년 태양 관측용 위성 솔라맥스가 2개 월 만에 망가졌는데, 살펴보니 작은 돌멩이 크기의 우주 쓰레기가 여기저기 박혀 있었습니다. 2011년 7월 ISS에 크기를 알 수 없는 우 주 쓰레기가 다가오고 있다는 보고가 들어와 승무원이 탈출을 시 도했던 적도 있으며, 2013년에는 러시아의 과학 실험용 인공위성 블리츠가 우주 쓰레기와 충돌해 지구로 추락하기도 했습니다.

2022년 10월 우주 쓰레기 처리 문제를 논의하는 '제40차 국제우 주쓰레기조정위원회 총회^{IADC}'가 제주 국제컨벤션센터에서 열렸습 니다. 총회에서는 우주 환경보호를 위한 기술·과학적 연구 활동을 협의하기 위해 전 세계 100여 명의 전문가가 참여하여 다양한 의견 을 나누었습니다.

지구 궤도를 돌고 있는 물체 중 위성보다 우주 쓰레기의 양이 훨씬 많습니다. 1978년 NASA의 과학자 도널드 케슬러^{Donald J. Kessler}는 지구를 도는 우주 쓰레기가 계속 늘어나면 파손된 인공위성의 잔해들이 지구를 토성의 고리처럼 감싸 인류가 지구 밖으로 진출하기는커녕, GPS나 위성통신 시스템 등의 현대 기술 대부분을 쓸 수 없게 되어 인류 문명이 1960년대 중후반으로 후퇴할 것이라고 주장한 바 있습니다. 이것을 케슬러 신드롬^{Kessler syndrome}이라고 합니다. 우주에 도달하는 발사체를 제작하는 국가가 2022년 현재 고작 7개국뿐인데 1978년에 저런 예측을 할 정도였으니 뭐라고 표현해야 할지 모르겠습니다. 그런데 그 예측대로 향해가고 있다는 것이 더 큰 문제겠죠. 이대로 가면 영화 〈승리호〉의 캐릭터들처럼 우주 쓰레기를 전문적으로 수거하는 새로운 직종이 나타날지도 모릅니다.

환경오염

민간기업 주도의 뉴 스페이스 시대에 돌입하자 로켓 발사 횟수가 급격하게 늘어났습니다. 문제는 로켓을 발사할 때마다 엄청난 양의 온실가스가 배출된다는 점입니다. 전에는 기후변화 현상이 심각하지 않아 큰 문제가 아니었는데, 횟수가 늘어나면서 지금은 무시할 수 없는 지경에 이르렀죠.

발사할 때 소모되는 추진제는 비행기가 온종일 운항하면서 쓰는 연료량과 비슷하다고 합니다. 스페이스X는 스타링크용 위성을 계속 쏘아 올리고 있고, 메카질라가 완성되면 하루 3회까지도 발사가 가능하다고 하니, 이걸 가만히 두고볼 수도 없습니다. 게다가 파리경제

대학의 〈2022 세계 불평등 보고서〉는 우주여행 1회로 배출되는 탄소가 약 10억 명이 평생 배출하는 양과 맞먹는다고 발표했죠. 인류의 지속적인 발전을 위해 우주산업을 진행하고 있는데, 그것이 오히려 지구온난화를 심화시키는 모순이 발생하고 있는 것입니다.

현재 나온 해결책은 연료를 액체수소 같은 친환경 물질로 대체하는 것입니다. 폐플라스틱으로 만든 연료를 개발하고 있는 회사도 있습니다. 중력을 벗어나기 위한 동력을 어떻게 슬기롭게 해결할 수 있을까 하는 것이 뉴 스페이스 시대에 던져진 과제입니다. 아직 눈에 띄는 성과가 도출되진 않았습니다.

천체 가리기

지금 전 세계의 천문학자들이 단단히 뿔이 나서 단체 항의를 벌이고 있습니다. 최근 늘어난 위성 때문에 천체 관측 방해 문제가 심각하기 때문입니다. 그 중심에는 또다시 일론 머스크가 있습니다. 만약 스페이스X가 미국 연방항공청FAA에 신청한 대로 위성을 꾸준히 발사할 경우, 천체 관측이 점점 어려워지게 됩니다. 위성에 반사된 빛 때문에 마치 3년 정도 안 씻었거나 지문이 왕창 묻은 액정으로 찍은 듯한 사진이 나오니 천문학자들의 불만이 높아지는 게 당연하죠. 꼭 위성 때문만은 아닙니다. 우주 쓰레기도 크기가 작아서 그렇지, 뭉쳐서 양이 많아지면 역시 관측을 방해하게 됩니다.

상황이 이러니 국제천문연맹IAU : International Astronomical Union은 위성에 의한 천문 관측 피해를 최소화하고 학계의 목소리를 결집하기 위한 전문 기구를 설립했습니다. 위성 관련 업체에 천문 관측을 방해할

알아야 보인다

수 있는 빛 공해를 최소화하도록 요구하고, 규제를 강화하고, 천문학자들을 지원하는 업무를 담당하고 있죠. 특히 스페이스X의 활약이 너무 대단해서 블랙리스트에 올랐는데, 이 문제를 어떻게 해결할 것인지 전 세계 천문학자들이 관심 있게 지켜보고 있는 중입니다.

문제점들을 간략하게 훑어봤는데, 지금 펼쳐진 뉴 스페이스 시대에 던져진 여러 과제를 어떻게 효과적으로 해결하고 지속 가능한 ESG 상생 모델을 만드느냐가 새롭게 펼쳐진 시장이라고 볼 수 있습니다.

5차 산업혁명의 후보

우주산업은 국가 주도 올드 스페이스에서 벗어나 민간기업이 우주 개발을 주도하는 뉴 스페이스 시대로 전환되었습니다. 미국의 스페이스X를 비롯해 블루 오리진, 버진 갤럭틱 등의 민간기업들이 앞다퉈 성과를 내고 있죠. 우주 태양광, 위성통신, 우주 자원, 우주 쓰레기, 우주기지 건설과 의식주 해결 등 비즈니스의 영역도 더 넓어지고 있고 발전 속도도 놀라울 정도입니다. 억만장자를 넘어 조만장자가 우주산업에서 등장할 것이라고 모두가 예상하고 있습니다.

민간기업과 정부의 가장 큰 차이점은 위험을 감수하고 혁신을 추구한다는 점에 있습니다. 정부는 새로운 도전자를 응원하고 지원합니다. 우리나라 정부는 한국판 NASA를 경남 사천에 설립한다고 발표했습니다. 사천은 앞으로 각 부처에 산재한 우주 정책의 총괄 역할을 수행할 계획입니다.

게다가 2023년부터 누리호를 4차례 반복 발사해 성능을 고도화하는 과정에서 기술 전 과정을 이전받을 기업으로 한화에어로스페이스를 낙점했습니다. 한화그룹은 항우연으로부터 기술을 이전받아 우리나라의 스페이스X로 거듭날 전망입니다.

동시에 인재 양성에 전력을 기울일 필요가 있습니다. 하지만 우주 관련 지식을 배울 수 있는 곳을 찾기가 어렵습니다. 초중고에 관련 과목이 없을뿐더러 대학에서도 찾기 힘듭니다. 우주산업 자체가 다양한 학문의 복합체이긴 하지만, 아직 버젓한 학과가 없다는 점이 우리의 현주소라고 할 수 있습니다.

얼마 전, 뉴스에서 선저우 13호에 있는 우주인이 중국 전역의 고등학생을 대상으로 원격 과학 수업을 하는 모습이 나온 적 있습니다. 수업을 받은 중국 학생은 우주가 무엇이고 어떤 곳인지 간접 체험하면서 지식을 쌓고 미래의 인재로 성장할 것입니다. 교육자의 한 사람으로서 대단히 부럽고 동시에 반성하게 되었습니다.

우리나라는 반도체와 자동차 강국을 자부하지만, 위성과 발사체 기술에서만큼은 여전히 많이 부족합니다. 2022년 8월 특허청이 공개한 자료에 따르면, 우리나라의 우주 기술 국제특허 출원 건수는 세계 7위였습니다. 순위로는 높지만 상위 국가들과의 격차가 큽니다. 하지만 우리도 할 수 있습니다. 누리호가 보여준 감동을 잊지 않고 적극적으로 매진하면 발전할 것이라 믿어 의심치 않습니다.

미국 MIT에는 학제를 가로지르는 가장 혁신적인 곳 중 하나로 알려진 미디어 랩MIT Media Lab이 있습니다. 여기서는 음악가와 엔지니어,

유전공학자 등이 함께 일합니다. 이들은 서로 완전히 별개의 학문이 만나면 새로운 가치를 창출할 수 있다고 믿습니다. 주위에서는 이 연구소 사람들을 미래상상기술자^{Future Imagineer}라고 부르기도 합니다. 우주산업은 정말 다양한 학문이 어우러져야만 성과를 낼 수 있습니다. 복수 분야 혹은 분야를 넘나드는 연구가 중요한 이유는 서로를 통해 배우기 때문이죠. 우주공학자나 로켓과학자들만 모인 집단보다는 다양한 학문의 사람들이 모였을 때 훨씬 더 창의적인 방법이 제시되고, 훨씬 더 재미있습니다. 그리고 무의식적으로 형성된 고정관념을 부수고 지금까지 없던 새로운 가치를 찾아낼 수 있습니다.

누구나 볼 수 있지만 아무나 도달할 수 없는 저 우주에 엄청난 기회가 펼쳐져 있습니다. 우주산업이 왜 제5차 산업혁명의 후보로 불리는지 이해될 겁니다.

15

우크라이나 - 러시아 전쟁

#EU #NATO #신냉전 #크림반도
#탈세계화 #공급망_붕괴

2022년 2월 24일

 2021년 11월 언론이 본격적으로 우크라이나와 러시아 간의 심상치 않은 기류를 보도하기 시작했습니다. 러시아가 우크라이나와의 접경 지역인 돈바스에 10만여 명의 병력과 각종 군사 장비를 배치했고, 우크라이나 북쪽에 위치한 벨라루스에 첨단 전투기를 투입했다는 소식이 전해졌죠. 우크라이나 국경 양면이 무장 병력으로 둘러싸인 형태가 되었습니다. 분위기가 점점 험악해지자 미국 대사관은 우크라이나를 여행금지국으로 분류하고 거주 중인 미국인 모두에게 철수 명령을 내렸습니다. 북대서양조약기구[NATO]는 4천 명 정도인 신속 대응군의 전투 준비 태세를 갖추었죠. 그리고 2022년 2월 24일, 결국 러시아 군대가 우크라이나 국경을 넘어 공격을 개시하면서 전쟁이 시작되었습니다. 많은 이들이 죽고 다쳤습니다. 러시아의 공격으로 인해 학교, 병원, 가정집 등이 불타 사라졌고, 가족을 잃고 울부짖는 사람들이 나타났습니다. 우리 모두는 전쟁이 얼마나 끔찍한 것인지 새삼 깨닫게 되었죠.

전쟁의 흐름

우크라이나와 러시아 간의 전쟁이 발발하기까지는 다양한 원인과 과정이 있었습니다. 다각도에서 한번 살펴볼까요.

역사와 지리

일단 우크라이나와 러시아가 어떤 나라인지 알아보겠습니다. 우크라이나는 과거 1991년까지 옛 소련의 일부였습니다. 소련은 사회주의 진영을 대표하며 한때 미국과 세계를 양분한 초강대국이었죠. 미국과 소련이 대립했던 냉전Cold War에서 미국이 승리하자, 소련은 1991년 해체됐고 여러 신생국가가 탄생했습니다.

나토는 러시아를 너무 극단적으로 밀어붙이면 동귀어진할지도 모른다고 판단했고, 숨을 고르며 발전할 시간이 필요했던 러시아는 1990년 서독과 동독의 통일을 인정해주는 대신 나토가 동쪽으로 확장하지 않는다는 약속을 받아냈습니다. 이로써 냉전이 끝나고 세계는 평화를 찾는가 싶었죠.

나토는 처음에 12개국으로 출발했습니다. 하지만 시간이 흐르면서 기세가 점점 확산되어, 이윽고 그 영향력이 러시아 인접 국가까지 닿게 되었죠. 러시아는 나토의 확장세에 불안을 느끼고 있었습니다. 그리고 2019년 국경이 맞닿은 우크라이나까지 나토에 가입하려는 움직임을 보이자, 절대로 용납할 수 없다고 판단합니다. 나토의 확산세를 방지하는 마지막 완충지대가 우크라이나인데, 거기가 넘어간다면 적대 세력과 국경을 맞대는 모양새가 되는 거죠. 이것이 전쟁의 불씨였습니다.

이번엔 우크라이나의 입장에서 살펴볼까요. 냉전 시절 소련은 우크라이나, 카자흐스탄, 벨라루스에 핵무기를 보관하고 있었습니다. 냉전이 끝나고 소련이 붕괴하자 각자 신생국가로 자립했는데, 핵을 보관하고 있었던 터라 졸지에 미국, 러시아와 함께 핵무기 보유국이 되었죠. 막 탄생한 신생국가가 너무나 큰 힘을 가지게 된 것입니다. 그들은 핵 운영 기술이 전혀 없어서 보수나 유지가 불가능했습니다. 따라서 핵보유국으로서 견제를 받느니 이를 러시아에 이관하고, 그 대가로 나라의 주권과 안전 보장 그리고 각종 지원을 받아내기로 결정합니다. 이것이 1994년의 핵확산금지조약^{NPT : Nuclear non Proliferation Treaty}입니다.

조약에 따라 우크라이나, 카자흐스탄, 벨라루스는 보유한 핵을 러시아로 이전하였고, 러시아는 전달받은 핵의 폐기 의무를 부여받았죠. 그리고 당시 UN 안전보장이사회 상임이사국^{미국, 영국, 중국, 프랑스, 러시아}이 우크라이나, 카자흐스탄, 벨라루스를 보호하게 됩니다. 그런데 정작 각서에 서명한 러시아가 우크라이나를 침공하는 조약 위반을 저질렀고, 이에 전 세계가 러시아를 규탄하게 된 거죠.

우크라이나는 러시아가 불쾌할 것을 알고 있으면서도 어째서 나토에 가입하려고 한 것일까요? 사실 진정한 목표는 유럽연합^{EU} 가입을 통한 발전입니다. 나토 가입은 유럽연합으로 가기 위한 중간 과정이었을 뿐이죠.

우크라이나는 대국 러시아에 대한 불안감을 가지고 있습니다. 냉전은 비록 패배로 끝났지만, 옛 소련에 대한 기억은 지금도 러시아

인들의 향수를 자극하고 있죠. 냉전 이후 집권한 보리스 옐친 대통령은 친서방 정책을 펼쳤습니다. 미국과 서방의 지원을 받아 국제 영향력을 회복하고 국가 이익을 확대하려는 노림수였죠. 하지만 서방의 시선은 그리 곱지 않았습니다. 여전히 강한 힘을 가지고 있는 러시아에 불신의 눈길을 보내며 소극적으로만 지원했죠. 이에 러시아 국민은 굴욕을 느꼈을 뿐만 아니라, 동유럽 국가가 하나둘 나토에 가입하는 모습을 보며 위기감마저 느끼게 되었습니다. 옐친 정부는 서방에 실망하자 본래의 정책을 축소하고 다시 소련 시절의 위상 회복과 국익 확보로 노선을 바꿨죠. 여기서 블라디미르 푸틴이 등장합니다. 푸틴은 2000년 대선 공약으로 강력한 러시아 재건을 약속했고, 대국 소련을 그리워하며 강한 지도자의 등장을 꿈꿨던 러시아 국민들은 푸틴에게 열광했죠.

우크라이나 아래쪽에 크림반도라는 지역이 있습니다. 크림반도는 온화한 기후와 내륙 속의 항구라는 지리적 특성 때문에 예부터 인근 국가에서 모두 탐내던 지역입니다. 1954년 소련 서기장 흐루시쵸프는 우크라이나 지역을 중심으로 지지 세력 확보에 힘을 쏟았습니다. 이때 소련 지역이었던 크림반도를 우크라이나 공화국에 편입시키며 지지를 끌어올리려 했죠. 소련 헌법에 따르면 영토 문제는 최고 소비에트의 동의와 국민투표를 통해서만 결정할 수 있었습니다. 하지만 흐루시쵸프는 국민투표를 생략하고 간부회의로만 크림반도를 우크라이나 공화국에 넘기기로 결정해버렸죠. 당시에는 큰 문제가 없었습니다. 어차피 전부 소련 연방의 영토이고, 크림반도 이전은 단순 행정 소속 이전 정도의 개념이었기 때문이죠. 하지만 소련이 해체되고 우크라이나가 독립하면서 크림반도도 그대로 우크라이나의 영토가 되어버렸습니다.

러시아 강경파는 크림반도가 국민투표 없이 우크라이나로 넘어간 사실을 지적하며 반환할 것을 요구했습니다. 그러나 당시 옐친 대통령은 친서방 정책을 유지하던 시기라, 우크라이나의 크림반도 소유를 인정해주었습니다. 하지만 이후 정책 노선이 변경되자 러시아는 재차 크림반도 반환을 요구하고 나섰죠. 게다가 크림반도의 거주인 대부분이 러시아 사람들이라, 이들도 러시아에 통합되기를 희망했고요. 안팎으로 압박을 받자, 우크라이나 정부는 크림반도의 독립은 인정하지 않지만 자치권은 인정한다며 한발 물러섰습니다. 하지만 러시아가 이 정도에 만족할 리가 없겠죠. 이렇게 두 나라의 갈등은 점점 격화되었습니다.

삼면이 바다인 크림반도는 러시아가 해양으로 진출하기 위한 중요한 교두보입니다. 그리고 계속 동쪽으로 확장해오는 나토의 움직임을 막을 수 있는 완충지의 역할도 할 수 있습니다. 만약 크림반도를 소유한 우크라이나가 나토에 가입하면 나토는 러시아 바로 앞 국경까지 진출한다는 것을 의미하며, 크림반도를 통해 나토 함대의 공격을 받는 상황이 벌어질 수도 있게 된 거죠.

2014년 2월 28일, 결국 사건이 터집니다. 러시아가 항공기로 약 2천 명의 군대를 투입해 크림반도를 점령하고, 3월 16일 주민들을 대상으로 합병 투표를 진행한 것입니다. 크림반도의 주민 97%가 찬성한다는 결과가 나왔습니다. 푸틴은 곧바로 크림 자치공화국과의 합병을 승인했고, 우크라이나는 자국민 보호를 위해 크림반도에 주둔

했던 군대를 철수시킬 수밖에 없었습니다.

우크라이나는 소련에서 독립한 후 안보와 발전을 위해 자국의 핵을 폐기했습니다. 하지만 옆 나라 러시아는 틈틈이 자신을 노리고 있었고, 결국 크림반도를 눈앞에서 빼앗아 가버렸죠. 이때 미국을 비롯한 서방 국가는 경제제재와 같은 소극적인 대처만 했고, 러시아의 군사행동에 특별한 조치를 취하지 않았습니다. 그도 그럴 것이 우크라이나는 나토 회원국도 아니었으며 유럽연합도 아니었으니까요. 도울 명분이 없었던 거죠.

우크라이나는 러시아가 크림반도 다음으로 본토를 노릴 것이라는 불안감이 싹텄고, 강력한 세력의 보호를 받고자 나토와 유럽연합 가입을 결심하게 됩니다. 반면 러시아는 이를 안보 위협으로 여기고 전쟁을 일으켰죠. 나토 세력은 꾸준히 동쪽으로 나아갔으니, 러시아 옆에 있는 나라가 설령 우크라이나가 아닌 다른 나라였더라도, 결국 비슷한 일이 벌어졌을 가능성이 큽니다.

자원

원인이 뭐가 됐든 전쟁을 먼저 일으키는 것은 대단한 리스크가 있습니다. 국제사회가 러시아를 비판할 것은 분명했죠. 실제로 전쟁이 벌어지자 국제사회는 러시아의 수출을 통제하고, 자금 조달을 차단했으며, 미국은 물론 유럽 시장에서도 신규 채권을 거래할 수 없게 하고, 국제 송금시스템 결제망에서 퇴출시켰으며, 자원 수입과 수출을 금지했습니다. 푸틴도 이런 일이 벌어질 것을 잘 알고 있었습니다. 그런데도 전쟁을 일으킨 이유는 믿는 구석이 있었기 때문입니다.

유럽집행위원회[EC]에서 발표한 자료[2020년 기준]에 따르면, 유럽의 원자재 수입량 중 러시아산의 비율이 대단히 높습니다. 천연가스는 38%, 팔라듐은 40%, 바나듐은 32%나 되죠. 체코 같은 나라는 러시아산 천연가스 의존도가 100%에 달하고, 핀란드[67.37%], 독일[65.22%], 이탈리아[43.25%], 프랑스[16.80%] 등 대부분의 유럽 국가들이 러시아산 천연가스에 대한 의존도가 높습니다. 미국과 나토가 러시아를 막기 위해 제재를 가하면, 러시아는 자원을 판매하지 않는 것으로 응수할 수 있는 거죠.

전쟁 초기인 2022년 2월, 독일은 대[對]러시아 제재로 러시아와 유럽을 잇는 가스관 노르트스트림 2 사업을 중단하기로 결정합니다. 하지만 이 조치가 중장기적으로는 '자충수'가 되었습니다. 러시아는 돈줄이 말라 괴로웠지만, 유럽에서는 에너지 대란이 일어나게 된 것입니다.

결국, 독일이 백기를 들고 말았습니다. 독일 정부는 6월 23일 가스경보를 '경보-비상-위급' 3단계 중 2단계 '비상'으로 상향하고 천연가스가 '부족한 재화'가 되었다고 발표했습니다. 3단계 '위급'이 되면 배급제를 실시해야 하죠. 가정과 병원 등 주요 기관에 우선 공급하고 산업체에는 거의 돌리지 못하게 됩니다. 그러면 경제침체기에 들어설 수밖에 없겠죠.

2021년 러시아 국영기업 가스프롬은 독일 지멘스에 터빈 수리를 맡겼고, 지멘스는 다시 캐나다에 정비를 의뢰했습니다. 하지만 국제제재에 들어가면서 캐나다는 러시아에 터빈을 돌려주지 않았죠. 그러자 러시아는 가스 판매량의 60%를 끊어버렸고, 독일을 포함한 유럽은 가스 부족으로 산업이 마비되게 생겼습니다. 게다가 겨울이 되면 난방을 해야 하는데, 가스 비축분이 없어 유럽은 국민들의 동사를 걱정해야 하는 처지에 몰리게 되었습니다. 결국, 독일은 2022년 7월, 캐나다에 요청해 터빈을 돌려받아 이를 러시아로 보내기로 결정했습니다.

이 결정에 우크라이나는 반발했죠. 모두가 힘을 모아 제재에 동참하기로 해놓고는 금세 백기를 들고 러시아의 요구를 들어주는 유럽에 불만을 가질 수밖에 없습니다. 하지만 가스뿐만이 아닙니다. 각종 원자재 수급이 막혀 공장이 멈췄습니다. 자동차 배기가스를 정화하는 촉매제로 사용되는 팔라듐은 EU 사용량의 40%가 러시아산입니다. 에어버스와 보잉은 비행기 제조에 쓰이는 티타늄 절반을 러시아산에 의존하고 있습니다. 러시아가 중국과 힘을 합쳐 자원 줄을 묶으면 상황이 더 복잡해집니다. 유럽은 마그네슘 수입량의 93%, 텅스텐의 69%, 티타늄의 45%, 바나듐의 39%를 중국에서 수입하고 있는데, 만약 러시아의 우방국인 중국이 판매를 하지 않겠다고 나서면, 나라 전체가 멈추고 맙니다.

자원 압박의 수위는 갈수록 심해지고 있습니다. 러시아는 2022년 6월 중순부터 독일 등 유럽으로 보내는 천연가스 공급량을 40%로 줄였고, 8월에는 20%로 재차 줄였으며, 9월 5일에는 자신을 향한 제재를 풀 때까지 유럽 가스를 전면 차단하겠다는 폭탄선언을 했습니다.

푸틴의 이런 행각에 유럽의 천연가스 가격이 치솟았으며, 증시도 일제히 급락했습니다. 유럽은 러시아의 일부 요구를 수용하고 자원을 수입하면서, 동시에 원자재 구매 루트 다각화를 시도하고 있습니다. 하지만 당장 성과가 나오기는 힘들 것으로 보입니다. 먼저 전쟁을 시작한 나라가 자원을 무기로 삼아 결국 자기 뜻대로 판세를 뒤집고 있는 거죠. 자원 무기화로 인해 에너지 안보가 무너진 사례라고 할 수 있습니다.

강한 러시아

21세기에는 전쟁이 일어나면 버튼 하나로 단 몇 시간 만에 끝날 거라는 말이 많았습니다. 실제 러시아는 크림반도를 합병할 때처럼 우크라이나 본토를 속전속결로 끝장내려는 생각을 품었죠. 하지만 아무도 예상하지 못한 우크라이나의 결사 항전으로 전쟁은 장기화되고 있습니다. 러시아는 전쟁에 어마어마한 자금을 쏟고 있고, 그 바람에 성장이 멈췄습니다. 국제금융협회는 2022년 러시아의 GDP가 15% 이상 감소할 것으로 전망했습니다. 2분기에 이어서 3분기도 역성장을 보이면서 공식적인 경기침체recession 국면에 접어들었다는 진단이 나왔습니다. 우리나라의 IMF 시절 감소 폭이 11%였음을 감안하면, 러시아 경제는 간신히 유지되고 있다고 해도 과언이 아닙니다.

초기 예상이 빗나가면 서둘러 마무리 짓고 미래를 생각하는 것도 방법일 텐데, 푸틴은 절대 물러설 수 없는 상황에 내몰렸습니다. 죽느냐 사느냐의 치킨 게임으로 들어선 거죠.

푸틴은 러시아를 오랫동안 이끌고 있습니다. 러시아 대통령의 임기는 4년인데, 연임에 성공해 2000년부터 2008년까지 대통령직을 수행했죠. 헌법에 2연임 금지조항이 있어서 2008년부터 2012년까지는 총리로 자리를 옮겼다가, 4년 후 다시 출마해 당선되었습니다. 이때부터는 임기가 6년으로 바뀌어 2018년까지 하고, 재차 연임에 성공해서 2024년까지 임기가 보장된 상태입니다. 2024년 이후에는 이전처럼 총리를 하거나 물러나야 하는데 재미있는 사건이 벌어졌죠. 푸틴은 2020년 개헌을 시도했고, 국민투표 결과 78%의 찬성으로 통과됩니다. 개정 헌법에는 국제법에 대한 국내법^{헌법} 우위의 원칙, 최저임금 보장 등이 담겼는데, 마지막으로 헌법 개정 이전의 대통령직 수행 횟수는 0회로 간주한다는 조항을 넣었습니다. 이번 개헌으로 푸틴은 대통령직 수행 경력이 '0회'가 되어, 2024년부터 다시 대통령직을 맡을 수 있게 되었죠. 2024년부터 2030년, 여기서 또 연임하면 2036년인데 이때 푸틴의 나이가 84세입니다. 이 정도면 사실상 종신집권이라고 해도 무방하겠죠. 어쩌면 그때 또 욕심을 부려 어떤 수단을 동원해 90세까지 대통령 자리를 유지하려 들지도 모릅니다.

러시아도 자국 내에 반푸틴파가 분명히 있을 테고, 서로간의 견제를 통해 성장해나갈 텐데, 종신집권의 의지를 숨기지 않고 헌법조차 바꿔버린 겁니다. 이는 과거 절대왕정 시대에나 볼 수 있는 행태죠. 지금은 푸틴을 뉴 차르^{황제}라고 부릅니다. 어떻게 이런 일이 가능했던 걸까요?

냉전 직후 러시아는 가난한 나라 중 하나가 되었습니다. 하지만 푸틴이 집권한 2000년 시점부터 GDP가 급격하게 올라갑니다. 경제성장의 비결은 원유였습니다. 2000년 1배럴당 30달러 하던 가격이

2008년 150달러까지 치솟았죠. 푸틴은 여기서 그치지 않고 지지 기반을 단단히 하기 위해 미국을 비롯한 서방 국가를 적대시하고 과거 강대했던 소련을 부활시킨다는 슬로건을 내걸었습니다. 러시아 국민이 가진 옛 소련에 대한 그리움을 자극한 거죠. 이를 관심 전환 전쟁이론Diversionary theory of war이라고 부릅니다. 내부 결속을 공고히 하기 위해 공공의 적을 만드는 행위를 말하죠.

 이는 과거 봉건제도 시절에 나타났던 현상과 유사합니다. 봉건제도는 나라를 다스리는 왕이 국가의 모든 지역을 직접 다스리기 위한 힘이 부족해 지방 제후에게 땅의 떼어주는 분권제도입니다. 왕은 토지를 내리고, 제후는 왕에게 충성을 맹세합니다. 하지만 농노로부터 곡물을 수거하고 기사를 육성하다 보니, 어느덧 제후의 힘이 너무 강해져 왕권을 넘보는 수준까지 도달합니다. 이럴 때, 왕이 벌이는 것이 전쟁입니다. 전쟁이 일어나면 제후는 자기 영지에서 병사를 소집해 전쟁 물자를 지급할 의무가 있습니다. 만약 이를 거부하면 반역으로 처단당합니다. 전쟁이 일어나면 공통의 적을 무찌르기 위해 왕에게 권력이 집중되고, 제후는 지금껏 모아놓은 자산과 병사를 모조리 잃게 되는 거죠. 푸틴의 행동이 이와 유사합니다. 원유 판매로 GDP를 끌어올려 절대적 지지를 얻은 다음, 그 기세를 유지하기 위해 미국이라는 적을 부각시킨 거죠.

 2007년 독일 뮌헨 국제안보회의에서 푸틴은 나토가 동쪽으로 진출하지 않는다는 약속을 어겼고 그 뒤에는 미국 패권주의가 있다고 성토했습니다. 소련이 빈국 러시아로 전락한 원인이 미국이며, 지금 나토가 러시아의 앞마당까지 슬금슬금 다가오는 배후에도 미국이 있다는 거죠. 그렇게 러시아 국민에게 미국이라는 공통의 적을 부각시키고, 지금의 어려움을 이겨내기 위해서는 모든 힘을 하나로 합쳐야 한다는 사상을 퍼트렸습니다.

1999년 첫 출마 당시 푸틴의 지지율은 불과 10% 정도였습니다. 이때 러시아로부터 독립하려던 체젠 공화국을 무력으로 진압하는 데 성공하면서 단숨에 50%대 지지율로 대통령에 당선되었죠. 2008년에는 조지아에서 독립하려던 친러시아 성향의 남오세티야를 지원해 나흘 만에 조지아를 굴복시켰습니다. 이때 푸틴의 지지율은 80%대 후반으로 가파르게 치솟았습니다. 2014년 크림반도를 제압하고 투표를 통해 병합하자 지지율은 또 올랐고, 2022년 우크라이나 전쟁을 벌이면서 다시 전성기를 맞고 있습니다. 국내 복지에 대해서는 의문을 품고 있을지 몰라도 푸틴의 대외적 성과를 지켜보며 러시아 사람들은 과거 강대했던 소련의 영광을 조금씩 되찾는 듯한 느낌을 받고 있는 거죠. 이번 우크라이나 전쟁은 아직 끝나지 않았지만 앞선 세 차례의 사례를 모두 성공으로 이끌었기에, 이번 전쟁도 이길 것이라는 믿음을 가지고 푸틴을 지지하는 것입니다.

크림반도를 병합했을 때의 상황도 주목해볼 필요가 있습니다. 2014년 12월 30일 우크라이나의 레오니드 크라프추크 초대 대통령은 《주간 조선》과의 인터뷰에서 "역사적으로 우크라이나와 러시아가 함께 살았고 연결되기도 했지만 그렇다고 해도 우크라이나 내정에 러시아가 관여해서는 안 된다. 러시아 측은 자신이 형이고, 우크라이나는 동생이니 형의 말을 들어야 한다고 한다. 모든 민족은 평등하다. 러시아 말을 들어야 한다는 것에 동의할 수 없다"라고 말했습니다.

러시아는 우크라이나를 작은 러시아라고 부릅니다. 큰 형이 말하는 것을 동생이 당연히 듣고 따라야 한다는 사고방식을 가지고 있죠. 이런 발언을 보면 크림반도와 우크라이나 침공은 오래전부터 계획했던 일이라고 볼 수밖에 없습니다.

러시아가 일으킨 전쟁은 자신을 방어하기 위한 것이 아니라, 미래에 혹시 있을지도 모르는 위협에 대비하기 위해 먼저 쳐들어간 행위이기에 정당성이 없습니다. 게다가 이 전쟁으로 러시아의 경제가 무너지고 있습니다. 나라는 발전을 멈췄고 밑 빠진 독에 계속 혈세를 들이붓는 형국이 되었죠. 하지만 푸틴은 멈출 수 없습니다. 과거처럼 성공해내지 못하면 지지 기반이 무너지고 존재 의미가 사라지리라는 것을 스스로 잘 알고 있습니다. 그래서 조급한 마음에 민간인을 공격하고, 원자력발전소까지 포격했죠.

게다가 안보 서명 당사자의 침공이기에 러시아의 행위는 국제사회의 원색적인 비난을 받고 있습니다. 러시아의 행동에 대한 반작용으로 70년간 중립국의 위치를 유지하고 있던 스웨덴과 핀란드가 나토 가입을 신청했고, 2022년 7월 6일 가입이 비준되었습니다. 나토는 새 회원국을 받아들이려면 기존 회원국이 모두 동의해야 하는 까다로운 규정이 있습니다. 여기에는 각국 헌법에 따른 의회의 비준 절차도 포함되는데, 행정부가 찬성해도 의회가 반대해서 비준이 부결되면 가입 불가입니다. 이런 절차적 문제 때문에 보통 아무리 빨라도 반년 이상 걸리는데 2022년 4월 초에 한 신청이 이례적으로 3개월 만에 완료되었죠. 러시아의 비윤리적 행위는 중립국의 대명사

알아야 보인다

스위스도 움직였습니다. 스위스는 나토 가입을 신청한 것은 아니지만, 연합 군사훈련을 검토한다는 메시지를 내놓았죠.

우크라이나 젤렌스키 대통령은 현지시각 2022년 10월 30일 나토 가입 신청서에 서명했습니다. 여기에는 의견이 갈립니다. 이에 찬성하는 국가가 있는 반면, 러시아를 더욱 자극하게 될 것이라는 점에서 반대하는 국가도 있습니다. 나토 가입 조건이 전원 찬성임을 감안하면 사실상 어려워 보입니다. 대신 EU 후보국의 지위를 얻었습니다. EU법을 받아들여 이행할 의사와 능력이 있는지 검증받고, 가입에 필요한 기준에 맞춰 개혁 조치를 이행해야 한다는 조건부 승인이지만, 원하던 목표에 한 발짝 다가서게 되었습니다. 또한, 2022년 10월 OECD 예비회원국으로 승인되었습니다. 러시아가 전쟁을 벌인 가장 큰 이유가 세력 확장에 대한 경계였는데, 결과적으로는 오히려 확장에 불을 지피고 결속을 단단하게 만든 꼴이 되고 말았죠.

또한, 러시아의 가스 차단으로 에너지 위기에 처한 EU도 서로 합심해 위기를 헤쳐나가고 있습니다. 에마뉘엘 마크롱 프랑스 대통령과 올라프 숄츠 독일 총리는 독일과 프랑스를 잇는 가스관을 제작해 전기와 가스 등의 에너지를 공유하기로 합의하였으며 이러한 움직임은 확대될 것으로 보입니다.

전쟁에서의 포지션

연결과 단절
2022년 3월 두 나라는 휴전 협상을 진행했지만 결렬되었습니다.

당시 러시아가 제시한 요구 조건은 우크라이나의 나토 가입 중지, 크림반도의 러시아 영토 인정, 우크라이나 동부의 독립국 인정, 우크라이나의 비군사화, 우크라이나의 비나치화, 젤렌스키의 퇴임과 친러시아 정부 출범, 우크라이나의 중립화 등이었습니다. 딱 봐도 서로 동등한 위치에서 제시하는 조건이 아니라 승전국이 패전국에 요구하는 내용에 가깝죠. 젤렌스키 우크라이나 대통령은 이를 거부했습니다.

전쟁이 시작되었을 때, 국제 여론은 우크라이나가 얼마 버티지 못할 거라고 예상했죠. 두 나라의 국력 차이가 명확했기 때문입니다. 하지만 반년이 훌쩍 지나도록 전쟁은 이어지고 있습니다. 우크라이나는 어떻게 버틸 수 있었을까요?

전쟁이 벌어지면 과거에는 전쟁에 필요한 물자와 인력을 공급하는 병참기지를 가장 먼저 공격했습니다. 식량과 무기 공급이 끊기면 전쟁을 지속할 여력이 없고 후퇴할 수밖에 없기 때문이죠. 하지만 요즘은 식량과 물자를 비축해두고 있고, 전국 각지에 도로가 깔려 있으며, 자동차나 비행기 등 재빠른 운송 수단이 있습니다. 그렇기에 현대전에서 최우선 공격 대상은 바로 통신기지입니다. 상대의 정보를 차단하면 전쟁이 어떻게 돌아가는지 알 수 없고, 정확한 판단이 어렵기 때문입니다. 상황을 모르니 일반 국민들은 하루하루 두려움에 떨 수밖에 없고, 그렇게 불안감이 확산되는 거죠.

1941년 독일 나치 시절, 유대인 소녀가 작성한《안네의 일기》를 알고 있을 겁니다. 안네는 나치의 박해를 피해 가족들과 함께 암스테르담 식료품 공장 창고에 숨어 지내며 2년 동안 일어난 일들을 기록했습니다. 이번 전쟁에서도 그랬습니다. 스마트폰의 안테나 신호가 뜨지 않아 고립된 주민들은 마리우폴에 갇혀 있는 동안 문자로 하루하루 일기를 작성했습니다. 나중에 신호가 터지고 그동안 작성한 문자가 한번에 가족에게 전송되었다는 소식이 많은 이들의 심금을 울렸죠.

푸틴은 러시아 특수부대 KGB 출신으로 정보전의 중요성을 너무나 잘 아는 인물입니다. 푸틴은 전쟁을 시작하자마자 우크라이나의 방송국과 통신사 건물을 모조리 파괴해 불안감을 증폭시킨 뒤, 친러시아 동조자를 통해 내부 혼란을 유도하고 최첨단 무기로 공격하면 쉽게 승리할 수 있을 거라고 판단했습니다.

하지만 예상과는 달랐죠. 러시아가 공격을 감행하자 우크라이나 국민은 젤렌스키 대통령을 강력히 지지하며 자발적으로 전쟁에 참여했습니다. 빠르게 복구된 인터넷은 전쟁 현황과 참상을 전 세계에 실시간으로 전달했고, 우크라이나 국민의 애국심을 불러일으켰습니다. '노인 여성의 작별 인사', '빼앗은 러시아 탱크 조종법', '전쟁의 흔적' 등 다양한 정보가 소셜미디어를 통해 빠르게 전 세계로 퍼져나갔고, 전쟁을 일으킨 러시아는 당황하게 되었죠.

과거에는 정보의 90%를 정부 기관 등의 공식 발표에 의존할 수밖에 없었습니다. 하지만 4차 산업혁명이 시작된 지금, 우리 개개인이 정보 제공자이자 동시에 이용자가 되어 이전과는 비교도 할 수 없을 정도로 빠른 공유가 이뤄지고 있죠. 국제사회는 전쟁 현황을 깨닫고 우크라이나를 응원하기 시작했습니다. 이 흐름은 러시아에 대항하는 원동력이 되었죠. 피난을 가는 대신, 결사 항전을 선언한 젤렌스키 대통령은 전쟁 순간을 NFT로 제작해서 판매했고, 우크라이나에 가상화폐 기부가 이어지고 있습니다. 안면 인식을 통해 실종자와 사망자를 빠르게 확인하는 기술을 제공한 IT 기업도 있고, 드론을 띄워 러시아 탱크의 진로를 사전에 파악하고 대응하기도 했습니다.

7월 스위스 남부 루가노에서 열린 우크라이나 재건 회의URC 2022에서 젤렌스키 대통령은 빅테크 기업의 도움을 받아 추후 지금과 같은 어려움이 닥쳐도 정부 기능이 유지될 수 있도록 하는 디지털 국가 구상 계획을 밝혔습니다. 관료의 업무 수단을 스마트폰 앱으로 대체하는 것으로 시작해서, 관공서 방문 없이 토지와 자동차 등의 재산 등록부터 개업이나 세관 신고까지 모든 대민·행정 업무를 수행할 수 있도록 한다는 계획입니다. 현물 지폐도 디지털 화폐로 교체하고, 교육과 보건 서비스를 온라인으로 전환하며, 사이버 공격을 방어할 보안기지도 구축하겠다고 말했습니다. 즉, 국가 전체를 디지털 전환하겠다는 거죠.

우크라이나는 디지털 전환을 통한 개방적 형태를 목표로 삼았습니다. 반면 러시아는 어떨까요? 푸틴은 집권 후 미디어를 엄격하게 감시·통제해왔고, 우크라이나 침공과 함께 그 강도를 더욱 높이고 있습니다. 게다가 전쟁 직후 페이스북을 비롯한 해외 소셜미디어 기업들을 차단하면서 러시아는 빠른 속도로 북한과 비슷한 '정보의 섬'으로 전락하고 있습니다. 실제로 우리가 우크라이나 현지 소식은 전해 들어도, 러시아 현지 소식은 쉽게 찾기 힘든 이유입니다. **세계와의 소통을 택한 우크라이나와 소통을 차단한 러시아의 미래, 여러**

분은 어떻게 생각하나요?

격변하는 우주 시장

이번 전쟁으로 재조명받은 IT 기업이 여럿 있습니다. 페이스북과 인스타그램을 운영하는 META는 2월 28일 러시아를 선전하고 가짜뉴스를 퍼뜨리는 데 이용된다는 지적을 받아온 국영방송사 '러시아 투데이[RT]'와 통신사 '스푸트니크'의 접속을 차단했습니다. 구글과 애플도 이들 언론사에 대한 검색 제외와 스마트폰 앱 내려받기 차단에 나섰죠. 트위터는 사용자들이 출처를 확인할 수 있도록 러시아 국영 언론사 링크가 포함된 모든 트윗에 딱지를 붙였습니다. 애플은 러시아 침공으로 인해 고통받고 있는 사람들을 지지한다며, 우크라이나 난민 위기에 필요한 물자를 원조하는 동시에 러시아에서 애플의 모든 제품 판매를 중단하고 결제서비스도 차단했습니다.

OTT 기업들도 참전했습니다. 넷플릭스는 러시아에서 제작 중이던, 《안나 카레니나》를 원작으로 한 시리즈물 제작 계획을 무기한 보류했고, 디즈니와 워너 브라더스는 러시아에서 영화를 개봉하지 않기로 결정했습니다. 세계적 스포츠게임 업체인 EA스포츠는 국제축구연맹[FIFA]과 유럽축구연맹[UEFA]의 결정에 맞춰 게임에서 러시아 축구대표팀과 클럽팀을 배제한다고 발표했습니다.

이렇듯 여러 기업들이 직접 또는 간접으로 전쟁에 참여했는데 가장 큰 변화를 이끈 기업은 일론 머스크의 스타링크입니다. 2022년 2월 말 우크라이나 부총리 겸 디지털 혁신부장관 미하일로 페도로프는 트위터를 통해 스타링크 서비스 제공을 요청했고, 일론 머스크는 흔쾌히 승낙했습니다. 2022년 초까지만 해도 스타링크는 북미 지역 중심의 서비스였지만, 우크라이나 지역이 곧바로 추가됐고, 머스크는 전쟁 지역에 대량의 단말기를 보냈습니다. 이 덕분에 통신기지가 대부분 파괴되었음에도 불구하고, 우크라이나는 스타링크로 세계와 소통하며 러시아에 대항할 수 있는 의지를 갖추게 되었죠.

일론 머스크가 스타링크 사업 계획을 발표할 당시만 해도 여론은 싸늘했었죠. 하지만 전쟁이라는 특수 상황을 통해 우주에 위치한 통신위성은 쉽게 파괴할 방법이 없다는 점과 앞으로의 우주산업 발전 가능성까지 고려해, 스타링크는 상당히 괜찮은 통신망으로 재평가받게 되었습니다. 전쟁 이슈에 묻혔지만, 머스크는 2022년 2월 화산 폭발로 쑥대밭이 된 콩고민주공화국에도 스타링크를 지원해 준 경력이 있습니다.

국제사회의 제재가 들어오자 러시아는 국제우주정거장 ISS 공동 운영을 탈퇴했습니다. 게다가 2022년 상반기에는 자국 로켓으로 타국의 인공위성을 발사하지 않겠다고 선언했죠. 영국 위성 발사 계획을 일방적으로 취소했고, 우리나라의 다목적 실용위성 아리랑 6호와 차세대 중형 위성 2호 발사 계약도 일방적으로 취소해버렸습니다. 이미 집행한 예산은 472억 원으로 추산되는데 반환은 어려울 것으로 보이며, 대체 방안으로 스페이스X나 유럽우주국 아리안과의 계약을 고려 중인데, 이때 추가 발생비용이 881억으로 추산됩니다.

러시아는 미국과 더불어 자타 공인 우주 강국입니다. 특히 소유즈 로켓Soyuz Rocket은 러시아 연방우주공사가 개발한 발사체로, 1960년 대에 도입된 이후 현재까지 우주를 약 2천 회 비행한 베테랑입니다.

알아야 보인다

지금까지 ISS에 가거나 인공위성을 쏠 때, 세계는 대부분 소유즈 로켓을 사용했습니다. 로켓은 높은 수준의 기술과 신뢰성이 바탕이기에 국제사회에서 협력할 파트너를 찾기가 쉽지 않습니다. 지금까지는 독점에 가까운 우주 택시였던 셈이죠.

하지만 러시아가 제재에 따른 보복으로 우주 협력 질서를 흔들겠다고 선언하자, 독일 우주국은 우크라이나에 대한 러시아의 적대 행위를 규탄한다며, 현재 진행 중이거나 계획 단계에 있는 프로젝트에서 러시아 기관과의 모든 협력을 중단하고, 앞으로 러시아와의 새로운 프로젝트도 없을 것이며, 필요하면 다른 국제 파트너와 협력하겠다고 받아쳤죠. 다른 나라들도 이에 공조하기 시작했고요. 이 또한 서로 양보할 수 없는 치킨 게임에 돌입한 셈입니다.

우주 협력 공급망은 이번 전쟁으로 붕괴되었다는 평가를 받고 있습니다. 이제 우주 진출에 있어서 부족한 부분을 서로 보완하는 형태가 아니라, 모든 과정을 직접 스스로 진행하겠다는 국가들이 하나둘 나타나고 있습니다. 블룸버그 통신은 2022년 3월 "러시아의 우크라이나 침공을 계기로 세계 우주항공 업계의 최고 '베스트셀러'인 소유즈 로켓의 앞날이 불투명해지고 미국의 스페이스X와 같은 경쟁사들이 반사이익을 누리게 됐다"고 분석했습니다. 일론 머스크도 "스페이스X의 기본 계획은 올해 안에 세계 총 발사 중량의 65%를 확보하는 것이고, 수요가 늘어나면 70%까지도 가능하다"라며 자신감을 내비쳤죠. 소유즈 로켓 계약이 취소된 프로젝트의 상당수가 스페이스X로 몰려 당장 계약해도 한참을 기다려야 할 상황이 되었습니다.

스페이스X는 로켓 재활용으로 인해 가장 높은 가격 경쟁력을 가지고 있고, 스타링크 위성을 여러 차례 올려보내 기술 안정성이 보장되어 있으며, 콩고와 우크라이나에 스타링크 서비스를 지원하여 인도적 기업이라는 긍정적인 이미지도 얻었습니다. 처음부터 모든 것을 예측한 빅 픽처는 아니었겠지만, 여러 실패를 딛고 노력해온 과정이 하나둘 쌓여 나타난 결과라고 볼 수 있겠죠.

지금은 다들 타사의 발사체를 통해 우주로 진출하지만, 언젠가 각자가 독자적인 기술을 갖춰 뛰어들 것입니다. 그렇다면 누구보다도 앞선 기술과 가격 경쟁력을 가진 자가 유리할 것은 자명하죠. 우리나라 역시 인공위성, 독자적인 발사체 제작, 달 탐사 등의 성과로 우주 강국이라고 평가할 수 있습니다. 이를 꾸준히 발전시켜 선두주자를 따라잡아야만 합니다.

전쟁의 여파

이전에는 전쟁이 벌어지면 당사자나 연관된 주변국만 영향을 받았습니다. 멀리 떨어진 국가는 강 건너 불구경하듯이 바라보기만 했었죠. 하지만 이제는 아닙니다. 지금 벌어지는 전쟁의 여파는 전 세계로 퍼졌고, 우리나라 역시 그 영향을 직간접적으로 받고 있습니다.

식재료 대란

요즘 밖에서 외식 한 번 하기가 겁납니다. 여러 요인이 있지만, 특히 밀의 가격이 엄청나게 올랐기 때문입니다. 러시아가 전 세계의 밀 수출 1위로 약 20%를 차지하고, 5위 우크라이나도 약 8%를 수출하고 있습니다. 이번 전쟁으로 세계에 유통되는 밀 물량의 30%가 줄어든 셈입니다. 우크라이나는 국토의 70%가 농경지인데, 무엇보다 전 세계에서 가장 비옥한 토양으로 알려진 '흑토Chernozem'가 풍부합니다. GDP의 20%를 농업으로 버는 나라, 유럽의 주방이라고 불리는 나라가 바로 우크라이나입니다. 하지만 전쟁으로 토지가 쑥대밭이 되고, 젊은이들이 전쟁에 지원하면서 생산량이 급감했죠.

우크라이나는 전쟁 자금을 마련하기 위해 비축해놓은 곡물의 수출을 시도하고 있습니다. 크림반도 앞에 있는 흑해에서 배로 출발해 각 나라 항구로 판매하는 루트를 활용하려고 하죠. 그러나 크림반도가 2014년 러시아에 흡수됐고 러시아 해군이 배가 보이는 족족 포격하는 상황이라 수출이 여의치 않습니다.

그래도 세계에 나머지 70%는 유통될 테니 괜찮지 않을까 하고 생각할 수도 있는데, 그렇지 않습니다. 세계 1위와 5위의 수출이 묶이자 전 세계가 2, 3, 4위 국가에 몰려듭니다. 하지만 그들도 선뜻 판매하기가 쉽지 않습니다. 공급망이 붕괴된 이 상황이 언제 정상화될지 아무도 모르기에 일단 비축해놓겠다는 판단을 하고 있는 거죠. 이집트는 밀과 밀가루, 렌틸콩 등의 수출을 금지했고, 인도네시아는 화장품 원료로 쓰이는 팜유 수출을 금지했으며, 인도도 밀과 설탕 수출을 금지했습니다. 이것을 식량 보호주의라고 부릅니다. 곡물 원자재가 동나자, 빵, 과자, 라면, 부침개 등등 이들로 만드는 가공식품의 가격도 전부 따라서 오릅니다.

농사에 필요한 비료는 2~3배 가까이 올랐습니다. 축산 가축의 사료 가격이 오르니 자연스럽게 고기 가격도 오르고, 고기 가격이 오르니 음식 가격도 오릅니다. 유엔세계식량계획^{WFP}의 사무총장은 "재앙 위에 또 다른 재앙이 겹쳤다. 이렇게 식료품 가격이 오른 상황은 2차 세계대전 이후 처음이다"라고 평가했습니다.

EU는 환경에 예민하고 ESG와 같은 지속 가능한 사업을 중시합니다. 본래 2022년 3월 농약 사용을 줄이고 경작지 휴식 기간을 주는 지속 가능한 농업 모델을 발표하려고 했으나, 상상치도 못한 전쟁이 터지고 곡물 가격이 천정부지로 치솟으니 모델 발표를 잠정 연기할 수밖에 없었습니다.

북아프리카와 중동 지역의 국가들도 난리가 났습니다. 그 지역은 토양이 좋지 않아 곡물 수입 의존도가 60%가 넘습니다. 이들은 주로 우크라이나와 러시아로부터 수입했었는데 둘 다 막혀버리니, 이러지도 못하고 저러지도 못하는 상황에 봉착하게 되었죠.

더 큰 위기를 맞이한 국가가 있으니, 바로 우리나라입니다. 작년에 선진국 대열에 입성하고, IT 강국이자 문화 강국이며, 코로나19에 가장 잘 대처했다고 전 세계로부터 칭송을 받았지만, 식량안보 측면에서는 낙제점입니다. 《이코노미스트》의 2021년 세계식량안보지수에서 우리나라는 32위에 불과했습니다. 우리나라의 밀 수입 의존도는 약 99%입니다. 식량 인플레 영향을 이 정도로 받는 나라가 또 있을까요? 지나치게 편향적인 발전을 해온 것은 아닐까요? 그나마 다행인 점은 곡물 수입의 약 77%를 미국에서 한다는 점입니다. 미국이 만약 우리나라의 우방국이 아니었다면, 돈이 있어도 식량을 구입할 수 없는 정말 힘든 날들을 겪었을 것입니다.

유엔세계식량계획이 2022년 4월 발표한 정규식생지수^{NDVI}에 따르면 높은 생장률을 보이는 지역은 미국, 북유럽, 러시아, 중국, 인도 정도뿐입니다. 즉, 소수의 나라가 세계의 입을 책임지고 있는 거죠. 근데 이들이 수출을 막으면 어떻게 될까요? 여러분은 우리나라의 식량안보가 안전하다고 생각하나요?

다행히 2022년 7월 22일 우크라이나, 러시아, UN, 터키가 함께 조정기구를 설치해 흑해 항로를 정상화하는 협정을 체결했습니다. 흑해 항로로 우크라이나와 러시아는 곡물과 비료를 수출하고 터키가 곡물 운송에 대한 안전을 보장하며, 각 참여국이 곡물 수출입 항구를 공동 통제한다는 내용이죠. 그리고 8월 1일 우크라이나 수출 선박이 오데사 항을 출발했다는 소식이 들려오자 급등했던 밀 가격은 전쟁 발발 시점인 2월 말 수준을 회복했고, 옥수수 가격도 하락했습니다. 다만 전쟁의 영향으로 우크라이나의 곡물 수확량이 평소의 절반에 불과해 식량난 해소를 기대하기는 여전히 어렵습니다. 전쟁 중인 우크라이나에게 있어 식품 수출은 '인도주의적 행동'이 아닌 '상업적인 거래'입니다. 실제로 우크라이나 항구를 떠난 배가 향한 곳은 튀르키예, 이탈리아, 아일랜드 등 식량 부족을 겪고 있지 않는 나라들이었죠. 예년의 절반에 불과한 생산량, 그리고 폭등한 가격. 과연 중동과 아프리카 지역의 굶주린 이들에게 얼마나 전달될 수 있을까요?

원자재 대란

전쟁 중에는 생산시설이 파괴돼 생필품 등의 공급이 제한되는 반면, 군수품 등을 제조하기 위한 원자재의 수요는 늘어납니다. 이와 함께 징병 등으로 노동력이 부족해지면서 극심한 인플레이션 현상이 나타나게 되죠. 전시 상태의 경제를 어떻게 효과적으로 통제할 수 있는지가 승패를 좌우하는 핵심 요소 중 하나입니다.

이번 전쟁은 두 나라만 치르는 전쟁이 아닙니다. 우크라이나를 지원하기 위해 미국과 EU, 주요 7개국[G7] 등은 러시아에 대한 각종 경제제재에 들어갔고, 러시아는 이에 맞대응하는 치킨게임이 벌어지고 있습니다. 앞서 언급했던 천연가스가 대표적인데, 유럽이 러시아에 제재를 넣자 러시아는 유럽에 판매하던 가스를 차단해버렸습니다. 그러자 공급 부족으로 가격이 오르게 되었죠.

원유 값도 많이 올랐습니다. 2022년 6월 말, 우리나라에서 화물연대 파업이 일어나 나라 전체가 일시 마비된 사건이 있었습니다. 건설, 철강, 자동차, 시멘트, 석유화학 등의 업계가 전부 큰 피해를 봤고 손실액은 집계된 것만 약 2조 원이라고 합니다. 시멘트를 공급받지 못하니 레미콘을 만들지 못하고, 레미콘이 없으니 건물을 짓지 못합니다. 우리나라는 수출입 중심 국가인데 화물이 오지 않으니 컨테이너가 항구에서 오도 가도 못하게 되었고, 계약이 취소되거나 위약금을 물어야 했죠. 파업의 직접적인 원인은 안전운임제 연장인데, 이를 부추긴 것은 원유값 상승에 있습니다. 비록 7월 들어서 떨어지기 시작했지만, 전쟁은 여전히 진행 중이고 공급은 특별히 나아지지 않았습니다. 그런데도 가격이 떨어졌다는 것은 경기 자체가

알아야 보인다

침체됐기 때문이라고 보는 시각이 많습니다.

작년에는 요소수가 부족한 일이 있었죠. 농업용, 산업용, 경유 차량용으로 쓰이는 요소수는 경제성이 좋지 않아서 2010년 초부터 중국에서 97%에 가까운 물량을 수입해서 사용합니다. 그런데 2021년 중국에서 석탄이 부족해지자, 중국 정부가 생산과 수출을 통제했습니다. 요소수가 없어지니까 운행을 못 하게 됩니다. 혈류가 산소를 배달해줘야 생명 활동이 되는데, 피가 돌지 않으니 몸이 창백해집니다. 최악의 상황에 도달하면 택배도 못 받고, 인터넷 쇼핑몰도 장사를 못 해 망하고, 마트에 물건이 없어 일상생활에도 지장이 생깁니다. 중국이 다시 판매하면서 해결되기는 했지만, 지나친 수입 의존 구도로 인해 우리나라가 얼마나 자원에 취약한 상태인지 잘 보여준 사건이죠.

이번 전쟁으로 갖은 혼란이 나타났습니다. 생활환경이 파괴되어 난민이 발생했고, 인플레이션이 나타났습니다. 공급망이 무너져 에너지 확보가 어려워지고, 식료품 가격이 올랐습니다. 통신망이 파괴되어 새로 구축해야 하고 각종 물가가 전부 오르니 금융 충격이 닥쳤습니다. 그리고 모든 것을 군비로 쓰니 민생이 파탄 나고 살기 힘들어졌죠.

우리는 지금 엄청난 변화의 흐름 속에 서 있습니다. 우리 조상들이 평생 겪은 것보다 훨씬 큰 변화를 더 짧은 시간에 맞이하고 적응해야만 합니다. 지금껏 세계는 서로 정밀한 톱니바퀴처럼 얽혀 있었습니다. 자원이 부족한 나라는 기술로 자원을 사고, 반대로 자원이 풍족한데 기술이 부족한 나라는 자원으로 기술을 사는 등 서로 부족한 부분을 보완하며 발전해왔죠. 여기에 4차 산업혁명이 도래하고 다시 새롭게 문명을 건축하려다 보니 훨씬 더 많은 자원이 필요하다는 사실을 깨달았습니다. 즉, 지금은 자원 수요가 폭발하는 시기입니다. 기존의 연결망을 더욱 촘촘하게 효율적으로 보완해도 모자랄 판에 러시아는 전쟁을 일으켰습니다. 자원 수요는 늘어가는데, 자원 강국이 전쟁을 일으키고 공급망을 차단한 것입니다. 그러자 우리나라의 요소수 대란과 같은 현상이 전 세계에서 동시다발적으로 나타났습니다. 4차 산업혁명으로 공급이 수요를 따라가지 못하는 상황을 극단적으로 부추긴 것이 러시아가 배짱 전쟁을 할 수 있었던 이유입니다. 자원이 인질이자 무기가 된 거죠. 디지털이다, 초연결이다, 우주로 간다 등의 새로운 구호가 생기고 있는데, 정작 우리는 당장 내일 어떻게 먹고살아야 하나 걱정하게 생겼습니다. 참 이상한 현실입니다.

지금 세계에서 가장 중요한 자원은 여전히 석유입니다. 석유는 중동 지역, 특히 사우디아라비아에 밀집되어 있습니다. 사우디아라비아는 원래 미국과 관계가 좋았습니다. 사우디아라비아는 미국 무기를 많이 구매해 중동 지역의 패자가 되었고, 미국은 사우디아라비아를 통해 원유 가격을 통제해왔죠. 최근 미국은 셰일가스라는 자원을 새로 확보했는데, 마침 세계가 환경보호 문제에 예민해지자 바이든 대통령은 이전만큼 사우디를 챙기지 않게 되었습니다. 이 와중에 전쟁이 터지고 원유 가격이 급격히 상승했죠.

인플레이션을 잡으려면 산업의 혈액인 석유 값을 잡아야만 합니다. 세계 석유는 석유수출국기구OPEC에 러시아 등의 비非 OPEC 주요 산유국들이 추가된 OPEC+가 관리하고 있습니다. OPEC+에 서는 사우디아라비아의 입김이 가장 강합니다. 바이든 대통령은 OPEC+에 증산을 요청했습니다. 그러나 OPEC+는 이를 단칼에 거절했죠. 환경보호를 명분으로 홀대하다가 다시 필요해지니 연락하는 모습이 보기 좋았을 리 없겠죠. 게다가 바이든은 과거 무함마드 빈살만 왕세자를 언론인 암살 배후로 지목하고 국제적 왕따로 만들겠다고 공언했던 일도 있어, 서로 관계가 좋지 않습니다. 껄끄러운 사이임에도 불구하고 바이든은 8월 초 사우디아라비아에 직접 방문해 증산을 촉구했죠. 하지만 회담 후 OPEC은 증산 속도를 오히려 대폭 줄여버립니다. 사우디아라비아가 세계 최강대국 미국을 석유라는 자원 하나로 쥐락펴락한 사건이죠.

러시아는 가스 수출 세계 1위이고, 석유는 세계 3위입니다. 동시에 알루미늄과 니켈 같은 주요 금속의 수출도 많습니다. 반면 우리나라는 땅이 작고 자원도 없습니다. 더구나 국제 제재에 동참해서 러시아에 밉보였기 때문에 러시아산 자원의 구매는 앞으로 더 어려울 전망입니다. 우리나라의 수입 전체로 보면 러시아가 차지하는 비중은 2.8% 수준으로 경제적 영향이 큰 편은 아니지만, 수산물과 같이 의존도가 지나치게 큰 품목의 구매가 끊기면 해당 산업은 타격을 받을 수밖에 없습니다. 그리고 단순히 러시아 물건의 구매가 막혔다는 차원을 넘어 글로벌 공급망이 붕괴됐다는 점을 생각해야 합니다. 앞으로 정말 힘든 시기가 될 것입니다. 어떻게 해결해야 할지 많은 고민이 필요합니다.

기후 역행

 전쟁은 지구 보호를 위한 노력도 물거품으로 만들고 있습니다. 미국 과학 매체《사이언티픽 아메리칸 Scientific American》은 전쟁발 식량 위기에 대한 대응이 화석연료 사용 증가와 지속 불가능한 농업의 확대로 이어진다고 경고했습니다. 심각한 지구온난화로 인해 수확량이 저하되는 상황에서 전쟁 때문에 에너지 가격이 비싸지자, 화석연료와 화학비료의 사용이 급증하고 이는 다시 환경오염을 일으켜 지구온난화를 심화시키는 악순환이 이어진다는 거죠.

 미국은 2021년 밀 생산량이 1988년 이후 33년 만에 최저치를 찍었습니다. 2022년도 가뭄으로 흉작입니다. 최대 밀 생산지인 캔자스주 남서부 지역에 2021년 10월부터 눈 또는 비가 거의 오지 않았기 때문이죠. 신문이 '미국 서부의 1,200년 만의 메가 가뭄'이라는 헤드라인을 뽑았을 정도입니다.

 북아프리카와 중동은 우크라이나와 러시아산 밀 공급이 끊기자 가까운 인도에 판매를 요청했습니다. 인도는 처음엔 판매한다고 했다가 곧 못 팔겠다고 말을 바꿉니다. 120년 만의 기록적인 폭염이 찾아와 밀 수확량이 50%까지 감소할 수 있다는 분석이 나왔기 때문입니다. 자신들이 먹을 양을 확보하기도 어려운 데다 앞으로의 일을 생각하면 비축도 해두어야 하니 판매를 못 하는 거죠.

 기후변화는 오래전부터 예견됐고 각 국가는 식량 위기 피해를 줄이고자 여러 정책을 제시하고 있습니다. 무역 개방, 합성 비료에서 유기농 비료로의 교체, 음식물 쓰레기 저감, 육류에 의존하지 않는 지속 가능한 식단 장려 등입니다. 세계자원연구소 WRI는 미국과 유럽이 에탄올 같은 대체 연료에 쓰이는 곡물 양을 줄이고 기존 토지 농작물의 수확량을 늘리면, 우크라이나에서 손실되는 곡물 수출량을 메꿀 수 있다고 말합니다. 에너지보다는 세계 식량을 우선하자는 거죠.

하지만 앞에서 봤듯이 에너지 부족도 만만치 않은 상황입니다. 원자재 수출이 막히고 당장 사용할 에너지가 부족해지자, 여러 나라가 화석연료를 다시 사용하며 탄소중립에 역행하고 있습니다.

IEA에서 발표한 석탄 사용량 예측 결과를 보면 2022년 줄어들기는커녕 오히려 늘어났고, 2024년까지 계속 증가할 것으로 예상됩니다. 이것조차 매우 낙관적인 전망이라고들 합니다. 독일은 러시아산 천연가스가 막히자 천연가스의 소비를 줄이고 석탄 사용을 늘리는 긴급조치를 취했고, 콜롬비아와 중국도 석탄 생산량을 늘리겠다고 발표했습니다. EU가 원전을 배척하다가 조건부 친환경 에너지로 인정한 배경도 여기에 있습니다. 핵폐기물이 위험하긴 하지만, 당장 쓸 에너지가 급하고 지구는 챙겨야겠으니 고효율에 이산화탄소를 발생시키지 않는 원자력발전을 활용하려는 거죠.

서로 협력하며 친환경 에너지의 효율을 높이는 등의 노력은 장기적인 투자입니다. 하지만 현실은 각국 정부들이 단기적으로 식량·에너지 안보를 지키기에 급급하며 역행하는 모습입니다. 크레이그 핸슨[Craig Hanson] WRI 부소장은 "장기 목표를 뒤로 미루는 전형적인 행태다. 단기적 필요를 충족하기 위해 장기 목표를 희생할 필요는 없다"라고 주장합니다. 영국 왕립 국제문제연구소 채텀하우스[Chatham House]의 보고서 역시 유사한 의견을 냈습니다. 비료 가격이 지금처럼 높게 측정된 상황에서 식량 재배 면적을 늘린다고 해서 반드시 생산량이 늘어나지는 않으며, 더욱이 농업은 기후변화에 영향을 받는 동시에 기후 위기를 초래하는 온실가스 배출 분야 중 하나이기에, 무차별적인 농업 확대는 식량 위기 해소나 기후 위기 대응에 부정적 결과를 초래하고 오히려 식량 위기를 심화시킬 수 있다고 주장합니다.

지구는 이제 봄과 가을이 없어지고 극단적인 여름과 극단적인 겨울만 남았습니다. 2022년에는 기록적인 폭염으로 세계 전기소비량이 폭발적으로 증가했습니다. 우리나라도 예외가 아닙니다. 한국전력공사는 2022년 적자가 30조가 될 것이라고 분석했습니다. 여름을 어찌어찌 버텨도 다가오는 극단적인 겨울이 또 문제입니다.

지금까지 언급한 식량, 에너지, 기후가 모두 유기적으로 연결되어 있습니다. IPCC 보고서에 따라 세계가 이를 조금씩 선순환으로 전환하려던 차에, 전쟁이 터져 순식간에 악순환에 빠지고 말았습니다. 당장 세계가 힘을 합쳐 탄소중립에 전력을 기울여도 힘든 마당에 석탄발전을 하고 군비에 투자하는 등 거꾸로 가고 있는 상황입니다. 지금 세계는 정말 큰 변화의 갈림길에 서 있습니다. 앞으로 이 사태가 어떻게 흘러갈까요?

수세에 몰린 러시아

전쟁 과정에서 러시아는 우크라이나 동부 도네츠크 인민공화국, 루간스크 인민공화국, 남부 자포리자 주, 헤르손 주 네 개 지역을 점령했습니다. 그리고 크림반도를 병합할 때처럼 투표를 진행했습니다. 사실상 감시 하의 투표였고, 그 결과 지역별로 87~99%의 찬성률이 나왔죠.

전쟁 초기부터 푸틴은 '전쟁'이 아닌 '군사 작전'이라는 용어를 사용해왔습니다. 자신이 국경을 넘은 것은 우크라이나 땅에서 고통받는 자국민을 보호하기 위한 작전이라는 논리죠. 하지만 이 네 지역을 점령한 후, 2차 세계대전 이후 처음으로 예비군 동원령을 내립니다. 이는 푸틴의 '군사 작전'이 이제 사실상 '전쟁'으로 전환되었다는 의미를 가집니다.

지금까지의 '군사 작전'은 러시아 국민에게는 먼발치의 얘기였습니다. 전쟁 지역은 자국 러시아가 아닌 우크라이나이고, 싸우는 것은 군인들이었으니까요. 하지만 동원령이 내려지자 본인이 분쟁 지역에 가서 총을 들어야 하는 당사자가 되었습니다. 소집되지 않기 위해 국경을 넘는 대탈출이 벌어졌고, 일부는 바다에서 보트를 타고 우리나라에 도착했다는 소식도 들려왔습니다. 우리나라에서도 병역기피자들이 자주 검색한다는 '팔 부러뜨려 군대 안 가는 법' 같은 것들이 러시아의 인기 검색어가 되기도 했으며, '동원령mobilization'이란 영어 단어와 '무덤mogila'을 뜻하는 슬라브어를 합친 '동원령은 무덤mogilizatsia'이라는 신조어도 등장했습니다.

또 하나의 자충수가 있었습니다. 러시아는 우크라이나 침공 이후 줄곧 핵 위협을 가해왔지만, 자국령이 아닌 우크라이나에서 핵무기를 사용한다는 것은 러시아로서도 명분이 부족했죠. 하지만 이제 우크라이나 내 점령지를 자국령이라 주장함으로써 우크라이나 전쟁을 자국 방어를 위한 전쟁이라고 말할 수 있게 됐고, 그 과정에서 핵무기 사용이 불가피하다는 논리가 가능해졌죠.

핵은 국제사회에서 금기어로 분류됩니다. 푸틴의 발언에 2022년 10월 옌스 스톨텐베르그 나토 사무총장은 "매우 중요한 선을 넘는 것"이라고 경고했으며, 호세프 보렐 EU 외교안보정책 대표도 "러시아가 우크라이나에 핵 사용 시 군사적 측면에서 강력한 대응으로 러시아군을 전멸시킬 것"이라고 매우 강경한 발언을 쏟아냈죠.

푸틴의 행동에 지금까지 우방으로서의 스탠스를 취했던 국가들이 우려의 표현을 하고 거리두기를 시작했습니다. 중국 외교부 성명에서는 러시아를 지지하는 내용이 거의 사라졌고, 인도 모디 총리는 "지금은 전쟁의 시대가 아니다"라고 일갈했으며, 그간 서방과 러시아의 중재자를 자처해온 튀르키예조차 최근 성명에서 국민투표 시도와 관련해 "그런 불법적인 일은 국제사회의 인정을 받을 수 없고, 반대로 외교 절차를 회복하려는 시도를 어렵게 만들고 불안정성을 심화할 것"이라며 강하게 비난했습니다. 이와 대조적으로 우크라이나와 서방의 결속력은 점차 강해지며 주민투표를 '가짜 투표'로 규정하고, 러시아에 대한 추가 제재를 추진하고 있습니다.

무리수를 던진 배경에는 최근 우크라이나의 대반격으로 러시아가 수세에 몰렸기 때문이라는 분석이 지배적입니다. 이번 전쟁으로 러시아 경제가 파탄 났으며, 글로벌 공급망은 붕괴됐고, 우방국조차 하나둘 등을 돌리고 있는 실정이죠. 무리한 수단으로 수차례 정권 연장을 한 푸틴에게 전쟁 패배는 파멸을 의미합니다.

2022년 초 전쟁이 막 벌어졌을 때, 젤렌스키 대통령은 노약자가 다치고 젊은이들이 쓰러져가고 있지만 아무도 도와주는 사람이 없

알아야 보인다

다는 말을 했습니다. 전쟁에 참전하는 것은 명분이 필요합니다. 바이든 대통령이 "미국이 참전하면 3차 세계대전의 시작을 알리는 것과 같다"라고 말한 이유입니다. 하지만 이제는 러시아가 우크라이나를 최후의 완충지로 생각했듯이, 서방도 우크라이나를 최후의 완충지로 생각하고 있습니다. 2022년 10월에 열린 UN 긴급특별총회에서는 러시아의 우크라이나 점령지 병합 시도를 규탄하는 결의가 찬성 143표, 반대 5표, 기권 35표라는 압도적 지지로 채택되었습니다.

과거 1차 냉전이 나라 대 나라의 대결이었다면, 이번 새로 막을 올린 2차 냉전은 동맹 대 동맹의 대결입니다. 규모가 훨씬 커졌고 파급력도 비교할 바가 못 됩니다. 게다가 냉전 과정에서 열전 또한 나타날 수 있다는 점을 늘 염두에 두어야 합니다. 경제적 통합은 끝내 정치적 분열을 감당하지 못했습니다. 최근 30년간 신자유주의라는 이름으로 모두를 지탱했던 공급망은 더 이상 존재하지 않습니다.

16

세계화의 붕괴

#CHIP4 #동맹과_자강 #대만 #반도체
#미중_갈등 #전략적_모호성 #한중수교_30주년

전환점에 선 역사

2022년 5월 스위스에서 열린 다보스 포럼의 주제는 '전환점에 선 역사History at a Turning Point'였습니다. 포럼에서는 식량·에너지 위기, 인플레이션과 금리 상승, 민주주의 진영과 권위주의 진영 간의 새로운 냉전 양상으로 인한 글로벌 정치·경제 질서의 재편 등에 대해 논의했습니다. 크리스탈리나 게오르기에바Kristalina Georgieva 국제통화기금IMF 총재는 이전에는 비용을 줄이고 효율성을 높이기 위해 진행됐던 공급망이 이제 세계 경제 생태계를 교란하는 부메랑이 되고 말았기에 지금 벌어진 제2의 냉전에서 공급망은 경제 문제가 아닌 안보 문제라고 지적했습니다.

우크라이나-러시아 전쟁으로 나타난 가장 큰 변화는 세계화Globalization의 붕괴입니다. 《뉴욕타임스》는 냉전 이후 경제적 통합이 큰 안정을 가져왔지만, 이번 전쟁은 세계를 그 반대 방향으로 밀어붙이고 있다고 분석했습니다. 이제는 값싼 원자재와 에너지를 공급받아 부가가치가 높은 완제품을 생산해 각국에 공급하는 시스템이

알아야 보인다

정상적으로 작동하지 않게 되었습니다. 여기에 중국이 러시아 편에 서서 그들만의 에너지 공급망을 구축하고 있죠. 세계는 큰 몇 개의 경제권역^{Bloc}으로 분열되고, 서로 자유롭게 교류하는 것이 아니라 '내 편'과 '상대편'으로 극명하게 나뉘어 자기들끼리만 교류하는 양상을 보이고 있습니다. 이를 탈세계화^{Deglobalization}라고 합니다.

우크라이나-러시아 전쟁이 주식시장의 지형도 바꿨습니다. 10년 넘게 왕좌를 지켜온 FAANG^{페이스북·애플·아마존·넷플릭스·구글} 1.0에서, 연료^{Fuels}, 항공·방위^{Aerospace and defense}, 농업^{Agriculture}, 원자력·재생에너지^{Nuclear and Renewables}, 금·금속·광물^{Gold, Metals and Minerals}을 뜻하는 FAANG 2.0이 대세가 되었습니다. 로우테크^{Low Tech}가 하이테크^{High Tech}를 압도하는 현상이 벌어지고 있습니다. 데니 로드릭^{Dani Rodrik} 하버드 케네디스쿨 교수는 현 상황을 "상호 의존이 스스로를 향하는 흉기가 될 수 있다는 사실을 많은 나라들이 깨닫기 시작했다"고 평가했습니다.

G2로 불리는 미국과 중국은 땅이 크고, 인구가 많고, 기술력이 높은 데다가 자원도 풍부합니다. 4차 산업혁명에 들어서 자원 소비가 급격히 증가하였기에 로우테크가 뒷받침되어야 하이테크의 지속 성장이 가능합니다. 러시아가 비록 과거 소련 시절의 영광은 잃었다 해도 여전히 국토, 인구, 기술력, 자원, 이 4박자를 모두 갖추고 있기에 전쟁을 일으킬 수 있었던 거죠.

반면 우리나라는 어떤가요? 국토는 작고, 인구는 세계에서 가장 빠르게 줄어들고 있으며, 자원은 전혀 없습니다. 보유한 것은 오직 기술력뿐입니다. 유일한 장점인 기술력조차 종합적인 측면에서 미국과 중국에 비하면 많이 부족합니다. 과연 우리는 러시아처럼 세계에 등을 돌리고 배짱을 부릴 수 있을까요? 우리나라는 앞으로 어떻게 나아가야 할까요?

동맹

지금 세계는 커다란 두 개의 축으로 나뉘고 있습니다. 미국전선과 반미전선입니다. 우크라이나-러시아의 전쟁 역시 그 확장 개념으로 볼 수 있습니다.

이번 전쟁에서 미국과 우방국은 우크라이나에게 파병을 제외한, 가능한 모든 지원을 아끼지 않고 있습니다. 그리고 러시아를 향해 신냉전 구도를 선언했죠. 민족주의, 권위주의, 반민주주의를 내세우는 국가에 경고를 한 거죠. 이에 맞서 러시아와 중국은 서로 무제한 파트너십을 체결했습니다. 신냉전에 돌입하자 미국의 우방국이 집결하고, 반미 측도 따라 결집하는 모양새입니다.

2015년 사드^{THAAD} 배치를 둘러싼 갈등이 커졌을 때 박근혜 정부가 취한 외교 전략이 '전략적 모호성^{Strategic Ambiguity}'이었습니다. 우리는 미국의 우방이자 동시에 중국의 우방이라는 정책이었죠. 이 전략은 문재인 정부 때도 그대로 이어집니다. 하지만 최근 몇몇 전문가는 이제 전략적 모호성을 계속 지속하기는 어렵다고 주장합니다. 세계의 판도가 또 바뀌고 있다는 거죠.

CHIP4

미국은 2022년 여름 CHIP4 동맹을 제안했습니다. 여기서 'CHIP'

은 반도체, '4'는 동맹국의 수를 의미합니다. 미국, 한국, 일본, 대만, 이렇게 네 나라죠. 미국은 반도체 설계와 장비 분야에서, 한국과 대만은 파운드리반도체 위탁 생산 분야에서, 일본은 반도체용 소재와 장비 분야에서 강점을 보유하고 있습니다. 따라서 네 국가가 동맹을 맺으면 중국을 견제하는 동시에 안정적인 반도체 공급이 가능하다는 것이 미국의 구상입니다.

아시아 3국에 이런 제안을 한 이유에 대해 알려면, 반도체 발전의 역사를 알아야 합니다. 미국은 1990년대까지만 해도 세계 반도체 시장 전 분야에서 주도권을 쥐고 있었습니다. 하지만 제조업의 아웃소싱 열풍이 불면서 인건비가 낮은 아시아 지역으로 생산 기반이 옮겨갔고, 반도체의 설계는 미국이 하고 제조는 아시아의 파운드리가 하는 분업 체제가 나타나게 되었습니다. 그 결과 미국은 핵심 반도체 설계 능력에서는 여전히 뛰어나지만, 제작 기술은 아시아 국가에서 발전하게 되었죠. 여기서 성장한 기업이 우리나라의 삼성과 SK하이닉스 그리고 대만의 TSMC입니다.

한때 강한 경쟁력을 보유했던 미국과 유럽이 약세가 되고, 한국과 대만 그리고 일본이 강자로 떠오르게 되었습니다. 반도체가 초미세 공정의 생산 위주의 산업으로 재편되면서, 이제 스스로 설계부터 완제품 제작까지 전부 시행하는 것은 불가능에 가깝습니다.

반도체는 현대 산업의 쌀이라고 불립니다. 대부분의 IT 제품에 반도체가 들어가죠. 미국은 지금까지와 같이 반도체 시장을 점령하고 중국으로의 반도체 수출을 막아 중국의 성장을 막고자 합니다. 반면 중국은 세계 1위를 탈환하기 위해서는 미국의 반도체 공급망에 의지해서는 안 된다고 판단하고, 자체 설계와 자체 생산을 해낸다는 반도체 굴기를 선언했죠. 2025년까지 반도체 자급률 70%를 달성한다는 목표로, 2022년 1,250억 달러를 투자했습니다. 이 과정에서 성장한 파운드리 업체 SMIC가 초미세 공정의 초입으로 평가받는 7나노 공정에 성공했죠.

미국이 반도체 장비 수출 제한과 중국 투자 방지 등의 조치를 시도했지만, 결국 중국의 반도체 기술 발전을 막지 못하고 있습니다. 중국이 자체 연구로 해결했을 수도 있고, 타국 핵심 인력 스카우트를 통한 기술 유출 덕에 발전한 것일 수도 있습니다. 미국은 스스로의 힘으로는 견제하기 어렵다고 판단하고, 동아시아 국가와의 연계를 시도합니다. 이것이 CHIP4 동맹입니다.

일본과 대만은 이미 합류를 결정했습니다. 반면 우리나라는 대답을 보류하고 있습니다. 앞서 말한 전략적 모호성 때문입니다. 중국은 우리나라 반도체 수출의 60%^{홍콩 포함}를 차지하는 최대 교역국입니다. 반도체 기술을 틀어쥐고 있는 미국과 손잡는 것이 불가피한 동시에, 최대 시장인 중국과도 관계를 돈독히 유지해야 하는 어려운 숙제를 안고 있는 거죠.

CHIP4 동맹은 이른바 '반도체 NATO'의 의미를 지닙니다. 가입 시 중국 등 우려 국가^{Country of Concern}에 향후 10년 동안 반도체 관련 투자나 공장 증설 등을 금지하는 '가드레일 조항'이 포함되어 있어 중국 시장에 대한 투자 및 생산이 불가능합니다. 물론 외국 기업의 경우 개별적 심사로 결정되기에 일률적 적용은 아니지만, 당장 타격이 크지는 않더라도 별도 허가에 따른 사업 지연, 불확실성 증대 등에 따른 악영향에 대한 우려 역시 존재합니다.

CHIP4에 가입하면 반도체 장비의 73%, 파운드리의 87%, 설계 및 생산의 91%를 장악하여, 전 세계 반도체 시장에 독점에 가까운 영향력을 발휘하게 됩니다. 반면 이는 중국의 반도체 산업을 봉쇄하는 데 일조하게 됩니다. 중국의 과거 행적을 비춰 보면 우리가 단순히 큰 시장을 잃는 데 그치는 게 아니라, 한한령과 같은 각종 보복을 당할 것이 분명합니다. 실제로 중국은 "CHIP4 동맹 가입은 한국의 상업적 자살이다"라고 말하고 있죠.

이 문제를 해결하기 전에 살펴볼 문제가 있습니다. 현재 중국이 경제적 보복 수준을 넘어 군사적 긴장감마저 조성하고 있는 국가가 있습니다. 바로 대만입니다.

중국과 대만의 갈등

중국과 대만의 관계가 심상치 않습니다. 마치 2021년 말 우크라이나와 러시아 사이의 전운과 비슷한 느낌입니다. 중국은 반드시 대만과 통일하여 하나의 중국을 이루겠다고 하고, 대만은 이에 결사반대하고 있죠. 이 둘은 어떤 관계일까요?

타이완섬은 대항해시대에 네덜란드 사람들이 중국, 일본과 교류하기 위한 중간 교두보로 활용하던 섬이었습니다. 이때는 아름다운 섬이라는 뜻의 '포르모사Formosa'라는 이름으로 불렸습니다. 1624년 네덜란드는 이곳에 동인도회사를 건설하고 무역을 하고 있었습니다. 1644년 중국 본토에 명나라가 멸망하고 청나라가 들어섰는데, 이때 패퇴한 약 2만 명의 명나라 군대가 타이완섬으로 옮겨와 당시 머무르고 있던 네덜란드 상인들을 쫓아내고 정착했습니다. 그리고 1683년 청나라의 강희제康熙帝가 군대를 파견해 타이완섬을 무력으로 정벌했죠. 이 시점부터 청나라가 멸망할 때까지 약 300년간 타이완섬은 청나라의 영토가 됩니다.

이후 청나라와 일본은 동북아 패권을 두고 전쟁을 벌였습니다. 여기서 승리한 일본은 타이완섬을 식민지로 삼았죠. 한편 중국 본토에서는 청나라가 망하고 쑨원이 신해혁명을 통해 중화민국을 설립했습니다. 쑨원의 정신을 이어받은 장제스는 2차 세계대전이 종료되자 일본 식민지였던 타이완섬을 돌려받게 됩니다.

중화민국은 중국 국민당이 다스리고 있었습니다. 그런데 1949년 마오쩌둥이 이끈 공산당이 굴기해 국민당에게 승리했죠. 대륙의 주인이 국민당에서 공산당으로 교체됐고, 새롭게 등장한 나라가 바로 지금의 중국中華人民共和國입니다. 패배한 장제스와 국민당은 본토에서 쫓겨나 타이완섬으로 이동합니다. 이때 명·청나라 때 넘어온 원 거주민들과 1945~1949년 공산당에 패퇴하고 이주한 국민당이 혼재되었죠. 전자를 본성인本省人, 후자를 외성인外省人이라고 부릅니다. 본성인은 넘어온 외성인을 반겼습니다. 힘들게 일본 식민지 시대를 견뎌낸 자신들을 구원해줄 사람들로 판단했던 거죠. 하지만 이들은 오히려 그곳의 권력을 휘어잡고 본성인을 탄압하며 공포정치를 펼쳤습니다.

1947년 2월 27일, 담배를 판매하던 한 여성에게 단속원이 폭력을 휘둘렀는데, 이를 본 시민이 항의하자 단속원이 총을 발포해 시민이 사망하는 사건이 발생했습니다. 이 사건을 계기로 그동안 억압됐던

알아야 보인다

시민들의 분노가 폭발해 2월 28일부터 전국적인 시위로 이어졌죠. 당시 장제스 정부는 이를 반란으로 규정하고 무력진압하게 되는데, 이 과정에서 본성인 약 3만 명이 살해당하고 실종되었습니다. 이를 2.28 사건이라고 합니다. 1987년 민주화 의식이 깨어나고서야 금기시됐던 2.28 사건을 사람들이 거론하기 시작했습니다. 이후 장제스 정부에 의해 반중 의식이 극도에 달하자 6천 년 전부터 거주했던 원주민, 명나라 때 이주한 민간인, 청나라 때 이주한 하카인, 1945년경 이주한 외성인, 1987년 이후 정착한 신주민, 이 다섯 부류의 집단이 모여 자신들은 중국인이 아니라 대만인이라고 주장하게 됩니다.참고로 이는 나라 전체가 아닌 일부의 의견임을 밝힙니다. 대만은 네덜란드, 청나라, 일본을 거쳐 지금은 이주한 중화민국이 그 명맥을 유지하고 있죠. 지금도 중화민국을 국호로 사용하고 있으며 신해혁명이 일어난 10월 10일을 국경절로 삼고 있습니다. 따라서 시진핑 주석이 '통일'을 내세우는 것은 절반은 맞고 절반은 틀리다고 볼 수 있습니다.

하지만 이는 명분일 뿐이고, 내면을 들여다보면 역시 미중 갈등의 연장선입니다. 대만의 인구는 한국의 절반도 안 되지만 GDP는 한국을 곧 추월할 정도로 성장했습니다. 아이폰을 제작하는 폭스콘Foxconn, 컴퓨터 기업 아수스Asus, 무엇보다 세계 1위 반도체 파운드리 기업인 TSMC가 있습니다. 이중 TSMC가 대만의 나머지 모든 기업을 합친 것보다 클 정도로 폭발적인 성장세를 이어가고 있습니다.

반도체는 오늘날 가장 중요한 산업이라고 해도 과언이 아닙니다. 원유를 능가하는 4차 산업혁명의 쌀이니까요. 중동에 석유가 몰려 있는 것과 같이, 반도체는 동아시아에 밀집되어 있습니다. 한국, 일본, 대만 세 국가 중 대만이 으뜸입니다.

미국 주요 반도체 설계 기업의 92%가 TSMC에 외주를 의뢰하고 있습니다. 만약 중국에게 대만을 뺏기면 미국은 92%의 외주를 다른 곳에 맡겨야 하는데 그만한 기술을 보유한 기업은 어디에도 없습니다. 반면 중국의 입장에서는 마침 눈앞에 있는 옛 형제의 기업이 세계 최고의 고부가 가치를 지니고 있는 셈입니다. 중국이 TSMC를 흡수하면, 우리나라와 동일한 최첨단 3나노 반도체 제작 기술과 공급망을 휘어잡아 전 세계 반도체 패권국이 될 수 있습니다. 대만은 미국과 중국 모두가 반드시 섭외해야 하는 대상인 거죠.

대만은 미국이 제안한 CHIP4 가입을 적극 수용했습니다. 그러자 미국의 서열 3위 낸시 펠로시 하원의장이 대만을 방문하였고, 11일 만에 미국 상·하원 의원 5명이 추가로 대만을 방문하여 화답 제스처를 보냈죠. 중국은 이에 '내정 간섭'이라며 반발하고, 인민해방군 전투기와 폭격기가 대만 방공식별구역에 진입하여 사상 최대의 무력시위를 벌였습니다. 그리고 2022년 10월 시진핑 주석은 3연임이 결정되면서 마오쩌둥급 지도자로 등극했고, '인민 영수'라는 칭호를 받으며 절대적 권력자가 되었습니다. 시진핑 영수는 베이징 인민대회당에서 열린 제20차 전국대표대회에서 중화민족의 위대한 부흥을 전면적으로 추진할 것이며, 대만에 대한 무력 사용 포기를 결코 약속하지 않을 것이고 필요한 모든 조치를 취할 것이라는 무시무시한 발언을 했죠. 바이든 대통령은 이에 맞서 중국이 대만을 침공한다면 미군이 출동해 방어할 것이라고 받아쳤습니다. 여러분은 현 대만의 상황을 어떻게 판단하나요?

알아야 보인다

한중수교 30주년

2022년 8월 24일, 한중수교 30주년을 맞았습니다. 수교의 역사를 살펴보며 그간 관계가 어떻게 변화해왔는지 한번 볼까요.

1992년 8월 24일 이상호 외무부 장관과 전기침 중국 외교부장이 공동성명에 서명하며 수교가 체결되었습니다. 한중수교는 지난 1988년 7월 노태우 대통령이 사회주의 국가와의 관계 개선을 위해 발표한 '민족자존과 통일 번영을 위한 특별 선언'을 기초로 추진됐으며, 특히 한국전쟁 이후 단절됐던 한중관계에 변화를 가져왔다는 의미가 있습니다.

김대중 대통령 재임 기간에는 한중관계가 '선린우호'에서 '협력동반자' 관계로 격상되었습니다. 참고로 중국 외교는 '우호^{단순수교} → 선린우호 → 동반자 → 전통적 우호협력 → 혈맹'의 5단계로 구분되는데, 이 가운데 전통적 우호협력과 혈맹 관계는 역사적인 관계로 구분되며, 대외관계에서 가장 높은 관계는 동반자 관계입니다. 동반자는 다시 '협력동반자 → 전면적 협력동반자 → 전략적 협력동반자'로 구분됩니다.

2002년 수교 10주년 때는 중국에서 중증급성호흡기증후군^{SARS}이 발발했습니다. 당시 노무현 정부에서 북경 시민을 위한 모금액과 성금을 보내고, 각종 지원을 이어나가면서 두 나라의 관계는 '협력동반자'에서 '전면적 협력동반자'로 격상됐습니다.

이명박 정부가 들어선 후, 한중관계는 대외관계에서 최고 단계인 '전략적 협력동반자'가 되었습니다. 이명박 대통령의 방중을 앞둔 2008년 5월 12일 중국 사천성에서 규모 7.9의 대지진이 일어났습니다. 당시 약 7만 명의 사망자, 약 1만 8천 명의 실종자가 발생했는데, 우리나라는 지진 피해 지원을 위해 119 구조대원 40여 명을 현장으로 파견했죠. 그리고 2008년 5월 27일 이명박 대통령은 중국을 방문해 후진타오 국가주석과 경제, 통상 분야 협력을 강화하기로 하고 '한중 FTA' 추진에 대한 의견을 교환한 후, 방중 기간 중 외국 정상으로는 처음으로 피해 현장을 찾았습니다.

2012년 수교 20주년 때도 양국의 관계는 좋았습니다. 2013년 6월 박근혜 대통령은 중국을 방문해 시진핑 국가주석과 정상회담을 하고, 양국의 전략적 협력동반자 관계를 발전시켜 나가기 위한 한중 미래 비전 공동성명을 채택했습니다. 또한, 박근혜 대통령은 한국 정상 최초로 중국의 전승절 행사에 참석해 시진핑, 푸틴과 함께 나란히 서서 화제가 되었습니다. 두 나라의 관계는 더 이상 좋을 수 없을 정도로 보였죠.

한중관계는 2016년 7월 한국의 사드^{THAAD, 고고도 미사일 방어체계} 배치 결정으로 전환점을 맞았습니다. 박근혜 정부는 사드 배치 발표문을 통해 "북한의 핵실험과 미사일 시험 발사 등이 이어지면서 한국과 주변 지역 안전에 위협이 되고 있다"며 "사드 배치는 북한의 위협에 대응하기 위한 조치로, 다른 제3국이 아닌 북한의 위협에 대해서만 운용될 것"이라고 강조했습니다. 하지만 중국은 "사드 배치에 대한 한국의 결정에 심각하게 우려한다", "중국은 사드 배치를 단호하게 반대한다는 점을 분명히 한다", "사드 배치는 한반도 지역 균형을 저해하는 것" 등의 강경한 발언을 거듭했죠.

새로 들어선 문재인 정부는 2017년 5월 이해찬 의원을 중국 특사로 파견해 관계 개선을 추진했습니다. 한중관계의 회복 기운이 조심스럽게 나타날 무렵인 2017년 7월 28일, 북한이 대륙간탄도미사일ICBM급 '화성-14형'을 시험 발사했고, 발사 소식이 전해지자 문재인 정부는 사드 4기 임시 배치를 결정했습니다. 추가 배치 발표 바로 다음 날, 중국 외교부는 배치 중단을 요구했고, 이로써 양국 관계는 다시 소원해졌습니다. 한국의 행동이 시진핑 주석이 목표로 삼은 '중화민족의 위대한 부흥', '하나의 중국'에 걸림돌이 되었던 것입니다.

중국은 한한령 등 각종 제재를 일삼았고, 그 결과 당시 주력이었던 문화 산업과 화장품 업계는 한 달 만에 주가가 30%나 하락하기도 했죠. 중국은 과거 고구려와 발해가 중국의 지방 정권이라는 등의 역사 왜곡도 자행했습니다. 이를 계속 좌시한다면, 우리나라에게도 '통일'이라는 명분을 내세울지 모릅니다.

중국이 이토록 강경한 것은 사드 배치가 단순히 한중 갈등의 문제가 아니라 미중 대결의 연장선이기 때문이죠. 러시아가 옛 소련의 영광을 되찾고 싶어 하듯이, 중국도 과거 세계를 호령했던 시절을 되찾고자 하는 것입니다. 중국은 최근 '신형 국제관계', '일대일로', '인류 운명공동체'와 같은 구호를 꾸준히 만들어내고 있죠.

이번에는 경제적 관점에서 살펴볼까요. 교역 규모는 1992년 수교 시점부터 2021년까지 꾸준히 증가하는 모습을 보여왔습니다.

2000년부터 2015년까지는 우리나라의 황금기로 불렸던 시기인데, 이는 한중 교역 규모의 상승과 무관하지 않습니다. 그리고 2021년까지도 비록 박스권에 갇히긴 했지만, 교역 규모는 조금씩 성장해왔죠. 하지만 이제는 상황이 다릅니다.

2022년 경제성장률 추이는 1분기 0.6%, 2분기 0.7%, 3분기 0.3%로, 세 분기 연속 0%대 성장입니다. 코로나19의 확산을 막기 위한 중국의 도시 봉쇄, 중국산 원자재 가격 급등 등도 원인이겠지만, 그 이면의 요소도 있습니다. 중국은 앞서 언급한 반도체 굴기와 같은 각종 분야의 첨단산업 내재화를 통한 자립을 목표로 삼고 있습니다. 30년 전 첫 수교 때는 우리나라가 모든 면에서 중국을 앞지르고 있었죠. 하지만 지금은 반도체와 배터리 같은 일부 중요 산업을 제외한 대부분의 분야에서 추월당했습니다. 우리는 원자재를 중국에서 수입하고 그것을 가공하여 고부가 가치 제품을 판매합니다. 하지만 이제는 중국이 고부가 가치 제품을 직접 생산하는 수준에 도달했습니다. 그 결과 우리가 판매 가능한 것은 어디서나 대체 가능한 중간재만 남았습니다. 중국은 언제든지 작년 요소수 대란과 같이 원자재 판매를 금지하여 우리의 목줄을 쥘 수 있는데, 우리의 제품은 그들이 직접 만들 수준이 되어버린 것입니다. 게다가 한국과학기술정보연구원KISTI이 2022년 4월 발간한 보고서 〈글로벌 미·중 과학기술경쟁 지형도〉에 따르면, '물리과학 및 공학'과 '수학 및 컴퓨터과학' 영역 내 대부분의 연구 분야에서 중국이 피인용 최상위 1% 논문 수 1위를 차지했습니다. 연구 분야에서도 중국이 미국을 이미 추월한 것입니다. 30년 전과는 달리, 지금 우리는 그들과 새로운 관계 형성이 필요하게 되었습니다.

여러 전문가가 대중 정책의 문제는 '전략의 부재'라고 입을 모읍니다. 우리나라는 중국을 통해 북한 비핵화와 한반도 평화를 구축하고, 중국은 한국과의 친교를 통해 한미 결속 차단을 꾀해왔죠. 동상이몽이 갈등의 원인입니다. 그 결과 2022년 8월 24일 열린 '한중수교 30주년 기념식'에는 부총리 급이 아니라, 한 급 낮은 왕이 외교부장이 참석했죠.

이제는 양국의 목적이 다르다는 것을 인정하는 자세가 필요합니다. 중국은 우리가 미국과 우방임을 부정할 수 없다는 점을 인정해야 하고, 우리는 중국이 북한 비핵화에 적극적이지 않다는 점을 받아들여야 합니다. 그리고 '상호 보완'에서 '경쟁자' 관계로 변화해야 합니다. 경쟁자가 되기 위해서는 그들과 동등한 위치에 서야 하고, 그러기 위해서는 기술주권이 필수입니다. 앞서 살펴본 대만이 작은 국토에 우리나라보다 적은 인구임에도 불구하고 대체 불가능한 최첨단 반도체 기술을 보유하고 있기에 미국과 중국 모두 대만을 무시할 수 없는 것과 마찬가지로, 우리나라도 다양한 분야에서 선두로 치고 나가 국제사회에서 자신의 목소리를 내는 존재가 되어야만 합니다.

또한, 위기 관리에도 더 민감해야 합니다. 현재 중국에 대한 의존도가 지나치게 큽니다. 우리나라는 G20 국가들 가운데 수출 의존도가 3위$^{37.5\%}$, 수입 의존도가 4위$^{31.3\%}$일 정도로 수출입 의존도가 높은 나라입니다. 특히 중국에 대한 수입 의존도가 높은 품목들이 많습니다. 망간$^{99\%}$, 마그네슘$^{94.5\%}$, 아연도강판$^{93.8\%}$, 흑연$^{87.7\%}$ 등이 대표적이죠.

러시아가 자원을 통해 유럽의 목을 죄는 것처럼, 중국이 우리의 목줄을 죄면 작년 요소수 사태와 같은 일은 언제든지 발생할 수 있습니다. 2022년 8월 27일 '제17차 한중 경제장관회의'에서 공급망 협력 강화를 위한 양해각서^{MOU}를 체결했지만, 상황에 따라 국제관계는 얼마든지 변하게 마련입니다. 신뢰는 하되 맹신은 피해야만 합니다. 중국에 완전히 등을 돌리자는 것이 아닙니다. 바로 옆에 위치한 지리적 특성 때문에 100% 탈중국은 비현실적일 수밖에 없습니다. 서로를 견제하면서 협력하고, 첨단산업 공급망 생태계를 공동으로 발전시키는 관계가 되어야만 합니다. 구동존이求同存異 : 일치하는 점은 취하고, 의견이 서로 다른 점은 잠시 보류하다에서 화이부동和而不同 : 남과 어울리면서도 자기 입장을 지키다으로 전환할 때가 된 것이 아닐까 싶습니다.

자강에 대한 요구

동맹으로서 서로의 안전과 발전을 도모해나가는 동시에, 스스로의 국력을 키우는 자강 역시 중요합니다. 국가 발전을 위한 4박자 중 국토를 넓히는 방법은 간척 사업이 사실상 유일한 방법이며, 이는 많은 대가를 필요로 하기에 언급하지 않겠습니다. 따라서 개선 가능한 것은 자원, 기술력, 인구입니다. 차례대로 살펴볼까요.

자원

자원의 개선은 제한적입니다. 석유, 석탄, 가스 등의 원자재는 창조해낼 수 없습니다. 해결책은 공급망 다변화입니다. 원자재는 희소성이 있기에 판매자가 갑입니다. 그리고 기후변화와 직접 연관되기 때문에 제한도 많죠. 국제관계에서 원하는 자원을 적시 적소에 구매하려면 그만한 힘이 있어야만 합니다. 즉, 기술주권을 가지고 동맹을 선도하는 자가 자원을 확보하고 더 높은 도약을 해낼 수 있습니다.

스스로 창조 가능한 자원이라면, 식량이 있습니다. 식량은 우리 생활에 없어서는 안 될 자원입니다. 이번 우크라이나 전쟁으로 인해 중동과 북아프리카 지역은 돈이 있어도 식량을 구매할 수 없는 상황에 처했죠. 석유나 석탄이 없으면 발전은 느려지겠지만, 그래도 살아갈 수는 있습니다. 하지만 당장 내일 먹을 식량이 없다면 절망적일 수밖에 없습니다.

식량안보는 우리가 전부 자급할 수는 없다 해도, 의존도의 완화는 가능합니다. 농림축산식품부의 조사 결과에 따르면, 2020년 기준 우리나라의 주요 식량 자급률은 감자와 고구마 등의 서류가 105.6%로 자급이 가능하고, 쌀이 92.8%로 비교적 안정적이지만, 보리쌀[38.2%], 콩[30.4%], 옥수수[3.6%], 밀[0.8%] 등의 대다수 작물은 자급률이 현저히 떨어집니다. 일부 작물에만 편중된 극단적인 생산이라고 볼 수밖에 없습니다. 우리는 취약한 식량안보를 해결하기 위해 자급률을 끌어올려야만 합니다. 100% 자급을 목표로 삼자는 것이 아니라, 균형적인 생산을 통해 국제 공급망의 어느 한쪽에 문제가 생겨도 큰 무리 없이 다른 쪽에서 구할 수 있는 수준을 유지하자는 거죠.

자급률을 끌어올리려면 디지털 전환을 통한 애그테크의 발전이 필수입니다. FAANG 2.0 시대가 도래하고 로우테크가 하이테크를 압도하는 지금, 가장 떠오르는 분야가 농업 아닐까요?

애그테크에 디지털 헬스케어를 접목하여 기후변화에 대비한 생명력 강하고 상품성 좋은 품종을 교배하고, 유전자 변환 작물을 연구하고, 게임 체인저라고 불리는 대체육과 배양육에 대한 성과를 내야 합니다. 농업이 3D^{Dirty, Difficult, Dangerous} 업종이 아니라, 첨단기술이 융복합된 고부가 가치 산업으로 발전할 수 있음을 알리고 '농업인'에 대한 인식을 개선해야만 합니다.

지나친 수도권 집중 현상을 막고 지방으로 젊은 인재를 분산하려면 그에 부합하는 삶의 터전을 마련해줄 필요가 있습니다. 교육과 의료 같은 핵심 인프라 제공뿐만 아니라 특화형 모델을 제시하여 수도권과 구별되는 차이가 있어야 하지 않을까요? 판교가 우리나라 IT 성지가 되어 수도권 남부럽지 않은 지역이 되었듯이, 인천을 로봇 개발 특화지역으로 계획하였듯이, 대구가 모빌리티, 반도체, 로봇산업, 헬스케어, ABB^{인공지능, 빅데이터, 블록체인} 등의 신산업 육성도시로 나아가듯이 각자의 차별화된 특성이 있어야 한다고 봅니다.

기술력

기술력은 이 책에서 꾸준히 강조하는 기술주권 확립의 필수 요소입니다. 앞선 기술로 산업 흐름을 주도하는 자가 기술 선도국, 이를 뒤따르는 자가 추격국입니다. 반도체와 배터리 등 국가전략기술의 중요성이 부각되면서 기술 탈취나 산업스파이에 대한 경각심은 커지고 있습니다. 이와 동시에 우리나라의 표준특허를 늘리는 것에도 주력해야 합니다.

미래 산업의 패권을 차지하기 위한 미국과 중국의 경쟁이 치열한 가운데, 세계 질서가 재편되고 있습니다. 특허청에 따르면 2021년

말 기준 한국은 세계 5대 표준화 기구에 신고한 선언 표준특허가 2만 616건으로, 전체 건수 대비 17.2%를 차지하며 중국과 미국에 이어 세계 3위를 기록했습니다. 양적 관점에서 보면, 우리나라의 특허 수는 결코 적지 않습니다. 하지만 질적 측면에서는 여전히 부족합니다. 각국의 특허 수지를 보면 미국약 97조 700억 원, 일본약 26조 7600억 원, 독일약 26조 300억 원은 큰 폭의 흑자국이지만, 우리나라약 3조 6500억 원는 적자국입니다. 권오경 한국공학한림원 회장은 현 상황을 "우리가 '선도자퍼스트 무버'로 나아가지 못하고 여전히 '빠른 추격자패스트 팔로어' 시절의 패러다임에서 벗어나지 못하고 있다"고 지적했습니다. 또, 우리나라 정부가 많은 R&D 투자를 지원하고 있지만, 회수율이 여전히 낮습니다. 이를 개선해야만 합니다.

반도체 산업을 살펴보아도, 시가총액 기준 세계 100대 기업 중 우리나라 기업은 단 2개에 불과합니다. 중국 41개, 미국 31개, 대만 15개 등에 비하면 무척 부족하죠. 반도체 공정에 필요한 원자재 구입이 어려워지면 경쟁력은 더 떨어지게 됩니다. 실제로 2022년 2분기 반도체 수출액은 계속 감소 추세를 보이고 있습니다.

시스템 소프트웨어 글로벌 100대 기업에서도 한국은 단 2개밖에 없습니다. 세계는 소프트웨어 중심으로 나아가고 있는데, 우리는 여전히 하드웨어 중심이라는 거죠. 이는 디지털 전환 속도가 생각보다 느리고, 세계의 흐름을 충분히 따라가지 못하고 있다는 점을 보여주는 것입니다.

2022년 7월 6일, 우리나라의 허준이 교수가 수학계의 노벨상이라고 불리는 필즈상을 수상했습니다. 1936년 제정된 필즈상은 수학계에서 뛰어난 업적을 이루고 앞으로도 학문적 성취가 기대되는 만 40세 이하 젊은 수학자에게 수여하는 수학계 최고 권위의 학술상입니다. 허준이 교수는 최근 강연에서 자신의 교육 철학을 "어떤 두 대상의 '관계'를 포착하기 위해서는 먼저 그 둘을 '경계' 짓는 것이 필요하다"며, "수학에서 굉장히 비슷한 작업이 이뤄지고 있다"고 말했습니다. 대상을 나누는 기준은 개개인의 인식에 따라 다를 수 있습니다. 지금까지 무의식적으로 경계를 긋고 구별해온 것을 조금 다른 관점에서 바라보면 새로운 해석이 나올 수도 있습니다. 이것이 융합형 연구의 시작이죠. 서로의 차이를 인정하고 받아들이면 새로운 시각과 가능성이 나타납니다. 따라서 많은 사람과 교류하면 할수록 가능성은 점점 커지겠죠.

허준이 교수는 마지막으로 우리나라의 교육이 연구보다는 경쟁으로의 평가에 치우쳐 있다고 지적했습니다. "학생들이 현실에 너무 주눅들지 말고, 적성이 있는 학생들은 실수 없이 완벽하게 하기보단 자기 마음이 이끄는 대로 폭넓고 깊이 있는 공부를 하길 바란다"라고 당부했습니다. 지금 우리에게 필요한 것이 바로, **자기 자신을 이해해서 자신이 나아갈 방향을 스스로 정하고, 많은 사람과 함께 교류하며 그 길을 걸어 나가는 창조적 인재입니다. 기술주권을 확보하기 위한 선결 조건이기도 하죠.**

인구

우리나라 역대 출생아 수를 살펴보면, 1981년 86만 7,409명에서 2021년 18만 2,400명까지 꾸준히 줄어들었습니다. 합계출산율도

알아야 보인다

1981년 2.57%에서 2022년 0.79%까지 감소해왔죠. 통계청은 2020년 사상 처음으로 사망자 수가 출생아 수를 넘어서는 '데드 크로스'가 나타났다고 발표했습니다. 그리고 한국 중위연령은 2022년 45세에서 2070년 62.2세로 증가할 예정입니다. 반면 세계는 2022년 30.2세, 2070년에서는 38.8세입니다. 미래에는 우리나라의 62세가 전 세계의 38세와 경쟁하게 되는 셈입니다.

사회 전반적으로 큰 변화가 나타나고 있습니다. 우리는 1차 웨이브^{2000~2005년}의 여파와 2차 웨이브^{2015~2022년} 현상을 동시에 마주하고 있습니다. 2000년에 태어난 학생이 지금 20대 초반의 대학생입니다. 전국의 많은 대학이 정원 수를 채우지 못해 어려운 상황을 맞고 있습니다. 다시 몇 년이 지나 이 연령대의 남성이 25세 전후가 되었을 때, 입대자가 크게 줄어 인원 미달인 부대가 속출할 것입니다. 또 시간이 흘러 이들이 취업 시장에 뛰어들 때는 대기업이야 여전히 높은 선호도를 보이겠지만, 낮은 연봉과 힘든 업무로 낙인찍힌 분야는 사람을 구하기가 힘들 것입니다.

2차 웨이브는 초등학교에서 나타나고 있습니다. 과거 초등학교 한 반의 정원이 70명이던 시절은 온데간데없고, 학년이 아닌 학교 전체 인원이 20명을 넘기지 못해 폐교하는 사례가 나타나고 있습니다. 이 충격파는 약 10년 뒤 1차 충격의 흐름을 그대로 답습할 것입니다. 하지만 이미 감소한 상태에서 더 큰 감소를 겪는 셈이니, 체감은 곱절로 다가올 것입니다.

문제는 반등 기미가 전혀 보이지 않는다는 점입니다. 합계출산율 0.79%라는 세계 전대 미문의 수치를 넘어 자체 신기록을 꾸준히 갱신하고 있는 만큼, 이보다 더욱 강한 3차와 4차 웨이브가 찾아올지도 모릅니다. 우리보다 먼저 인구문제를 겪은 일본의 〈마스다 보고서〉는 인구 감소 문제는 단순 저출산 문제를 넘어 수도권의 과밀화와 지방 소멸로 이어지고, 최종적으로는 수도권 소멸이라는 종착점에 도달한다고 말합니다. 지방 청년들은 일자리가 없어 수도권으로 가는데 정작 도착한 수도권에는 보금자리가 없어 자녀를 갖지 못하는 상황이 인구문제의 핵심이라고 분석하고 있죠.

미국 보건계량연구소[IHME]에 따르면, 2021년 GDP 순위 세계 10위인 우리나라는 80년 뒤인 2100년, 호주[8위, 2021년 12위]는 물론이고 심지어 필리핀[18위, 2021년 38위]보다 못한 국력[20위]을 지닐 것으로 예측됩니다. 저출산·고령화로 인한 생산연령인구[15~64세] 감소가 노동 투입과 자본 축적, 투자와 소비의 감소를 유발하고 생산성까지 떨어뜨리기 때문이죠.

해외를 살펴보면, 호주는 적극적인 이민자 수용 정책으로 인구가 증가하고 있습니다. 본래 백인 우월주의로 유색인종을 기피했던 호주가 1978년 출산율 1.95명으로 2명을 밑돌게 되자 정체성을 새로 정립하고 이민 적극 수용으로 노선을 변경했습니다. 그 결과, 호주는 현재 이민자 비중이 30%로 대표적인 다민족 국가로 자리매김했고, 코로나19 발생 전까지 28년간 경제성장을 이어올 수 있었습니다. 대만 정부도 인구 감소에 따라 향후 10년 동안 화이트칼라 외국인 노동자 40만 명을 유치한다는 입장을 밝혔습니다. 다양한 직업군을 당장 로봇으로 대체하기는 무리입니다. 중간 징검다리로서의 외국인 노동자 수용 또는 이민 적극 유치를 고려해볼 시점이라고

알아야 보인다

생각합니다.

현 상황을 개선하기 위해서는 청년정책과 노인정책을 동시에 살펴봐야 합니다. 청년은 아이 출산의 당사자입니다. 사람은 힘들 때 절망하는 것이 아니라 희망을 잃었을 때 절망합니다. 지금 청년들은 자신이 아무리 노력해도 성공할 수 없고 박탈감만 계속 느끼게 되는 현실을 마주하고 있습니다. '혼자 살기도 팍팍한데 무슨 결혼', '설령 결혼한다고 해도 아이는 한 명이지, 두 명은 언감생심'이라는 생각이 확산되고 있습니다. 청년 맞춤형 임대주택은 수도 적도 크기도 작습니다. 들어가기도 쉽지 않고, 태어날 아이를 키울 공간도 부족하죠. 직장 출퇴근이나 아이 유치원 등하교에 있어서도 편리함과는 거리가 있습니다. 이곳에서 청년들이 자발적으로 출산하고 미래를 계획하길 바라는 것은 낙관적인 해석이 아닐까요?

청년에게 절망이 아닌 희망을 주어야 합니다. 지방대는 모두 고사하고 있으며, 수도권 대학에 입학한다 해도 기승전 코딩으로 이어지는 현실도 문제입니다. 이제는 초등학교부터 코딩 의무교육을 실시한다고 하고, 민간 사설 코딩학원도 우후죽순 생겨나고 있습니다. 진정으로 개발자 업무에 흥미를 가지고 코딩을 배우는 학생이 몇 명이나 있을까요? 불과 몇 년 전에 불었던 공무원 시험 열풍과 다를 것이 무엇인가요? 지금 모두가 입사를 바라는 그 기업들이 요구하는 능력을 과연 이해하고서 배움을 강요하는 것이냐고 묻고 싶습니다. 코딩 시장은 이미 심각한 레드오션입니다.

지금 자라는 아이들에게 필요한 지식을 전해주는 일은 물론 대단히 중요하며 그 가치를 부정하려는 건 아닙니다. 하지만 동시에 시장의 파이 자체를 키워야만 합니다.

참신한 아이디어로 새로운 시장을 개척하는 스타트업에게 단순히 금액 지원을 넘어, 경험 많은 전문인사를 붙여주는 인큐베이팅을 지원하고, 적합한 인재 섭외를 돕는 HR 컨설팅 등을 체계적으로 제공하여 중소기업으로의 성장을 도와야 합니다. 중소기업에게는 대기업 간의 연계를 중재하고 R&D 투자를 통해 대기업으로 성장할 수 있도록 지원해야 합니다. 대기업에게는 더 많은 투자, 더 많은 활동을 할 수 있도록 지원하여 글로벌 기업으로 진화하게끔 해서 양질의 일자리를 계속 창출하는 환경을 조성해야만 합니다.

막연히 코딩 교육만 강조하면서 취업 전선에 내보내기만 하면, 병목현상만 가중시킬 뿐입니다. 차량을 늘리는 동시에 차선도 꾸준히 넓혀주어야 합니다. 노력하면 성공할 수 있다는 희망을 품으면, 청년들의 학구열은 자연스럽게 타오르기 마련입니다.

2022년 미국은 공급망 자급화를 위해 법을 새로이 제정해 지원금과 세금 혜택을 제공하고 있습니다. 그 결과, 우리나라의 삼성, SK, 현대는 모두 미국에 대규모 투자를 하고 공장을 짓기로 결정했습니다. SK의 결정에 바이든 대통령은 'Thank you, Tony^{최태원 SK회장 영어 이름}!'를 아홉 차례나 외쳤고, 삼성전자가 신규 파운드리 반도체 생산시설을 건설하기로 한 결정에 텍사스 주지사는 'Thank you, Samsung!'을 다섯 차례나 외쳤죠. 그리고 현대 정의선 회장도 5월 한국에서 바이든 대통령을 만나 총 105억 달러^{약 12조 원}의 투자를 약속해 역시 감사 인사를 받았습니다. 우리나라 기업뿐만이 아닙니다. AMD, TSMC, 퀄컴, 인텔 등 다양한 기업이 미국에 공장 설립 계획을 발표하고 있습니다. 이제 미국에는 세계 빅테크 기업 공장이 여럿 자리 잡게 되어, 일자리, 공급망, 다양한 연구 등을 손에 쥐게 되었습니다. 우리도 국내외 주요 기업을 유치할 수 있는 여건을 조성하기 위해 노력해야 합니다. 실제 바이든은 2022년 9월 2일 미국 국내에 일자리 31만 개가 증가하여 인플레이션 둔화 징후가 나타나고 있다고 선언했습니다. 이번에는 미국으로부터 'Thank you'를 받았지만, 다음번에는 대한민국이 전 세계 기업을 대상으로 '감사합니다'를 연발할 수 있는 상황이 되었으면 좋겠습니다.

2022년 9월 5일 전국경제인연합회가 강준영 한국외국어대학교 교수에게 의뢰해 발표한 보고서 〈대만의 산업 재편 현황과 시사점〉에 따르면, 대만의 국가 경제 규모GDP는 아직 한국에 미치지 못하지만, 국가 경제를 견인할 미래 산업의 모든 분야에서는 규제를 과감히 풀고 파격적인 인센티브를 제공하고 있습니다. 구체적으로는 민간 연구개발 촉진을 위해 개발비 총액의 40~50% 보조금 지급, 연구개발 지출액의 15% 한도로 영업소득세액 공제, 자국에서 생산되지 않는 기계 장비를 도입할 시 수입 관세 면제, 글로벌 공급망 재편에 대응한 리쇼어링 장려 정책 등을 대대적으로 추진하고 있죠. 그 결과 대만은 매출액 10억 달러 초과 기업을 28개나 보유하게 되었습니다. 우리나라는 고작 12개에 불과하죠. 시사점이 크다고 생각합니다.

청년정책이 파이를 키우고 희망을 제시하여 앞으로의 성장 동력을 꾸준히 지원하는 것이라면, 노인정책은 이런 모델이 정상 궤도에 안착하기까지 조정하는 역할을 해야 합니다. 우리나라는 인구 구조상 점점 고령층에 자산이 쌓이게 됩니다. 세대 간 부의 이전을 경제 활력이란 측면에서 바라봐야 한다는 지적이 나오는 이유입니다. 나이가 들면 모험을 피하고, 투자와 소비를 망설이게 됩니다. 밖에 나가 지출하고 싶어도 힘이 없어 쓰지 못하고, 퇴직하여 수익이 없으니 아낄 수밖에 없어 '죽은 돈'이 되고 맙니다. 젊은이들에게 돈이 흘러가는 낙수 효과가 있어야 투자와 소비가 나타나고 경제가 활성화되는데, 시간이 흐를수록 이 구조가 막히게 되는 거죠.

노년층의 시장 개입을 어떻게 이룰 수 있을까요? 이들이 실버산업의 소비자 역할만 맡는다면 돈의 흐름은 갈수록 묶일 수밖에 없습니다. 다시 생산자 역할을 수행할 수 있는 필드를 조성해주어야 합니다. 노년층의 수행 필드는 육체노동이 어려워 제한적입니다. 활동성이 낮으면서도 전문성을 높인 분야가 적격이겠죠. 바로 교육입니다. 정년^{65세}을 살아왔다면, 다양한 경험을 하였을 테고 자신만의 지식과 노하우가 있게 마련입니다. 그것을 다음 세대에게 전달하고 수익을 얻는 플랫폼을 구상해야 합니다.

우리나라의 교육기관은 닫힌 구조입니다. 초중고에서 가르치기 위해서는 교원자격증이 요구되며, 대학은 최소 박사학위가 요구되죠. 사설 학원에서 가르치기 위해서는 홍보하기 유리한 여러 경력이나 사회적 명성이 요구되기에, 가르치는 자격을 얻는 이는 소수입니다. 게다가 공간적 제한도 있습니다. 하지만 오픈마켓처럼 '누구나', '공간 제한 없이' 타인과 자유롭게 매칭해 지식을 전파할 수 있는 플랫폼이 나타난다면 노년층은 훌륭한 생산자가 될 수 있습니다. 그것을 위한 디바이스가 바로 AR입니다.

알아야 보인다

줌과 웹엑스 같은 화상회의, 게더타운과 같은 가상 오피스 등이 부진한 실적을 이어가고 있습니다. 웹캠이라는 한정된 소통 창구로 인해 여러 부작용^{피로감, 낮은 효율 등}이 속출했기 때문이죠. 하지만 AR 디바이스를 통해 교수자가 눈앞에 홀로그램으로 등장하여 학습자와 실시간으로 소통할 수 있다면 어떨까요?

골프, 바둑, 마술, 필라테스 등 다양한 분야에서 프로가 친절하게 설명해주는 영상이 대단히 많습니다. 하지만 영상만으로는 효율이 부족하기에 우리는 직접 필드에 나가서 교수자를 찾아 대면 레슨을 청하곤 합니다. 교수자는 보통 자기 거주지 근처에서 찾을 수밖에 없습니다. 하지만 AR 홀로그램으로 가르침을 청하고 실시간 소통을 통한 교정이 가능하다면 비록 직접 만나지 않더라도, 심지어 지구 반대편에 있더라도 대면에 가까운 수업 효과를 창출할 수 있겠죠.

비정규 학문만이 아니라 정규 학문도 마찬가지입니다. 최근 핵심 산업으로 떠오르는 반도체와 배터리, 로봇, 인공지능, 우주산업 등은 학교라는 공간적 한계에 갇히면 가르침을 받을 수 있는 이들이 한정됩니다. 만약 해당 교육기관에 입학하지 못한다면 그 분야를 포기해야만 하나요? 지금과 같이 자기계발이 무엇보다 중요한 시기에, 핵심 내용까지는 아니더라도 전문가를 찾아 개론 정도의 수업을 청해보고 싶어도, 그럴 기회조차 없습니다. 그러나 AR 디바이스가 일반에 보편적으로 보급되고, 모두를 한자리에 모을 플랫폼을 구축한다면 누구나 교수자인 동시에 학습자가 되어 서로의 지식을 공유하며 발전할 수 있을 것입니다.

최근 유행하는 쇼트Short형 콘텐츠 접목도 가능합니다. 가령 넥타이 매는 방법, 다림질하는 방법, 노트북 조립하는 방법, 장례식에서 절하는 방법, 종이접기 방법 등 간단하지만 텍스트나 2D 영상으로는 이해하기 어려운 것들을 1분 미만의 3D 홀로그램으로 제작하면 꾸준한 수익 창출이 가능해집니다. 네이버 지식검색 3D 버전이 바로 오픈 교육 플랫폼입니다. 퇴직하고 삶의 기력을 서서히 잃어가는 노년층을 질 높은 생산자로 탈바꿈시킬 수 있습니다.

AR 디바이스는 이미 상용화에 들어섰습니다. 시장조사 기관 카운터포인트 테크놀로지 마켓 리서치Counterpoint Technology Market Research는 AR과 VR 디바이스 출하량이 2021년 1,100만 대에서 2022년 3,000만 대로 늘었다고 분석했습니다. 게다가 출하량은 점차 증가하여 2025년에는 1억 500만 대를 기록할 전망입니다.

우리나라 예능 프로에도 이미 AR을 활용한 사례가 나타났습니다. 〈부캐전성시대〉, 〈아바드림〉 등이 있는데, 특히 8월 말 MBN에서 시작한 〈아바타 싱어〉는 기존 〈복면가왕〉과 유사한 콘셉트이지만, 출연진이 분장하여 현장 무대에 직접 출연하는 것이 아니라, 자신의 방에서 모션 캡쳐를 활용한 AR 아바타로 출연해 참신한 안무와 시각효과를 곁들여 심사위원과 방청객의 눈과 귀를 사로잡았습니다. 그리고 카카오엔터테인먼트가 오는 11월 말 가상 아이돌 데뷔 서바이벌 예능 〈소녀 리버스RE:VERSE〉를 선보입니다. AR 플랫폼이 활성화되면 공간의 제약을 뛰어넘어 국내 프로에 해외 참가자도 출연할 수 있는 길이 열려 콘텐츠는 더욱 풍성해질 것입니다.

구글 공동창업자 래리 페이지가 구축한 구글 스트리트 뷰도 최근

한 차례 진화를 이뤘습니다. 전 세계의 모든 장소를 360도 맵으로 구성한다는 콘셉트의 스트리트 뷰는 이제 설산 위, 그린란드 피오르드, 에펠탑 정상, 두바이 부르즈 칼리파 최고층 뷰, 노르트담 대성당 내부 등의 장소를 AR로 제공한다고 합니다. 스마트폰 앱에서 시작하여 앞으로 전용 AR 디바이스도 선보인다고 하니, 우리 같은 일반인에게 보편화될 시기가 머지않은 것 같습니다.

교육은 자신의 지식을 전파하는 것이기에 거창한 도구가 필요하지 않습니다. 직접 동작으로 보여줘도 되고, 말로 풀어 설명해도 좋으며, PPT를 홀로그램으로 띄우는 형태로 활용해도 좋습니다. 편리한 인터페이스와 간단한 조작으로 접근성을 높인다면 누구나 교수자인 동시에 학습자가 되어 서로가 서로에게 배우며 자신을 발전시킬 수 있을 것입니다.

작은 거인의 존재감

과거 미국은 세계화를 주도하였고, 중국은 저렴한 인건비로 세계의 공장이 되었습니다. 하지만 빠르게 성장한 중국은 자원을 무기로 패권 전쟁을 시작해 국제사회에서 신용을 잃어가고 있고, 인건비도 많이 올라 기존의 장점이 희석되었습니다. 공급망이 붕괴된 미국은 해외로 나갔던 자국 기업을 다시 불러들이며 자립을 목표로 삼고 있습니다. 미국뿐만이 아닙니다. 일본은 센카쿠 열도 분쟁 이후 중국산 희토류에 대한 의존도를 낮췄고, 대만도 중국에 대한 경제 의존도를 줄이고 미국과 동남아시아와의 교류를 확대했습니다.

호주는 인도와 동남아시아 판로 개척에 나섰고, 인도는 중국에서 들여오던 수입품을 스스로 생산하는 국산화 계획을 추진하고 있죠. 세계 각국이 자립 정책을 강구하고 있습니다.

이제 '나라 대 나라'의 구도는 사라지고 '진영 대 진영'의 구도가 되고 있습니다. 비록 강한 경쟁력을 갖췄지만, 든든한 동맹을 맺지 못한 결과가 어떤지를 우크라이나에서 볼 수 있죠. 우리는 '동맹'과 '자강'을 모두 이뤄내야 합니다. 비록 국토, 자원, 기술력, 인구, 이 4박자가 모두 조금씩 부족하지만, 전 세계 그 어떤 나라도 무시할 수 없는 존재가 대한민국입니다. '작은 거인'으로서의 존재감을 확대해 나가고, 재편되는 국제 질서를 선도하는 것이 우리에게 던져진 새로운 숙제입니다.

알아야 보인다